글로벌 팀코치 되기

ICF 팀코칭 역량 해설과 실천

Becoming a Team Coach
The Essential ICF Guide

First published in English under the title
Becoming a Team Coach, by Jonathan Passmore, Lucy Widdowson,
Paul J. Barbour and Keterina Kanelidou, 1st edition.
copyrht © The Editor(s) (if applicable) and The Author(s), under
exclusive license to Springer Nature Switzerland AG, 2024
This edition has been translated and published under
licence from Springer Nature Switzerland AG.
Springer Nature Switzerland AG takes no responsibility and shall
not be made liable for the accuracy of the translation.

호모코치쿠스 64

글로벌 팀코치 되기

ICF 팀코칭 역량 해설과 실천

Becoming a Team Coach
The Essential ICF Guide

조나단 패스모어, 폴 J. 바부어, 루시 위도우슨, 카테리나 카넬리도우 편저

고윤주, 김채식, 김현주, 박정화, 육현주,

이서우, 이숙경, 정용석, 정혜선, 허영숙 옮김

코칭북스

목차

공되는 특정한 팀 개발 방식의 조합을 실행하는 데 필요한 지식과 기술을 보여준다 | 팀이 목표를 달성하는 데 도움이 필요할 때만 더 지시적인 팀 개발 방식을 채택한다 | 팀코칭과 관련된 여러 가지 역할을 할 때 신뢰, 투명성, 명확성을 유지한다 | **맺음말**

역자 서문

"'팀의 본질은 무엇인가? 팀은 어떻게 성장할 수 있는가?' 이 질문은
현장에서 팀과 함께하며 끊임없이 마주해온 근본적 물음이다. '전체는
부분의 합보다 크다'라는 말처럼, 팀은 단순한 개인들의 집합이 아니
라 서로 협력하고 시너지를 발휘하여 성과를 창출하는 살아있는 유기
체다. 팀코칭은 단순한 기술적 개입이 아니다. 팀 안에 잠재된 집단적
지혜와 가능성을 발견하고, 함께 확장해 가는 창조적 여정이다. 실제
현장에서 확인한 바에 따르면, 진정한 변화는 단순한 역량 개발을 넘
어 심리적 안전감과 신뢰, 그리고 집단적 학습의 깊은 흐름 속에서 싹
튼다는 점이다. 이 책은 팀코칭의 핵심 원리와 국제코칭연맹ICF의 기준
을 명확히 제시한다. 더 나아가 팀의 역동성과 복잡성을 이해하고, 팀
전체를 하나의 시스템으로 바라보는 관점은 한국적 맥락에서 팀코칭
을 실천하는 데에도 중요한 통찰을 제공한다. 이를 통해 독자들이 팀
코칭의 본질을 깊이 이해하고, 현장에서 의미 있는 변화를 만들어내길
바란다. 팀코칭은 본질에서 '예술'이다. 정해진 절차가 아니라 살아있

는 관계 속에서 새로운 가능성을 발견하고 실현하는 창조적 행위이기 때문이다. 이 책이 현장에서 팀과 함께 그 길을 걸어가는 모든 실천가에게 든든한 길잡이가 되기를 진심으로 소망한다."

(고윤주 코치)

"전체는 부분의 합보다 클 수도 있고, 작을 수도 있다. 이 책은 팀코치로서 갖춰야 할 핵심 역량과 전문성 개발을 위한 다양한 이론과 사례를 담고 있다. 무엇보다 팀코치가 지녀야 할 윤리와 시스템적 사고, 고성과 팀을 넘어서기 위한 도구 활용과 다양한 프렉티스는 팀코치를 준비하는 사람들에게 친절한 길잡이가 된다. 이 책을 통해 거세게 불어오는 팀코칭이라는 시대적 풍랑에 맞서 팀코치로서 선택한 가장 효과적인 닻으로, 결국은 목적지에 도착하여 "우리가 해냈다."라는 환호성이 존재의 가슴마다 울려 퍼지길 기대해 본다."

(김채식 코치)

"팀코칭은 일대일 코칭이나 그룹 코칭과는 달리 팀이라는 살아있는 유기체를 대상으로 하는 과정이라는 점에서 특별하다. 현장에서 팀을 만나면 팀 구성원 사이의 관계, 그들의 목소리, 그리고 조직의 맥락 속에서 만들어지는 역동이 팀코칭의 성패에 얼마나 큰 영향을 미치는지 절실히 느끼게 된다. 이 책은 그런 복잡한 현실 속에서 팀코치가 갖추어야 할 핵심 역량을 명료하게 제시하고 있다. 이러한 역량들이 코치에게 체화된다면 실제 현장에서 코치의 언어와 행동에 힘을 실어주는 실천 능력으로 이어지고 팀의 다양한 반응과 상황을 더욱 넓게 품을 수 있는 코치의 수용력으로 이어질 것으로 믿는다. 결국 팀코칭은 코치 개인의 기술이 아니라 팀과 함께 성장하고 변화를 만들어내는 여정이다. 이 책이 팀코치들에게 팀코칭에 관한 새로운 시선과 용기를 북돋우고 팀과 함께 성장하는 팀코치로서 여정에 든든한 동반자가 되기를 기대한다."

(김현주 코치)

"ICF 인증 팀코치ACTC를 준비하는 코치에게는 정말 단비처럼 반갑고 소중한 책이 될 것으로 기대한다. X는 Y이다. 선형적 공식으로는 절대 풀 수 없는 현장이 팀코칭이다. 비선형적이고, 복잡성이 존재하는 현장에서 팀코치로서 갖추어야 할 역량은 문자화로 이해한다고 하여 실천 능력까지 발현되는 것은 결코 아니다. 수많은 시행착오를 통해, 수퍼바이저와 함께 성장해 가며, 팀코치 스스로의 윤리적 기준과 모호성을 견뎌낼 수 있는 용기와 배짱이 필요한 영역이다. 정답이 없는 게임이다. 더 성숙한 인간으로서, 숙련된 프랙티셔너로서, 팀 너머 조직의 전체 시스템을 바라볼 수 있는 구성주의적 관점으로서, 메타-시스템적 사고를 갖춘 전문가로서 성장하는 길이 팀코치의 소명이라는 생각을 갖게 된다. 수많은 팀코칭 관련 책들이 있지만, 특히 역량에 초점을 맞춘 이 책이 등대처럼 빛을 환하게 비추리라 환대해 본다."

(박정화 코치)

"팀코칭 현장에서는 철저하게 준비했다 해서 계획한 대로 돌아가지 않는다. 팀은 공동의 목표를 이루기 위해 결성되었지만, 생생히 살아있는 고유한 존재들은 저마다의 에너지를 뿜어낸다. 구성원들은 예측 불가능한 복잡한 행동을 보이며 상호작용 한다. 팀 역동이 실시간으로 일어나며 긴장을 부른다. 그러나 적정한 소통이 이루어지면 역동은 팀의 에너지원이자 자원이 된다. 팀은 세상 모든 것과 협력하여 네트워크를 이루며, 통합적 시스템을 갖춘다. 이 과정에서 팀은 인드라망인 신경망 학습으로 스스로 구조화하는 자가 조직화를 이룬다. 팀코치는 팀 구성원이 내외적으로 경험하여 시스템에 반영하는 현상을 조화롭게 다루도록, '시스템적 알아차림'하고, '시스템적 실천 능력', '시스템적 존재 수용력'이라는 역량을 끊임없이 개발하고 실천해야 한다. 이 책은 연구자이자 프랙티셔너인 저자들이 성공과 실패에서 얻은 지식과 지혜를 ICF 팀코칭 역량 분석으로 정리했다. 분절화된 세상에 협력의 미학을 구현할 팀코칭. '팀다운 팀'의 탄생을 지원하는 코치들의 역량 개발에 디딤돌이 될 것이다."

(육현주 코치)

"팀코칭은 아직 대부분 코치에게도 익숙한 분야는 아닌 듯하다. 관심 있는 코치들도 그룹 코칭과 무엇이 다른지, 실제 수요는 있는지, 팀코치가 되려면 어떤 역량이 필요한지, 무엇을 공부해야 하는지, 어디서 해야 하는지 등의 궁금증이 생길 것 같다. 국제코칭연맹ICF에서 2021년에 팀코칭 역량을 발표했지만 글로 만나는 역량을 실제 코칭에서 구현하기까지는 긴 여정이 필요했다. 그러던 중 만난 이 책이 팀코칭을 하는 데 실질적인 가이드라인을 제시해 주어 반가웠다. 팀코칭은 그야 말로 종합예술이다. 팀코칭 안에는 일대일 코칭, 그룹 코칭, 역동, 문화, 다양한 이해관계자와의 심리적, 윤리적 이슈 등이 매우 복잡하게 얽혀있다. 이를 다루기 위한 코치의 역량은 과연 무엇일까? 이에 관한 어느 정도의 답이 이 책에 있다. 하지만 글로 표현하기 어려운 코치 자신을 도구로 사용하는 코치의 역량이 더욱 필요한 분야가 팀코칭이라고 말하고 싶다."

(이서우 코치)

"사회생활 대부분을 공공기관 대기업 조직 구성원으로 살아왔다. 조직 내부 소통 모델의 하나로 처음 코칭을 접했을 때 미래를 밝히는 반짝이는 등대를 만난 기분이었다. 그러다 팀코칭을 알게 된 후엔 나의 과거를 돌아보며 많은 후회와 아쉬움을 느꼈다. 팀코칭을 미리 알았더라면, 살아 움직이는 팀 역동을 좀 더 느끼며 살았더라면 고성과 창출이나 부드러운 사회생활 유지를 훨씬 '무리 없이' 해낼 수 있었을 텐데, 너무 힘들게 살아왔고, 또 주변 팀 구성원들도 힘들었겠구나 싶은 안타까움 때문이었다. 그래서 요즘 주변에 팀코칭의 중요성, 필요성과 효과성에 대해 많이 전파하고 있다. 실제 팀코칭을 적용해 본 결과 대부분 만족하였지만, 때에 따라서는 예상한 결과와 달라질 때도 있었다. 팀코칭의 품질관리를 위해 가장 기본이 되는 것 중의 하나가 팀코치의 역량 강화일 것이다. ICF의 「코치 되기」에 이어 「팀코치 되기」가 출간되었고, 우리말 번역 과정에 함께하게 되어 개인적으로 너무나도 큰 영광이다. 앞으로 많은 코치가 세상의 수많은 팀 구성원을 돕는 팀코칭에 관심을 두고, 또 이 책을 통해 그 첫걸음을 함께 내딛기를 소망한다.”

(이숙경 코치)

“이제 팀코칭은 기존의 코칭과 차별화되고 새롭게 떠오르는 하나의 영역으로 자리매김하는 듯하다. 팀코칭이 여러 가지 팀 개발 방식과 과연 무엇이 다를까를 고민하다가 스스로 내린 답은 팀 내부뿐 아니라 팀을 둘러싼 다양한 환경의 맥락에서 드러나는 역동을 얼마나 예민하게 알아차리고, 어떻게 효과적으로 다루는가가 관건이라는 것이다. 이를 해낼 수 있는 팀코치의 역량은 복잡하고 불확실하며 생사가 걸린 전투 현장에서 전투력을 효율적으로 운용해 승리를 달성하는 군 지휘관의 그것과 같다고 할 수 있다. 이 책은 팀코칭 전문가의 여정에 지도와 같은 안내서이다. 팀코칭 전문가가 되고자 하는 사람들이 갖춰야 할 역량을 명확하게 제시하고 있고, 그 여정에 필요한 여러 가지 길을 잘 보여주고 있다. 항상 지도를 보며 작전하는 군인들에게는 지도 속에서 새소리 물소리가 들린다고 한다. 많은 코치가 이 책을 통해 새소리와 물소리를 들을 수 있는 팀코칭 전문가로 거듭나기를 바란다.”

(정용석 코치)

"이번에 역자 서문을 작성하면서 팀코칭은 팀이라는 살아있는 유기체의 역학 관계를 이해하고, 불확실한 상황 속에서 코치로서 균형 잡힌 존재감을 유지하며 이끌어가는 예술과도 같다고 느꼈다. 이는 마치 '책으로 사랑을 배웠어요'라는 말처럼, 책만으로 모든 것을 터득하기 어려운 복합적인 분야이지만, 이 책이 팀코칭 전체를 아우르는 훌륭한 가이드 역할을 충분히 해내고 있다고 생각한다. 이 과정에는 과학적 분석을 통해 팀 상태를 진단하고 미래를 예측하며, 동시에 코치 자신의 내면적 역량을 끊임없이 단련하는 것이 필수적이다. 팀코칭이 비선형적이고 복잡성이 존재하는 현장이기에, 문자로 이해하는 것을 넘어 실질적인 적용과 비즈니스 개발로 이어 가는 것이 필요하다. 이 책은 팀코치로서 필요한 과학적 이해, 견고한 프레즌스, 그리고 실천적인 지혜를 통합적으로 제시하여, 팀코칭이 단순한 기술이 아닌 팀을 동반하며 함께 성장하는 위대한 여정임을 알려준다."

(정혜선 코치)

"팀코칭의 본질은 코치가 무엇을 할 것인가보다 어떤 태도로 존재할 것인가에 달려 있다. 코치는 불확실성과 갈등 속에서도 용기 내어 머물고, 때로는 계획을 내려놓으며 팀과 함께 현재를 살아가야 한다. 그렇게 할 때 신뢰와 안전감이 깊어지고, 프레임워크는 유연하게 작동하며, 팀은 학습과 성과를 동시에 경험한다. 팀코칭은 코치와 팀이 함께 만들어가는 여정이다. 9장과 15, 16장을 번역하면서 다섯 가지 유의점을 마음에 새긴다. 첫째, 신뢰와 안전감은 존중과 공감을 일관되게 드러내는 태도에서 형성된다. 둘째, 특정 프레임워크에 의존하기보다, 팀의 맥락을 읽고 가장 적합한 자원을 선택적으로 활용한다. 셋째, 존재 방식과 프로세스의 균형을 유지한다. 넷째, 팀의 준비 수준과 리더의 의지를 면밀하게 점검한다. 다섯째, 팀코칭은 과정이 중요하며, 지속 가능한 성장 여정임을 경험하게 하는 과정이다."

(역자 허영숙)

2025년 9월 역자 일동

서문

번역: 고윤주

조나단 패스모어Jonathan Passmore, 폴 바부어Paul Barbour, 루시 위도우슨 Lucy Widdowson, 카테리나 카넬리두Katerina Kanelidou가 저술한 신간 『글로 벌 팀코치 되기: ICF 팀코칭 역량 해설과 실천Becoming a Team Coach: The Essential ICF Guide』에 온 것을 환영한다. 이 책은 발전하고 있는 팀코칭 분 야의 방대한 연구 자료에 새롭게 추가되는 중요한 책이다. 저자들은 팀코칭의 역사와 맥락을 더욱 폭넓게, 그리고 앞으로의 많은 도전과 발전을 포함하여 이 책이 어떻게 전개되는지에 관해 서문을 써달라고 친절하게 부탁했다.

팀코칭은 그 자체로 하나의 학문 분야이자 실천 영역이며 전문직 업이다. 코칭 업계의 많은 사람이 팀코칭을 더 최근에 등장한 분야이 면서 가장 빠르게 성장하는 코칭 분야로 보고 있다. 그러나 팀코칭은 많은 뿌리를 가지고 있다(Hawkins 2021, 4장). 팀코칭은 1940년대 와 1950년대에 걸쳐 쿠르트 레빈Kurt Lewin과 북미의 국립훈련연구소 National Training Laboratories, 영국의 타비스톡Tavistock과 같은 선구자들에

의해 발전된 조직개발의 핵심적인 측면으로 자리잡았다. 이러한 흐름은 1960년대와 1970년대에 애디슨 웨슬리Addison Wesley 시리즈 도서의 출간과 함께 큰 꽃을 피웠으며, 프로세스 컨설팅에 관한 쉐인Schein(1985, 1988)과 팀 빌딩에 관한 다이어Dyer(1977) 같은 저자들의 교육, 그리고 조직개발 마스터 트레이닝 개발과 함께 발전했다.

이와 병행하여 조직과 공동체에서 학습의 중심성에 관한 이해가 발전했는데, 이는 베이트슨Bateson(1972), 아지리스Argyris와 쇤Schön(1978), 센게Senge(1990), 페들러Pedler, 보이델Boydell, 버고인Burgoyne(1991), 호킨스Hawkins(1986, 1991, 1994, 2019)로부터 나왔다.

1990년대 후반과 2000년대 초반에는 효과적인 팀에 관해 더 많은 연구가 이루어졌다(Katzenbach & Smith, 1992; Hackman, 2002, 2011; Wageman et al., 2005; Michael West, 1996, 2012; Clutterbuck, 2007/2022; Hawkins, 2011/2021). 이는 이 분야에서 발전적 도약을 가져왔는데, 이전에는 팀 구성원들 사이의 대인관계 개선에 초점이 맞춰져 있었기 때문이다. 이제 훨씬 더 중요한 것은 팀이 명확한 목적을 갖는 것이며, 이는 오직 협업을 통해서만 달성될 수 있고, 모든 구성원이 이해하고 그 뒤에 일치단결해야 한다는 것이 분명해졌다. "목적이 팀을 만드는 것이지, 팀 구성원이 목적을 만드는 것은 아니다."(Hawkins, 2021)

그렇지만 계획이 없는 목적은 공상에 불과하므로 목적을 팀의 우선순위 목표, 명확한 역할과 프로세스, 팀 헌장team charter을 구성하는 기타 요소로 변환해야 한다는 것이 분명해졌다. 그래야만 팀 목적을 성취하는 데 총체적으로 필요한 것을 달성하기 위해 팀이 어떻게 관계를 맺어야 하는지 살펴볼 수 있었다.

이로 인해 팀은 여전히 내부에 초점을 맞출 수 있었고, 최근에야 팀이 그 자체로 존재하거나 잘 조정된 고성과 시스템이 아니라 모든 이해관계자와 함께 그리고 그들을 위해 유익한 가치를 창출하기 위해 존재한다는 사실을 깨닫게 되었다. '시스테믹 팀코칭'의 공식화에서 우리는 업무가 어떻게 「미래로부터 과거로, 외부로부터 내부로future-back and outside-in」(Hawkins, 2021, 2022; Leary-Joyce & Lines, 2024) 시작되어야 하는지를 강조한다. 팀 구성원들이 팀에서 무엇을 원하는가가 아니라, 이해관계자들과 미래가 팀 전체에 무엇을 요구하는가에 집중하는 것이다. 그리고 이러한 다양한 분야의 중심에는 학습하는 팀, 즉 더 큰 유익한 가치를 공동 창조할 수 있는 집단 역량을 지속해서 성장시키는 팀이 있다. 이는 조직 학습에 관한 수년간의 연구를 바탕으로 하는 학문 분야이다.

이러한 연구 분야들은 이 책의 3부에 개요가 제시된 여러 핵심 모델들을 제안하는데, 여기에는 해크먼Hackman과 웨이그먼Wageman의 '여섯 가지 조건Six Conditions'(19장), 내가 직접 개발한 '고가치 창출 팀의 다섯 가지 규율Five Disciplines of High Value Creating Teams' 모델(17장), 클러터벅Clutterbuck의 PERILL 모델(18장)이 포함된다. 그들이 개요를 제시한 마지막 모델인 '팀 오브 팀즈Team of Teams' 코칭은 훨씬 적은 연구가 이루어졌지만, 현재 캐서린 카Catherine Carr 박사와 나는 전 세계 연구 파트너의 지원을 받아 이 분야에 관한 연구를 마무리하고 있다(Hawkins

& Carr, 2025 출간 예정).

따라서 시스테믹 팀코치가 되기 위해서는 다양한 역량competencies, 실천능력capabilities, 수용력capacities이 필요하다. 우리는 서구 교육을 지배해온 좌뇌 신피질이 주도하는 현대적이고 원자론적이며 기계론적인 사고와 인식에서 벗어나, 뇌 전체whole brain와 몸 전체whole body의 시스템적 알아차림을 통해 세상을 경험하는 것을 배워야 한다. 시스템적 알아차림과 함께, 우리는 시스템적 실천 능력capability of systemic doing과 시스템적 존재의 수용력capacity of systemic being을 개발해야 하는데, 이 둘은 모두 우리의 실패로부터 학습, 성찰, 수퍼비전을 거쳐야 하므로 수년간의 시간이 걸린다.

코칭 업계가 최근에 와서야 팀코치를 위한 기본 역량을 개발했으며, 여러 주요 코칭 기관에서도 유사한 역량들을 개발하고 있다. 이 책은 이러한 기관 가운데 하나인 ICF의 역량을 분석하고, 교육생들에게 이러한 역량을 개발하는 단계별 접근 방식을 제시함으로써 큰 도움을 준다. 이는 중요한 시작이지만, 조직개발, 조직학습, 시스템적 사고와 알아차림, 팀 연구 등과 같은 팀코칭의 다른 '근본'과 함께 작업하기 위한 전제조건으로서 전 세계 코칭 단체들의 서로 다른 역량들을 통합하고, 이러한 모든 중요한 접근법들을 통합하는 역량을 개발하기 위해해야 할 일이 여전히 많이 남아 있다. 그런 다음에는 역량뿐만 아니라 실천 능력과 수용력, 그리고 이를 평가하는 방법을 개발하는 훨씬 더 어려운 작업이 시작된다. 역량은 학습된 기술을 측정하는 경향이 있는 반면, 실천 능력은 적절한 기술을 적절한 시기에 적절한 방식으로 올바른 기술을 적용할 수 있는 능력을 살펴본다. 수용력은 기술의 영역을 넘어 수평적 발전보다는 수직적 발전을 포함하며, 훈련을 통해 배운 지식과 기술보다는 경험과 성숙을 통해 얻은 지혜를 다룬다.

그러나 우리가 기억해야 할 중요한 것은 팀코치로서 작업하기 위해, 인증받기 위한 역량 개발 너머에는 우리 작업의 목적에 봉사하는 것이 있다는 점이다. 그렇다면 그 목적은 무엇일까? 이 작업을 한 지거의 50년이 되었고, 우리 시대의 다각적 위기를 고려할 때, 내 마음 속 깊이 믿는 바로는 우리의 모든 팀코칭 작업의 목적은 이 지구에 살고 있는 80억 인류 모두에게 필요한 협업에 봉사하는 것이며, 이는 우리와 '인간 너머more-than-human' 세계 사이의 분열을 치유하기 위함이다. 우리는 팀 구성원이나 심지어 팀 성과를 위해 존재하는 것이 아니라 팀과 협력하여 세상에 필요한 것을 실현하기 위해 존재한다.

Renewal Associates, Rush Hill   Peter Hawkins,
Bath, UK

참고 문헌

Argyris, C., & Schon, D. (1978). *Organizational learning. A theory of action perspective*. Addison Wesley.
Bateson, G. (1972). *Steps to an ecology of mind*. Ballantine Books.
Clutterbuck, D. (2007). *Coaching the team at work*. Nicholas Brealey.
Dyer, W. G. (1977). *Team building: Issues and alternatives*. Addison-Wesley.

Hackman, J. R. (2002). *Leading teams: Setting the stage for great performances*. Harvard Business School Press.

Hackman, J. R. (2011a). *Collaborative intelligence: Using teams to solve hard problems*. Berrett-Koehler.

Hawkins, P. (1986). *Living the learning*, PhD thesis, University of Bath Management School.

Hawkins, P. (1994). The changing view of learning. In J. Burgoyne (Ed.), *Towards the learning company*. McGraw-Hill.

Hawkins, P. (2011, 2014a, 2017, 2021). *Leadership team coaching: Developing collective trans formational leadership*. Kogan Page

Hawkins, P. (Ed.). (2014b, 2018, 2022). *Leadership team coaching in practice: Developing high-performing teams*. Kogan Page.

Hawkins, P. (2019). Systemic organizational learning and the coevolution of organizational culture. In A. R. Ortenblad (Ed.), *The handbook on the learning organization* (Chap. 10). Oxford University Press.

Hawkins, P., & Carr, C. (2025). *Coaching the team of teams*. Kogan Page.

Katzenbach, J., & Smith, D. (1993, 1999). *The wisdom of teams: Creating the high-performance organization*. Harvard Business School Press.

Leary-Joyce, J., & Lines, H. (2017, second edition 2024). *Systemic team coaching*. Academy of Executive Coaching

Pedler, M., Burgoyne, J. G., & Boydell, T. (1991). *The learning company: A strategy for sustain able development*. McGraw Hill.

Senge, P. (1990). *The fifth discipline: The art and practice of the learning organization*. Doubleday.

Schein, E. H. (1969). *Process consultation: Its role in organizational development*. Wesley.

Schein, E. H. (1985). *Organizational culture and leadership*. Jossey-Bass.

Schlein, E. H. (1988). *Process consultation: Its role in organisational development* (2nd ed.). Wesley.

Wageman, R., Nunes, D., Burruss, J., & Hackman, R. (2008). *Senior leadership teams*. Harvard Business School Press.

PART I

1장. 팀이란 무엇인가?

번역: 이숙경

개요

지난 150여 년을 지나며 일의 본질은 변화해 왔다. 집에서 하던 일이 '사무실'이나 '공장' 같은 업무 현장으로 장소를 옮겼으며, 개인 중심의 생산방식도 협업 중심으로 바뀌었다. 오늘날 생산조직의 가장 일반적인 단위는 팀이다. 이 장에서 우리는 팀으로의 변화 과정과 '팀' 개념의 발전 과정에 대해 간략히 살펴보고자 한다. 또한 프랙티셔너, 저자, 기타 전문가들이 팀코칭의 출발점으로서 팀을 어떻게 정의하고 있는지 정리해 보았다.

일work 본질의 변화

산업화가 시작되기 전까지 대부분 일은 가족 단위로 수행되었다. 농사를 짓거나 가축을 돌보는 것부터 옷이나 생활용품을 만드는 일까지 모두 가족의 일이었다. 예를 들면, 오두막 옆 대장간에서 쇠를 다루거나 뒷마당 닭장에서 달걀을 주워모으는 등의 일은 보통 집 안이나 집 주변에서 했다.

산업화는 기존의 생산 방식에 변화를 가져왔다. 생산 장소는 가정에서 공장과 사무실로, 생산자는 혈연관계로 엮인 가족에서 비혈연자들로 바뀌었으며, 시급이나 일당 임금을 받고 상품을 만드는 방식으로 바뀌게 되었다. 산업화로 도입된 '기계'는 처음에는 인간을 보조하는 역할이었다가 점차 인간을 대체하는 역할로 발전하였다. 산업화로 '기술적' 혁신과 함께 전문화도 깊어져, 물건 전체를 한 사람이 만들어내는 장인 개념에서, 생산공정의 맡은 부분만 생산하여 하나의 물건을 만들어 내는 방식으로 변화하였다. '팀' 개념이 탄생한 것이다.

21세기 업무 현장에서 업무 수행에 가장 중요한 것은 팀워크이다. 지금은 모든 업무를 완전히 혼자서 해낼 권리나 기회, 기술을 가진 사람이 거의 없다. 그 대신 분야별 작업자들이 그룹으로 계약하여 하나의 팀으로서 협력하여 제품을 생산하거나 지식을 창출한다. 생산과정에 각자 고유한 방식으로 기여하면서 다른 팀 구성원들과 업무를 조율하고, 또 '팀장'의 감독을 받는다.

그러나 점점 복잡해지는 생산 환경 속에서 노동의 분업은 전문화라는 기회를 제공하기도 하지만, 분업으로 인한 조정과 협업이라는 도전 과제도 함께 불러 일으켰다. 탁월한 팀이 되느냐, 실패하는 팀이 되느냐는 바로 이 지점에서 나뉘게 된다.

팀이란 무엇인가?

팀코칭을 어떻게 정의할 것인지를 고민하기에 앞서, 팀이 무엇으로 구성되는지, 그리고 팀이 그룹과는 어떻게 다른지를 먼저 살펴보아야 한다.

팀에 대한 정의는 여러 가지가 있는데, 그 가운데 하나는 다음과 같다. "공통의 목적, 성과 목표, 접근 방식에 헌신하며, 서로에게 책임지는 상호보완적인 역량을 가진 소수의 사람들"(Katzenbach & Smith, 1993, p.45).

팀은 다음과 같이 정의할 수 있다.

(a) 두 명 이상으로 구성되어 있으며, (b) 대면 또는 점점 증가하는 비대면 방식으로 사회적 상호작용을 하고, (c) 하나 이상의 공통된 목표를 가지고 있으며, (d) 조직적으로 중요한 과업을 수행하기 위해 함께 모였고, (e) 작업 흐름, 목표, 결과 측면에서 상호 의존성을 보이며, (f) 서로 다른 역할과 책임을 가지고 있고, (g) 더 넓은 시스템 맥락과 과업 환경과 연결되고 경계를 이루는 포괄적인 조직 시스템 안에 함께 포함되어 있다(Kozlowski & Ilgen, 2006, p.79).

팀은 그룹과 어떻게 다른가?

팀과 그룹은 무엇이 다를까? 많은 그룹이 스스로를 팀이라고 부르지만, 이는 정확하지 않은 경우가 많다. 포사이스Forsyth(2014)는 그룹 정의 시 공동의 목적이나 목표가 필요하다고 강조하는 사람들도 있지만, 일반적으로는 그렇지 않다는 점을 지적하였다. 또한 대부분 사람이 그룹은 두 명 이상의 개인이 사회적 관계 속에서 연결된 상태로 이해하고 있다고 말한다(Forsyth, 2014, p.4). 쏜튼Thornton(2016)은 학습 그룹은 구성원들의 학습 요구에 초점을 맞춘다는 점을 강조하며, '학습 그룹'은 학습이라는 목적을 위해 모인 그룹이라고 정의하였다(Thornton, 2016, p.12).

고성과 팀이란 무엇인가?

이제 단순히 팀의 본질을 이해하는 수준에서, 어떻게 하면 높은 성과를 내는 팀으로 설계하고, 다듬고, 조율할 수 있는지를 논의해 보자. 계속 고성과를 내는 팀 말이다.

카첸바흐Katzenbach와 스미스Smith(1993)는 고성과 팀의 자연스러운 상태가 아니라, 신중한 큐레이션과 발전의 여정이 필요하다고 말한다. 첫 과정은 작업 그룹이나 과제 그룹 형태로 비공식적으로 개인들이 모인 집단에서 시작될 수 있다. 이 집단에 단기 성과 도출 책임을 부여하면, 결과적으로 팀 구성원들은 팀 프로세스에 집중하는 것보다 '일하는 데'에 집중하는 것이 더 중요하다고 느끼게 된다.

두 번째 유형은 '유사 팀pseudo teams'이다. 겉으로는 팀이라는 이름을 가졌지만, 공동의 목적이나 목표가 없다. 결과보다는 관계에 더 초점을 맞추며, 구성원 간 즐거움은 크지만 생산성은 낮다. 그런 점에서 이들은 팀-성과 곡선의 가장 낮은 수준에 해당한다.

세 번째 유형은 잠재적 팀이다. 이들은 공동의 목적은 있지만, 책임성과 같은 프로세스가 아직 체계적으로 자리 잡지 않았기에 여전히 생산성을 향상할 가능성이 있다.

네 번째는 현실의real 팀이다. 이 팀은 구성원 수, 명확한 목적, 책임 메커니즘 등 필요한 요소들을 갖추고 있지만, 이 요소들이 바라는 결과를 달성할 수 있도록 아직 완전히 조율되지는 않았다.

카젠바흐와 스미스에 따르면, 마지막 유형의 팀은 고성과high performance 팀이다. 이 팀은 모든 필수 요소를 갖추고 있으며, 개인의 성취보다 팀과 그 성공에 대한 강한 헌신이 존재하는 팀이다.

카첸바흐와 스미스가 제안한 다섯 가지 유형의 그룹은 [표 1.1]에 요약되어 있다.

[표 1.1] 팀-성과 곡선

작업 그룹 Working group	이 그룹의 구성원들은 주로 정보, 모범 사례 또는 관점을 공유하고, 각자 맡은 범위의 업무 수행에 필요한 의사결정을 돕는 수준으로만 상호작용한다. 이들에게는 팀 방식이나 공동/상호 책임을 적용할 이유가 사실상 없다. 이 그룹의 구성원들에게 팀 빌딩 활동은 무의미하며, 오히려 '진짜 일'을 하는 데 쓸 시간을 낭비하는 것이라고 여긴다.
유사팀 Pseudo team	이 그룹은 팀이 되려고 애쓴다. 그러나 공동의 목표가 없거나, 있더라도 조직에 가치 있는 기여로 인식되지 않는 경우가 많다. "이 팀 활동은 좋지만 정작 일을 할 시간이 없어." 같은 말을 하는 팀 구성원도 있다. 유사 팀은 성과 측면에서 모든 그룹 가운데 가장 약한 유형이다. 이 유형은 작업 그룹보다 성과가 낮은데, 그 이유는 구성원 간의 과다한 상호작용이 개인의 성과 창출을 방해하고 공동의 성과로도 이어지지 않기 때문이다. 유사 팀이 잠재적 팀으로 발전하려면, 팀으로서 조직에 실질적 가치를 더할 수 있는 구체적인 목표부터 정해야 한다.
잠재적 팀 Potential team	잠재적 팀은 공동의 중요 성과 목표를 공유하고 있을 수 있으며, 팀워크의 장애 요소를 해결하려고 시도하는 중일 수도 있다. 일반적으로 잠재적 팀은 목적, 목표, 또는 작업 산출물에 대해 더 명확한 이해가 필요하며, 공통된 작업 방식을 만들어내기 위해 더 강한 실행력과 규율이 필요할 수도 있다. 잠재적 팀은 대개 아직 공동 책임 체계를 확립하지 못한 상태이거나 팀 구성원들이 기존의 다른 업무 책임에서 벗어나지 못해 팀활동에 시간과 노력을 집중하기 어려운 상황일 수도 있다.
현실의 팀 Real team	이는 상호보완적인 역량을 가진 소수의 사람들이 공통의 목적, 목표, 그리고 작업 방식에 동등하게 헌신하고, 이에 대해 서로 책임지는 팀이다. 현실의 팀의 잠재적인 성과 영향력은 작업 그룹보다 훨씬 더 큰데, 그 이유는 팀 전체의 기여도가 팀 구성원 개개인의 기여를 단순히 합한 것보다 더 크기 때문이다.
고성과 팀 High performance team	이 팀은 현실의 팀의 모든 조건을 충족하며, 구성원들은 서로의 개인적 성장과 성공에 깊이 헌신한다. 이러한 헌신은 일반적으로 팀의 경계를 넘어선다. 고성과 팀은 유사한 다른 팀들보다 훨씬 더 뛰어난 성과를 내며, 그 구성원을 고려했을 때 기대할 수 있는 합리적인 수준을 훨씬 넘어서는 성과를 보여준다.

고성과 팀을 만드는 것이 왜 중요한가?

팀이 현대 조직에서 가치를 창출하는 가장 일반적이고, '정상적인' 조직 구조라고 말할 정도로 보편화된 방식이라면, 조직은 개인의 성장뿐만 아니라 팀의 성장 또한 반드시 고려해야 한다.

조직의 리더는 팀과 개인의 성장을 촉진하기 위한 프로세스를 갖추고 있어야 하며, 이를 통해 팀이 조직 전체의 목적과 일치하는 공동의 목적을 수립하고 유지하도록 해야 한다. 리더는 조직 전반에 걸쳐 팀이 각 팀 구성원의 강점을 찾아내도록 지원하고, 강점을 인정하면서 생산성을 극대화할 수 있는 활동을 설계해야 한다. 또 이 모든 과정에서 효과적으로 소통하고 조율할 수 있어야 하며, 근본적으로는 역동적인 환경 속에서 민첩하게 반응하고 조정할 수 있어야 한다. 이를 통해 개인의 과업, 프로세스, 상호작용 방식을 유연하게 적용하여 효과적인 팀 관계와 효율적인 팀 성과를 모두 유지할 수 있어야 한다.

카첸바흐와 스미스(1993)는 이러한 개념을 기술, 책임, 헌신이라는 세 가지 요소로 구성된 삼각형 모델([그림 1.1])로 표현했다.

각 팀들이 각각 좀 더 성과를 낼 수는 있지만, 성과를 지속해서 달성하려면 끊임없는 개발, 피드백, 그리고 지원이 필요하다.

우리 관점에서 이것이 바로 코칭이 기여할 수 있는 방식이며, 코칭은 핵심 문제를 해결해 나가면서, 방향 수정도 지속하면서 팀이 유사 팀에서 고성과 팀으로 발전 곡선을 따라 나아가도록 돕는 역할을 한다.

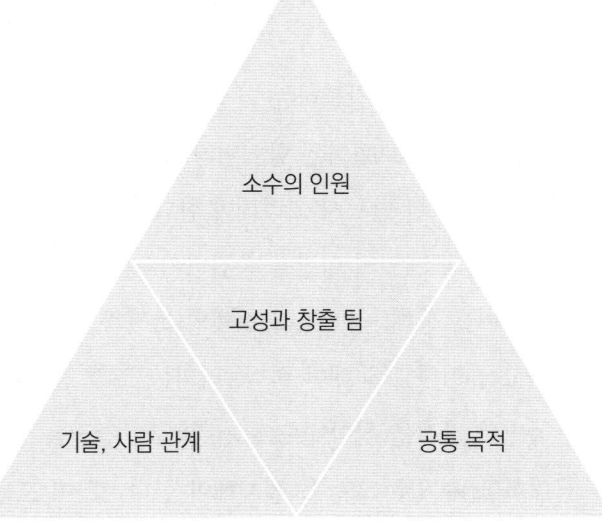

[그림 1.1] 고성과 창출 팀 (Katzenbach & Smith(1993)에서 각색)

맺음말

이 장에서는 일의 본질이 변화함에 따라 팀워크가 어떻게 발전해 왔는지를 살펴보았다. 우리는 팀이란 무엇인지 정의하고자 하였으며, 고성과 팀의 조건이 무엇인지, 그리고 왜 고성과가 현대 조직에서 바람직한 목표가 되는지를 탐구하였다. 다음 장에서는 팀코칭에 관해 살펴보고자 한다.

2장. 팀코칭이란 무엇인가?

번역: 김채식

개요

팀코칭은 지난 10년 동안 크게 발전해 왔으며 현재 가장 빠르게 성장하는 코칭 형태의 하나이다. 1990년대 후반과 2000년대 초반의 코칭과 마찬가지로 팀코칭 이론과 연구는 실천에 비해 뒤처져 있다. 코칭에 합의된 참여 규칙이 거의 없고 코치가 원하는 대로, 원하는 방식으로, 책임을 거의 또는 전혀 지지 않고(Sherman & Freas, 2004) 연구나 증거를 거의 참조하지 않는(Grant et al., 2010b) 새로운 코칭 분야를 '와일드 웨스트Wild West' 1)라고 부르는 사람들도 있었다. 당시 셔먼Sherman과 프리스Freas는 코칭 산업의 가치를 10억 달러로 추정했다. 오늘날 이 산업의 가치는 전 세계적으로 100억 달러가 넘고, 그 경계는

---

1) [역자주] 와일드 웨스트는 19세기 중반부터 후반까지 미국 서부 개척 시대와 동일시되며, 총격전, 무법자, 카우보이 등 역동적이고 거친 이미지로 미국 사회의 개척자 문화와 밀접한 관련이 있음. 이와 같이 초반의 코칭 역사도 많은 분야가 정리되지 않는 혼재된 상황을 나타냄

'팀코칭team coaching'으로 옮겨졌다. 이 장에서는 코칭과 팀코칭의 정의, 팀코칭이 다른 그룹 개입과 어떻게 비교되는지 살펴봄으로써, 팀코칭의 개척에 대한 표준 또는 실천 확립에 기여하는 것이 목표이다.

정의

실천에 관한 책에서 이론과 정의가 왜 중요한지 의문을 가질 수 있다. 누군가는 '코칭'이 우리가 하는 일이라고 주장할 수도 있다. 그렇지만 정의가 중요한 이유는 세 가지이다(Passmore & Lai, 2019). 첫째, 정의는 실천을 위해 필수적이다. 개입에 대한 공유되고 공통적으로 이해되는 정의를 만들면 코치와 고객이 함께 무엇을 하고 있는지 더 잘 이해할 수 있다. 서로에 대해 공유된 이해가 부족한 것은 '마당 빗자루yard brooms'를 판매한다고 하면서 실제로는 '칫솔toothbrushes'을 판매하는 가게와 같다. 뒷마당을 청소하는 데 마당 빗자루를 사용하는 것과 칫솔을 사용하는 것은 매우 다른 경험일 수 있다. 그 작업에 칫솔을 사용할 수도 있지만, 칫솔을 판매용으로 제공한 가게에 매우 실망할 것이다! 공유된 관점에 관한 합의의 중요성은 ICF를 비롯한 많은 전문 기관에서 강조하고 있으며, 코치가 고객과의 계약 단계에서 코칭의 본질에 관하여 탐색을 포함하도록 권장한다(Passmore & Sinclair, 2024).
정의의 두 번째 이유는 연구와 관련이 있다. 연구자는 현상을 테스트하기 전에 영역을 명확하게 정의해야 한다. 존스Jones와 그녀의 동료들은 "명확하게 정의된 개념의 부재가 팀코칭에 대한 엄격한 이론을 개발하는 데 방해가 되고 있다(Jones et al., 2019, p.62)."라고 지적한다. 공유된 정의는 실제와 마찬가지로 연구에서도 중요하다. 마당 빗자루는 마당에 쌓인 낙엽을 쓸기 위한 도구로 매우 효과적일 수 있다. '빗자루'를 '마당 빗자루'라고 부른다면 작업 시간이 크게 늘어날 가능성이 크고, '마당 빗자루'가 낙엽을 치우는 데 투자할 만한 가치가 있는지 의문을 가질 수 있다.

셋째, 코칭 교육과 자격을 위해서는 일관된 정의가 필수적이며, 이를 뒷받침하는 과학적 기반의 프레임워크가 필요하다. 전문 기관의 실무자들이 수행한 작업은 팀코칭을 위한 역량 프레임워크를 확립하는 데 도움이 되었다.

이것이 첫 번째 단계이지만, 이 책과 다른 책들은 효과적인 결과물을 도출하는 데 기여할 수 있는 영역과 그 안에서의 실천 방안을 설명하고 팀코칭의 코치 교육 프로그램에도 기여할 수 있다.

코칭이란 무엇인가?

1985~2010년은 무엇이 코칭이고, 무엇이 코칭이 아닌지에 대한 논쟁이 활발했던 시기였다. 그러나 이 시기가 지나면서 정확한 용어는 계속 달라졌지만 코칭의 본질에 관해서는 폭넓은 합의가 이루어졌다.

팀코칭의 본질을 고려하기 위한 출발점으로, '코칭'의 의미를 명확히 하는 것이 중요하다고 생각했다. 이 제목의 파트너 도서인 『글로벌 코치 되기Becoming a Coach: 코칭 역량과 ICF 필수 가이드The Essential ICF Guide』(Passmore & Sinclair, 2021)에서는 여러 가지 정의를 제시하고 있다. [표 2.1]에는 세 가지 주요 정의가 포함되어 있다.

[표 2.1] 코칭의 정의

실용적인 정의

"코칭은 개인의 잠재력을 끌어내어 자신의 성과를 극대화하는 것이다. 가르치는 것이 아니라 배우도록 돕는 것이다."(Whitmore, 2009, p.10)

학문적 정의

"진행자(코치)와 참여자(코치이/고객) 간의 소크라테스식에 기반한 미래 지향적 대화[2]로, 진행자는 참가자의 자기 인식과 개인적 책임을 자극하기 위해 열린 질문, 적극적인 경청, 요약 및 성찰을 사용한다."(Passmore & Fillery-Travis, 2011, p.74)

전문 단체 정의

"ICF는 코칭을 고객이 개인적, 직업적 잠재력을 극대화하도록 영감을 주는 생각을 자극하고 창의적인 프로세스에서 고객과 파트너 관계를 맺는 일로 정의한다. 코칭 과정은 종종 이전에 개발되지 않았던 상상력, 생산성 및 리더십의 원천을 열어준다."(ICF, 2023a)

---

2) [역자주] 소크라테스식 대화법은 비판적 질문과 적극적 경청을 통해 상대방 스스로 진리에 도달하도록 유도하는 대화 방식으로 산파술이라고도 함. 이러한 대화를 통해 자기 성찰 및 비판적 사고 능력을 향상하고, 진리에 대한 깊은 이해와 창의적인 사고를 높일 수 있다.

분명한 것은 용어와 언어에 차이가 있었다는 것이다. 이러한 차이는 때때로 저자의 배경과 글을 쓰는 대상에 따라 달라진다. 예를 들어, 코칭의 선구자인 존 휘트모어John Whitmore는 코칭의 비전적 본질에 초점을 맞춰 다른 사람들이 코칭의 잠재력을 탐구하도록 영감을 주고 격려했다. 패스모어Passmore와 필러리 트래비스Fillery Travis의 정의는 프로세스 정의를 통해 모호함을 피하고 관련된 사람들, 그들이 하는 일, 그들이 달성하고자 하는 결과를 설명함으로써 연구 목적에 적합한 정의를 제공하려고 노력했다.

지금도 코칭은 멘토링, 상담, 심리치료, 성과 관리, 교육 등 다른 일대일 또는 조직적 개입과 혼동되기도 한다. 분명한 것은 코칭의 핵심은 고객이 주도하고 미래에 초점을 맞춘 촉진 과정이라는 점이다.

코칭의 역사를 살펴보면 1900~1920년대 토론회(Huston, 1924), 1920~1930년대 스포츠(Griffiths, 1926), 직장 학습(Gordy, 1937) 등 다양한 뿌리를 가지고 있음을 알 수 있다. 1950~1980년 전후에는 성장이 더뎠지만 1980년대에 들어서면서 개인적 개발과 코칭에 관한 관심이 다시 높아졌고, 현재는 대부분 조직에서 사람들의 성과와 복지를 지원하는 데 코칭이 널리 사용되는 일반적인 관행이 되었다.

팀코칭이란 무엇인가?

팀코칭에 관해 생각할 때 우리는 그 차이가 그룹의 규모에 있다고 생각할 수 있다. 코치는 일대일 코칭이 아니라 일대다 코칭을 한다고 생각할 수 있다. 이는 잘못된 생각이다. 코칭은 팀코칭의 핵심 요소이지만 팀, 코치 및 프로세스에 영향을 미치기 때문에 고려해야 할 몇 가지 중요한 차이점이 있다.

팀코칭은 팀을 하나의 시스템으로 간주하고 팀 전체에 적용되는 팀 기반 학습과 개발 개입이라는 점을 인식하는 데서 시작하는 것이 도움이 될 수 있다. 팀코칭은 팀 성과와 공동 또는 공유된 팀 목표 달성에 초점을 둔다. 팀 학습은 자기 성찰과 팀 성찰을 위한 구체적인 팀코칭 활동을 통해 이루어지며, 팀코치는 열린 질문과 같은 코칭 기법을 적용하여 이를 촉진한다. 이러한 코칭 기법은 인식을 높이고, 신뢰 관계를 구축하며, 의사소통, 피드백, 그리고 가정, 가치관, 그리고 대인 관계적 업무 스타일에 대한 탐구를 촉진한다.

셔먼과 프리스(2004)는 코칭의 규제되지 않은 본질과 그 잠재력을 강조하는 동시에 팀코칭에도 주목하며, "한 사람이나 팀을 돕는 것도 중요하지만, 가장 가치 있는 임원 코칭은 조직의 전체 고위 임원진을 개발하는 데서 나온다."라고 말했다.

다른 사람들도 이러한 견해를 공유했으며, 이 기간에 실무자들이 코칭의 본질을 파악하기 위해 노력하면서 다양한 정의가 논의되었다.

이 분야의 사상적 리더인 리차드 해크먼Richard Hackman과 루스 웨이그먼Ruth Wageman은 팀코칭 프로세스를 '팀 구성원들이 팀 업무를 수행할 때 공동의 자원을 조정하고 업무에 적합하게 사용하도록 돕기 위해 팀과 직접 상호작용하는 일'로 정의했다(Hackman & Wageman,

2005b, p. 269).

데이비드 클러터벅David Clutterbuck은 이 과정을 '성찰과 대화를 통해 팀의 성과와 성과를 달성하는 프로세스를 개선하도록 돕는 일'로 설명했다(Clutterbuck, 2007, p.77).

피터 호킨스Peter Hawkins는 '팀코치가 팀 전체와 함께 일할 때나 떨어져 있을 때나 팀 전체의 성과와 협업 방식을 개선하고, 모든 이해 관계자 그룹과 효과적으로 소통하여 더 넓은 사업을 함께 혁신할 수 있도록 집단적 리더십을 개발하는 체계적인 과정'으로 정의했다(Hawkins, 2014, p. 80).

[표 2.1]에서 코칭에 관해 언급했던 것처럼, [표 2.2]에서는 팀코칭에 관한 다양한 정의를 제시했다. 이는 실무자의 관점을 학계와 주요 전문 기관에서 제시하는 정의와 비교하는 데 도움이 될 수 있다.

이러한 논의를 통해 우리가 결론 내릴 수 있는 사실은 팀코칭이 팀 기반의 학습과 개발 개입이라는 점이다. 조직 내 일대일 코칭과 마찬가지로, 팀코칭은 시스템적인 것으로, 팀 전체에 집단으로 적용되는 것이 가장 좋다. 일대일 코칭과 마찬가지로 팀코칭의 초점은 성과에 있지만, 이번에는 팀의 성과, 그리고 팀의 공동 또는 공유된 팀 목표 달성에 있다.

코칭과 마찬가지로, 팀코칭이 무엇이고 무엇이 아닌지에 대한 논쟁은 아직 끝나지 않았다. 이는 팀코칭의 미숙함을 보여주는 것이 아니라, 코칭과 팀코칭이 살아있는 학문이어서 점진적이고 때로는 혁신적인 변화가 계속 일어나고 있다는 사실을 반영한다. 디지털 코칭의 등장(Passmore & Evans-Krimme, 2021 참조)과 같은 전달 방식이 끊임없이 진화하고 발전하고 있기 때문이다.

[표 2.2] 팀코칭의 정의

저자	유형	정의
해크먼 & 웨이그먼(2005)	학생	팀 구성원들이 팀 업무를 완수하기 위해 공동의 자원을 조정하고, 업무에 적합하게 사용할 수 있도록 돕기 위해 팀과 직접 상호작용하는 일
손톤(2010)	실무자	높은 성과를 내는 팀을 만들어 추가 가치를 제공하는 수단으로, 집단적 목표 달성을 위한 팀코칭
클러터벅(2007)	실무자	변화에 대한 동기 부여, 분석 및 성찰을 지원하는 코칭 원칙을 적용하여 그룹이나 팀의 집단적 역량과 성과를 높이도록 설계된 학습 개입
호킨스(2011)	실무자	팀코치가 전체 팀과 협력하여 팀의 집단적 성과를 개선하고, 함께 일하는 방식, 그리고 모든 주요 이해관계자 그룹과 효과적으로 소통하여 더 넓은 사업을 함께 혁신할 수 있도록 집단적 리더십을 개발하는 방법을 돕는 프로세스
존스, 네이피어스키, 류보브니코바(2019)	학생	공동의 목표, 팀 성과, 팀 학습 및 성찰, 팀코칭 활동, 시스템으로서 팀에 대한 집중, 고급 코칭 스킬, 코칭 기법, 장기적인 관점에서 코칭을 포함하는 프로세스
EMCC(2020)	전문기관	팀코칭은 지속적인 전문적 대화를 통해 팀 업무와 팀워크 측면에서 팀의 공동 작업을 달성하도록 돕는 데 중점을 둔다. 이를 통해 개인과 집단의 성찰과 자기 인식 수준을 높이고 팀의 사고와 행동에 도전하여 지속 가능한 해결책과 실천을 개발한다.
ICF(2023a)	전문기관	팀코칭은 공동의 목적과 목표를 달성하기 위해 팀의 역동성과 관계에 대한 공동 창의적이고 성찰적인 과정을 통해 팀 구성원들의 능력과 잠재력을 최대한 발휘하도록 영감을 주는 파트너십

팀코칭은 다른 개입과 어떻게 다른가?

일대일 코칭과 마찬가지로 팀코칭과 다른 형태의 개발 및 그룹 코칭 사이에는 가끔 논쟁이나 혼동이 있다. 이러한 혼란을 최소화하고 이들 간의 경계를 논의하기 위해, 팀코칭과 다른 인기 있는 팀 개입을 간략하게 비교해 보았다.

팀 트레이닝team training

팀코칭은 주로 미리 정해진 의제나 강의 계획서가 없는 퍼실리테이션을 기반으로 하는 반면, 교육은 일반적으로 더 지시적인 접근 방식을 포함하며 사전에 합의된 구체적인 학습 결과를 포함한다. 우리는 두 가지 개입 방식 모두 가치가 있다고 생각한다. 팀 트레이닝은 팀이 새로운 지식이나 기술을 습득하는 데 도움이 되지만, 팀코칭은 팀의 동맹과 개발, 공유된 목표의 달성에 초점을 맞추고 있다.

호킨스(2011)는 액션 러닝 세트와의 유사성을 바탕으로 그룹 코칭을 다음과 같이 구분했다. 그룹 코칭은 팀코칭과 달리, 그룹 맥락 내에서 개인을 코칭하는 방식이다. 팀코칭의 주요 고객은 개별 팀 구성원이 아니라 전체 팀이다(p.71). 팀코칭과의 주요 차이점은 '그룹 맥락 내에서 개인을 코칭하는 방식'이다. 따라서 개인은 팀의 공동 목표를 위해 일하는 것이 아니라 각자의 목표를 갖게 된다.

팀 빌딩team building

팀 빌딩은 대인관계 개선, 생산성 향상, 그리고 조직 목표와의 연계성 향상에 초점을 맞추는 경향이 있으며, 일반적으로 단기, 하루 정도의 짧은 개입으로 구성된다(Kriek & Venter, 2009). 이와 대조적으로, 팀코칭은 일반적으로 일련의 세션에 걸쳐 진행되는 것으로 간주한다 (Jones et al., 2019). 팀코칭과의 주요 차이점은 개입이 일회성이라는 점인데, 이는 팀코칭이 일련의 개입을 하는 것과는 대조적이다.

팀 퍼실리테이션team facilitation

코치가 때때로 퍼실리테이션 기술을 활용할 수 있지만, 퍼실리테이션은 팀의 상호 관계를 관리하는 데 도움을 주는 방식으로 볼 수 있다. 그렇지만 팀코칭은 이보다 더 광범위하다고 생각한다. 관계는 이 과정의 일부일 뿐이며, 팀코칭의 초점은 팀이 자신의 프로세스에 대한 책임감을 느끼도록 지원하는 동시에 공유된 비전의 실현을 만들고 관리한다는 점이다.

호킨스(2011)는 팀 퍼실리테이션부터 변혁적 리더십 팀코칭에 이르기까지 팀 개발의 연속성([표 2.3])을 제시했다. 호킨스에게 팀 퍼실리테이션과 팀코칭의 주요 차이점은 변화에 대한 주인의식이다. 퍼실리테이터는 팀 구성원들이 대화에 참여할 때 팀을 지원하는 반면, 팀코치는 팀이 자립할 수 있도록 지원하는 것을 목표로 한다.

[표 2.2] 팀 개발 연속성

팀 퍼실리테이션	팀 성과 코칭	리더십 팀코칭	변혁적 리더십 팀코칭
팀이 팀 프로세스를 관리하도록 돕는 데 중점을 둔다.	팀 프로세스와 성과에 모두 초점을 맞춘다.	팀이 집단적 리더십을 어떻게 집중하는지에 초점을 맞춘다.	팀과 협력하여 비즈니스를 혁신하는 데 중점을 둔다.

(Hawkins, 2011에서 발췌)

그룹 코칭group coaching

가장 큰 혼란이 발생하는 부분이 바로 여기다. 팀은 하나의 그룹이지만, 공동의 목적을 공유하고 이를 달성하기 위해 함께 노력하는 특별한 형태의 집단이라는 점에서 일반적인 집단과는 다르다. 그룹은 버스 정류장에서 기다리는 두 명 이상의 사람일 수 있다. 사람들은 공동의 목적을 공유하지만, 결과를 달성하기 위해 함께 노력하지는 않는다. 마찬가지로 '신임 관리자'도 하나의 그룹일 수 있지만, 조직의 각기 다른 부서 출신이라는 사실은 각자 다른 목표를 가지고 있을 가능성이 크다는 것을 의미한다. 한 사람은 채권자에게 돈을 지급하는 데, 다른 사람은 매출 달성에, 그리고 세 번째 사람은 직원 경험에 집중할 수 있다.

우리는 경험이 풍부한 코치라면 누구나 그룹 코칭을 진행할 수 있다고 생각한다. 팀코칭을 더욱 복잡하고 전문화하는 것은 팀 구성원

간의 상호 관계가 역동적인 과정을 만들어내기 때문이다.

손톤(2010)은 그룹 코칭이 팀코칭과 코칭 학습 그룹이라는 두 가지 광범위한 영역으로 구성되어 있으며, 이들은 학습이라는 공동의 목적을 위해 함께 모였다고 주장한다. 이 정의는 팀이 특별한 유형의 집단임을 인정하지만, 그 정의는 그다지 유용하지 않으며, 많은 저자, 특히 실무자들이 이 두 가지 별개의 개입을 혼동하는 결과를 낳았다.

이러한 이유로 그룹 코칭을 촉진적 스타일로 뒷받침되는 공유된 학습 목표를 중심으로 제공되는, 학습에 초점을 맞춘 개별적인 개입으로 제한하는 것을 선호한다. 여러 면에서 그룹 코칭은 레반스^{Revans}(1971)가 개발한 액션러닝 세트와 유사하며, 흔히 콘텐츠 제공 후 개인적인 통찰과 적용을 개발하기 위한 비지시적 촉진 토론도 포함된다. [표 2.4]에 액션러닝 세트의 공통적인 특징을 요약했다.

일부 그룹 코칭 방식에서 잠재적인 차이점 가운데 하나는 그룹 코칭에는 때때로 콘텐츠 공유 시간이 포함된다는 것이다. 이는 회기 전에 기사, 책, 비디오 참여 초대를 통해 진행될 수도 있고, 회기 중에 진행자가 콘텐츠를 제공하는 방식으로 진행될 수도 있다. 이 콘텐츠는 그룹 프로세스의 중심이 된다.

팀코칭과 마찬가지로 그룹 코칭도 점점 인기를 얻고 있지만 이 책에서는 그룹 코칭을 중점적으로 다루지 않는다. 그 대신 독자는 손톤의 그룹 코칭에 관한 훌륭한 책(2010)을 참고할 수 있다. 이 책은 이제 10년이 넘었지만 그룹 코칭을 구체적으로 논의하는 몇 안 되는 텍스트 가운데 하나다.

[표 2.4] 액션러닝/그룹 코칭의 공통적인 특징

실제 문제	참가자들은 실제 문제를 탐구하도록 초대된다.
하면서 배우기	참가자들은 행동을 취하고 결과를 성찰하는 과정을 통해 학습한다.
소그룹	그룹은 일반적으로 모든 구성원의 적극적인 참여를 보장하기 위해 4~8명으로 구성된다.
다양성	그룹에는 다양한 배경과 관점이 포함될 수 있다.
질문과 성찰	진행자는 개방형 질문을 하고 행동과 결과에 대한 성찰을 장려한다.
책임 공유	모든 구성원은 개방형 질문을 통해 문제 해결 프로세스에 기여할 책임을 공유한다.
퍼실리테이터(코치)	촉진자는 해결책을 제공하는 것이 아니라 열린 질문을 던지고 그룹이 학습에 집중하도록 보장함으로써 그룹을 안내한다.
행동에 대한 헌신	그룹은 조치하기로 약속한다.
피드백	피드백은 프로세스의 핵심 부분이다.
학습 과정에 대한 성찰	참가자들은 문제 해결 과정분만 아니라 학습 과정에 대해서도 정기적으로 성찰하여 개인적인 통찰력을 개발한다.

팀코칭은 지속해서 성장하고 있지만, 여전히 많은 오해가 존재한다. 따라서 이 장을 [표 2.5]로 마무리하겠다. 이 표는 독자들이 팀코칭에 대한 가장 널리 퍼진 신화와 오해를 깨는 데 도움이 된다.

[표 2.5] 팀코칭의 신화와 현실

제한적인 사고방식	응답
팀코칭은 팀이 처음 형성될 때만 수행되어야 한다.	최고의 팀은 평생 학습과 개발에 참여한다.
팀코칭은 상황이 어려워질 때만 필요하다.	처음으로 관계 문제를 이혼 재판에서 다루게 된다면 이미 너무 늦은 것이다!
팀의 성과는 팀 구성원들 성과의 총합이다.	팀은 구성원들의 합보다 더 높은 성과를 낼 수도 있고, 더 낮은 성과를 낼 수도 있다. 팀의 부가가치에 집중하는 것이 중요하다.
팀코칭은 서로 더 나은 관계를 맺는 것이다.	팀코칭은 팀이 모든 이해관계자와 어떻게 관계를 맺고 더 넓은 조직의 사명에 어떻게 부합하는지에 관한 것이다.
팀코칭은 팀이 더 나은 회의를 갖도록 하는 것이다.	팀 성과는 팀 또는 그 하위 부서가 팀의 이해관계자들과 소통할 때 발생한다. 팀 회의 자체는 경기가 아닌 훈련의 장이다.
팀코칭은 외근 중일 때만 외부에서 진행된다.	팀코칭은 원격 근무를 통해 지원될 수 있지만 핵심 개발은 함께 일하는 과정에서 이루어진다.
우리는 같은 일을 함께하지 않는 이상 팀이 될 수 없다.	팀은 구성원들이 서로 연결되지 않은 상태에서는 수행할 수 없는 공유된 목표를 갖는 것으로 정의된다.
팀코칭은 팀 구성원들이 서로를 신뢰하는 것이다.	인간 사이의 절대적인 신뢰는 실현 불가능한 목표이며, 특히 팀워크에서는 더욱 그렇다. 더 유용한 목표는 팀 구성원들이 서로에게 불신을 드러낼 만큼 신뢰하는 것이다.
팀 내 갈등은 나쁜 일이다.	팀 내에서 갈등이 너무 많거나 적으면 도움이 되지 않는다. 훌륭한 팀은 더 넓은 시스템 내에서 상충하는 요구를 창의적으로 해결할 수 있다.
팀코칭은 그 자체로 목적이 된다.	팀코칭은 팀의 비즈니스 성과 개선과 연계될 때만 가치가 있다.

맺음말

이 장에서는 팀코칭의 정의를 검토하여 개입에 대한 명확성을 제고했다. '팀코칭' 정의에 대한 공감대가 점차 확대되고 있으며, 이는 전문 기관들이 이 분야의 표준을 설정하는 데 기여한 결과라는 점을 강조하며 마무리했다. 또 팀코칭과 다른 유사한 팀 개입의 차이점에 관한 정의도 제시되었는데, 이 두 가지 정의는 팀코칭 역량 개발을 위한 토대를 마련해 준다.

3장. 팀코칭 실천^{practice} 탐구하기

번역: 이숙경

개요

이번 장에서는 실제 팀코칭의 세계를 탐색해 보고자 한다. 팀코치가 어느 시점에서 코칭을 해야 하는지, 어느 시점에서 컨설팅이나 다른 팀 개발 방식으로 전환해야 할지 살펴볼 것이다. 또한 팀 구성원이지만 다른 전문가에게 의뢰가 필요한 경우에 대해서도 간략하게 소개하겠다.

언제 코칭하고, 언제 컨설팅하며, 언제 트레이닝해야 할까?

실천 단계에 들어가면 사실 개입 방식 간의 경계가 모호해져서, 어떤 개입이 적절한지 식별하기가 어려울 수 있다. 이번 장에서는 팀코칭과 그룹 코칭, 팀코칭과 컨설팅, 팀코칭과 트레이닝, 팀코칭과 일대일 코칭 사이의 경계에 관해 살펴보고자 한다.

그룹 코칭

그룹 코칭과 팀코칭은 사용되는 목적은 다르지만, 협력적 특성 면에서는 유사하다. 팀코치와 그룹 코치는 이런 차이를 잘 이해하고 있어야 한다.

그룹 코칭은 하나의 팀으로 일하지는 않으나, 공통된 도전과제를 가진 개인들로 구성된 집단을 이끄는 것이다. 참여자들은 대개 개인의 성장, 역량 개발, 또는 공통의 도전과제를 해결하려고 모인 사람들이다. 그룹 코칭의 매력은 각 참가자가 가져오는 다양한 관점과 경험, 그리고 코치의 통찰력과 공유 과정 촉진 능력에 있다. 이러한 다양성이 학습 과정을 풍부하게 만들며, 참여자들은 코칭 과정에서 얻는 통찰뿐만 아니라 서로의 경험, 피드백, 관점 차이를 통해서도 서로 배우게 된다.

반면, 팀코칭은 팀, 즉 규칙적으로 함께 일하며 공통의 목표와 목적을 공유하는 개인들로 구성된 집단에 초점을 맞춘다. 앞서 논의했듯이 팀코칭은 팀의 공동 성과를 향상하고, 업무 관계를 개선하며, 팀 공동 목표 달성을 위한 노력을 가지런히 조율하고자 하는 것이다. 팀코칭은 팀 역동을 탐구하며, 소통, 협력, 역할 명확화, 갈등 해결과 같은 문제를 다룬다. 이러한 과정을 통해 팀에 대한 이해와 협업이 심화되고, 궁극적으로 팀의 집단적 역량이 강화된다.

팀코칭에 필요한 역량은 일대일 코칭 역량과 중첩되는 부분이 제법 많다. 그룹 코칭은 코치가 그룹 내 토론을 촉진하는 데 더 집중해야 하며, 한 회기 내에서도 모든 참여자의 목소리가 포괄적으로 반영되도록 하는 것이 중요하다. 반면, 팀코치는 더 까다로운 역할에 직면해야 하므로 여기에 필요한 추가 기술을 반영하여 별도의 인증 제도가 개발되었다. 팀코치는 팀의 현재 상태를 평가하고, 개선 영역을 파악하며, 관련 이슈와 주제를 탐구하는 팀 구성원 간 토론을 관리하는 등 궁극적으로 팀의 응집력과 성과를 증진시킬 수 있는 역량을 갖춰야 한다.

그 결과, 다음과 같은 경우에는 그룹 코칭을 선택하게 된다.

첫째, 해당 집단이 팀이 아닌 경우, 즉 공통된 목적을 공유하지 않을 때이다.

둘째, 집단적 과정이 참여자들의 통찰을 더해 줄 수 있는 경우이다. 예를 들어, 팀의 규범 형성 과정norming이나 다른 사람들이 유사한 문제를 어떻게 해결하는지를 관찰함으로써 통찰을 얻을 수 있는 경우이다. 마지막으로, 그룹 코칭은 코칭 비용 측면에서도 효율적인 방법일 수 있다. 특히 일대일 코칭에 필요한 예산이 부족한 경우에 유용하다. 각 참여자는 어느 정도 개인적인 코칭을 경험하고, 코칭 과정을 관찰함으로써 자신의 업무 현장에서 팀에 적용할 수 있는 이점을 얻을 수 있다.

팀 컨설팅

컨설팅도 자주 사용하게 되는 개입 방식이다. 기관 전체뿐만 아니라 부서나 팀과 같은 하위 조직도 컨설팅 대상이 될 수 있다. 컨설팅은 외부 전문가가 조직이나 팀에 구체적인 해결책, 전략, 문제 해결 전문 지식을 제공하는 과정이다. 이 접근 방식은 일반적으로 지시적이며, 컨설턴트는 팀의 문제나 목표를 분석한 후, 자신의 전문 지식을 바탕으로 권고 사항, 실행 계획, 또는 해결책을 제시한다. 효율성 향상, 신규 시스템 도입, 전략적 계획 수립 등 특정 비즈니스 요구나 목표를 해결하는 데 초점이 맞춰져 있다.

반면, 팀코칭은 팀이 스스로 성장하고 발전하도록 촉진하는 데 중점을 둔다. 팀코치는 직접적인 해결책을 제시하기보다는, 팀 역동, 프로세스, 가치, 전제, 그리고 궁극적으로는 성과를 성찰할 수 있도록 돕는다. 이 과정은 발견, 토론, 성찰을 통해 이루어진다. ICF의 코칭 정의를 반영하듯, 이 과정은 매우 협력적이고 탐색적인 성격을 띤다. 궁극적으로 팀코치는 팀이 스스로 해결책을 찾을 수 있도록 역량을 강화하는 것을 목표로 하며, 문제를 대신 해결해줌으로써 그들의 힘을 약화하는 방식은 지양한다.

컨설팅과 팀코칭 역할에 필요한 기술은 확연히 달라서, 팀코칭에서는 공동 창조와 촉진facilitation 기술이 사용되고, 컨설팅에서는 전문적 분석 및 해결 방안 제시 기술이 필요하다. 코치는 코칭 프로세스에 대한 전문가일수는 있지만, 팀이나 조직이 직면한 기술적 문제에 대한 지식은 부족할 수 있다. 반면, 컨설턴트는 해당 분야의 전문가로서 해답을 제공할 준비가 되어 있는 사람이다.

팀과 그룹을 위한 트레이닝

팀 또는 그룹 트레이닝과 팀코칭은 겉보기에는 유사해 보이지만, 조직 개발 영역에서 각각 고유한 목적을 가지며 본질에서 서로 다른 역량을 요구한다. 팀 트레이닝은 팀코칭보다 관련 분야 전문 지식이 더 많아야 한다.

팀 트레이닝은 교육과정으로 보는 것이 더 적절하다. 개인이 그룹으로 모여 새로운 기술이나 지식을 함께 배운다. 이러한 트레이닝은 흔히 체계적으로 구성되어 있으며, 프로젝트 관리나 미디어 기술과 같은 특정 분야에서 팀의 지식이나 역량을 향상하기 위한 커리큘럼으로 구성되어 있다. 팀 트레이닝의 본질은 집단적 접근에 있다. 이는 단순한 개인의 성장만을 위한 것이 아니라, 특정 지식 영역에서 팀 전체의 숙련도를 끌어올리는 데 목적이 있다. 팀 트레이닝은 새로운 프로세스를 도입하거나, 그룹 구성원들의 업무 적용 방식에 변화를 줄 때 특히 효과적이다.

앞서 논의했듯이, 팀코칭은 구조화되어 있지 않고, 따로 정해진 강의 계획서도 없으며 더 사람 중심적이다. 팀코칭의 초점은 팀 역동, 상호작용, 집약적 성과 향상에 있으며, 이는 협력적이고 비지시적인 코칭 스타일을 통해 이루어진다.

기술 측면에서 보면, 코치와 트레이너trainer 모두 높은 수준의 전문성이 있어야 한다. 팀코치는 코칭 프로세스의 전문가이지만, 트레이너는 퍼실리테이션과 코칭 기술을 모두 갖추고 있어야 하며, 발표자이기도 해야 하고 다루어야 할 교과 과정에 대한 지식이 있어야 하며 그룹의 질문과 과제에도 대처할 수 있어야 한다.

개인 코칭

우리는 『글로벌 코치되기: 코칭역량과 ICF 필수 가이드Becoming a Coach: The Essential ICF Guide』(Passmore & Sinclair, 2024)에서 개인 코칭에 관해 폭넓게 다뤘다. 개인 코칭(일대일 코칭)은 오직 개인 고객의 필요에 초점을 맞춘다는 점이 특징이다. 반면 팀코칭에서는, 설령 일대일 코칭을 팀코칭 과제의 일부로 포함하더라도, 그 참여의 초점은 팀 전체에 맞춰진다는 점에서 차이를 보인다([표 3.1] 참조).

[표 3.1] 팀코칭, 그룹 코칭, 일대일 코칭 비교

개입	대상(who)	목표(what)	수행자(by whom)
팀코칭	공통의 목적을 공유하는 집단	팀 프로세스를 개선하고, 정렬도를 높이며, 팀 성과를 향상시키는 데 초점을 둔 과정	공인 팀코치에 의해
그룹 코칭	상대적으로 서로 잘 모르는 사람들로 구성된 집단	공통 주제에 대한 탐색과 이해를 통해 구성원 개인의 성과를 향상시키는 과정	그룹 학습 또는 퍼실리테이션 역량을 갖춘 공인 코치에 의해
개인 코칭	한 사람	통찰을 높이고 개인의 행동 변화를 촉진하는 과정	공인 코치에 의해

팀코칭 방법들

팀을 코칭하기

지금까지 논의한 바와 같이, 팀코칭은 팀의 성과와 역동을 향상하게 하려는 접근 방식이다. 이 코칭 방식은 단순히 산출물을 개선하는 데 그치지 않고, 팀 역동을 키우고, 의사소통을 강화하며, 목표를 정렬함으로써 더 응집력 있고 효과적인 팀을 만드는 데 목적이 있다.

이 책에서는 ICF 공인 코치들이 알고 있는 개인 코칭 역량을 보완하는 ICF 팀코칭 역량들을 살펴본다. 6장에서 13장까지 기술된 자세한 내용을 다루기 전에, 앞으로 다룰 내용을 준비할 수 있도록 몇 가지 일반적인 주제를 먼저 소개하고자 한다.

먼저 짚고 넘어가야 할 중요한 점은, 팀코칭에서는 팀 자체를 주요 고객primary client으로 간주한다는 것이다. 팀 구성원은 코칭 과정에서 중심적 역할을 수행하며, 논의 시 각자 자신만의 고유한 관점을 제시한다.

이 목표는 팀코치가 객관성을 유지하는 행동을 통해 달성된다. 이를 통해 팀 구성원, 스폰서, 이해관계자들과의 모든 상호작용에서 편향이 없도록 보장하며, 누구도 – 대표이사나 스폰서를 포함해 – 특정 개인이나 소집단이 다른 사람보다 더 우대받는 것으로 인식되지 않도록 한다.

또 팀코치는 개방적으로 작업하여 역동이 팀과 함께 발전할 수 있도록 하고 각 회기의 드러나지 않는 흐름을 인식하고 새롭게 떠오르는 팀 요구에 적응하고 대응할 준비가 되어 있어야 한다.

마지막으로, 팀 전체를 대상으로 코칭할 때 팀코치는, 특히 개별 대화에서의 비밀 유지confidentiality를 철저히 지켜야 한다. 기밀이 누설될 경우, 코칭 과정이 방해받고 팀이 앞으로 나아가기보다는 오히려 뒷걸음질 치는 결과를 초래할 수 있다.

경계 관리하기

팀 개발은 팀코칭, 팀 빌딩, 팀 트레이닝, 팀 컨설팅, 팀 멘토링, 팀 퍼실리테이션 등 다양한 방식들을 포괄하는 다면적multi-faceted 과정이다. 이러한 각각의 접근 방식은 팀의 성장과 효과성 향상에 고유한 방식으로 기여한다.

팀코치는 팀의 성장 여정에서 중심적인 역할을 하는 존재이다. 상황에 따라 팀코치는 컨설팅, 트레이닝 또는 다른 팀 관련 과정에 관여하는 사람들과 협업할 필요가 있다. 특히 해당 상황이 코치의 전문 영역을 넘어서는 특수한 지식이나 기술을 요구할 경우, 이러한 협업은 매우 유익하게 작용한다.

이번 장에서는 다양한 개발 방식들 사이의 차이를 구분하여 설명했지만, 이러한 경계가 고정된 것이 아니라 유동적이며, 흑백처럼 명확한 것이 아니라 회색 지대임을 인식해야 한다. 팀코치는 이러한 경계를 팀과 함께 협력적으로 탐색하면서, 어떤 시점에 다른 역량이 요구되는지를 식별할 수 있도록 도와야 한다.

이러한 참조 접근 방식referential approach은 팀의 고유한 과제와 목표에 맞춘 종합적인 지원을 제공하는 데 도움이 된다. 이 방식은 다양한 전문가들의 강점과 전문성을 활용하는 총체적 개발 접근법을 가능하게 하며, 팀코치는 흔히 지휘자 역할을 하며 필요할 때 추가적인 지원 자원을 유연하게 초대하고 조율한다.

다중 모드 실천practice

이는 실제 현장에서 팀코치가 코칭의 기본 원칙뿐 아니라, 자신이 활용하는 각 개발 방식 특유의 뉘앙스와 기법에도 능숙해야 함을 의미한다. 이는 팀 빌딩, 트레이닝, 컨설팅, 멘토링, 퍼실리테이션 등 어떤 방식이든 해당 영역에 대한 깊은 이해와 전문성이 요구된다는 뜻이다. 이러한 다양한 역량 세트는 코치가 여러 전략과 개입 방식을 자연스럽게 통합할 수 있게 해주며, 결과적으로 팀의 전반적인 성장과 성과 향상에 기여한다.

이 역할에는 많은 요구가 따른다는 점도 주목할 만하다. 팀코칭에 숙련된 수퍼바이저를 활용하면, 팀코치가 이 복잡성을 효과적으로 탐색하고 자신의 웰빙wellbeing을 보호할 수 있도록 성찰적 공간과 지원을 제공받을 수 있다.

필요할 때는 지시적으로

팀코칭 영역에서는 코치의 역할이 일대일 코칭 상황보다 더 지시적인 접근을 요구하는 경우가 많다. 그러나 이러한 지시적 스타일은 일괄적인 전략이 아니라, 팀 성장에 실질적으로 기여할 수 있는 특정 상황에 한정되어 사용된다. 팀코칭에서 지시적 태도를 보이는 목적은 팀 내 성장 영역을 밝혀주고, 팀코칭 프로세스에 대한 이해를 촉진하며, 코칭 회기 중 중요한 전환점을 효과적으로 안내하는 데 있다.

지시적 순간들은 매우 중요하다. 이는 팀 내의 긍정적·부정적인 역동을 모두 부각하는 데 사용되며, 강점과 개선이 필요한 영역을 인식하게 만드는 촉매제 역할을 한다. 코치의 지시적 개입은 팀이 이러한 탐색 단계를 효과적으로 통과하도록 돕는 데 핵심적인 역할을 하며, 통찰을 제공하고 앞으로 나아갈 방향을 제시한다.

그렇지만 지시적 코칭은 팀이 처한 상황에 대해 시야를 좁히기보다 넓히는 방향으로 작용해야 한다는 점이 중요하다. 그 목적은 팀의 이해와 관점을 확장하고, 그들의 역동, 과제, 잠재적 해결책에 대한 더 포괄적인 관점을 형성하도록 돕는 데 있다. 이러한 접근은 팀이 자신의 기능에 대해 더 깊이 통찰하고, 더 응집력 있고 생산적인 여정을 통해 집단 목표를 향해 나아가도록 장려한다. 요약하면, 지시적 코칭은 팀 개발에서 중요한 역할을 하지만, 그 적용은 미묘하고 섬세하게 다루어져야 하며, 팀의 집단적 이해와 성장을 풍요롭게 하는 것을 목표로 한다.

다양한 역할 수행하기

마지막으로, 다중모드 접근multimodal approach을 사용하는 팀코치는 자신이 수행하는 다양한 역할을 명확하게 인식해야 한다. 이러한 역할들이 서로 어떤 영향을 주고받는지, 그리고 그 역할들 사이를 오갈 때 어떤 민감성이 필요한지를 이해해야 한다. 이는 신뢰와 투명성을 유지하고, 고객이 전문가에게 마땅히 기대할 수 있는 기준을 명확히 하기 위해 필요한 요소이다.

맺음말

이번 장에서는 팀코칭을 하나의 개입 방식으로 보고, 다른 일반적인 팀 개입 방식들과의 영역 경계를 살펴보았다. 또한 팀코치들이 사용하는 방법론에 관해서도 간략히 살펴보았다. 다음 장에서는 이러한 방법들이 코치의 역량과 프레임워크로 어떻게 전환되고 구성되는지를 다루고자 한다.

4장. 팀코칭의 과학

번역: 정혜선

개요

증거는 모든 전문직의 핵심에 자리 잡아야 한다. 우리가 개입intervention 에 대한 이해를 확실히 하는 데 필요한 증거는 연구를 통해서 만들어 진다. 즉 그 개입이 무엇이며, 어떻게 가장 효과적으로 적용할 수 있는 지, 사용자에게 어떤 영향을 미치는지를 밝혀준다. 이러한 의미에서 코칭은 의학이나 다른 과학 분야와 다르지 않다. 이후 코치가 이러한 증거를 어떻게 적용하느냐, 즉 개인 클라이언트, 상황, 그리고 코치 자 신의 스타일을 어떻게 반영하느냐 하는 것은 코칭의 예술로 간주할 수 있다. 이 장에서는 코칭 연구에 관해 간략히 살펴볼 것이다. 즉 개인이 배우고, 변화하며, 성장할 수 있도록 돕는 개입으로서 코칭이 얼마나 효과적인지에 대해 이러한 증거가 무엇을 말해주는지를 알아보려 한 다. 먼저 일대일 코칭에 관한 연구를 간단히 살펴본 다음, 팀코칭으로 넘어가 그 과정process과 효과effect에 관한 문헌을 검토할 것이다.

코칭 연구 검토

업무 현장에서 개입으로서 코칭은 지난 삼십 년 동안 눈에 띄게 성장해 왔다. 1990년대에는 자신이나 자신의 프랙티스를 코칭이라고 묘사하는 사람이 5천 명도 채 되지 않았다. 그러나 2020년대 중반에 이르러서는 이 숫자가 10만 명을 넘어섰다. 이러한 수의 증가는 코칭 시장의 성장에도 반영되어, 코칭 시장은 45억 6천만 달러 규모에 이르는 것으로 추정되었다(ICF, 2023a). 인공지능[AI], 디지털 팀코칭, 그룹 코칭이 점점 인기를 끌면서, 2030년대 초반까지는 시장 잠재력이 200억 달러를 넘어설 것으로 예상한다.

같은 기간에 코칭 연구 또한 양적으로나 깊이에서 모두 발전해 왔다. 이러한 의미에서 코칭은 1990년대에 흔했던 모범 사례[best practice] 보고서와 사례 연구에서 출발하여, 신뢰받는 정성적, 정량적 연구 방법론을 거쳐 2020년대에는 메타 분석 연구로까지 이어지는 연구 계층 구조의 상위 단계로 점차 이동해 왔다([그림 4.1] 참조).

문헌 고찰 및 메타 연구

이 기간에 여러 저자는 코칭 연구 문헌을 종합적으로 정리하여, 후속 연구자들이 연구를 발전시켜 나갈 기반[platform]을 마련하고자 했다. 최초의 포괄적인 문헌 고찰에서는 코칭 연구의 속도가 점점 빨라지고 있음에 주목했다(Grant et al., 2010a, 2010b). 이후로는 정량적 연구(예: Passmore & Rehman, 2012), 체계적 문헌 고찰(예: Athanasopoulou & Dopson, 2018), 메타 분석 연구(예: Wang et al., 2022) 등이 꾸준히 증가해 왔다.

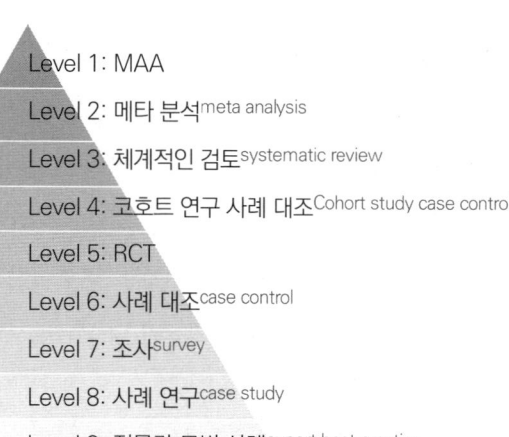

Level 1: MAA
Level 2: 메타 분석meta analysis
Level 3: 체계적인 검토systematic review
Level 4: 코호트 연구 사례 대조Cohort study case control
Level 5: RCT
Level 6: 사례 대조case control
Level 7: 조사survey
Level 8: 사례 연구case study
Level 9: 전문가 모범 사례expert best practice

[그림 4.1] 연구의 계층 구조Hierarchy of research

현재까지 코칭의 효과를 입증하는 준실험quasi-experimental, 무작위 통제 실험Randomized Control Trial(RCT) 및 유사한 설계의 연구는 30건 이상 존재하는 것으로 보고 있다. 일부에서는 코칭 관련 RCT가 50건이 넘는다고 주장하지만 이러한 연구들을 자세히 검토해 보면, 일부 연구는 ICF의 정의에 부합하기보다는 더 지시적인(멘토링) 접근 방식을 사용하고 있으며, 일부 연구는 전문 코칭 훈련을 받지 않은 사람들이 수행했거나 임상 환경에서 진행되어, 조언적-교육적인advisory-educational 스타일에 더 가깝다는 점이 밝혀졌다.

참가자를 진정으로 무작위로 배정하거나, 대조군과 비교 가능한 개입(한 그룹은 코칭을 받고 다른 그룹은 동일한 기간 교육받는 등)을 포함시키는 것, 또는 이중 맹검double-blinded 그룹(참가자와 진행자 모두가 연구의 전체 내용을 알지 못하는)의 설계를 실제로 구현하는 것은 매우 복잡하므로, 실제로 수행된in practice 진정한 RCT는 매우 드물다. 사실 '무작위 통제 실험'이라고 묘사된 많은 연구는 진정한 RCT 기준을 충족하지 못하며, 더 정확하게는 실험적 또는 준실험적 설계라는 표현이 적절하다.

지금까지 완료된 코칭 관련 RCT 연구들은 대체로 군대, 경찰 등과 같은 통제된 환경에서 수행되었다(Passmore & Rehman, 2012; Passmore & Velez, 2012).

이러한 연구들 가운데 일부와 그 결과를 [표 4.1]에 요약했다.

준실험적 설계 방법을 활용한 정량적 연구들이 증가함에 따라, 이러한 정량적 연구들을 종합하여 업무 현장workplace 내 코칭의 효과성을 효과 크기effect size로 제시하려는 메타 분석 연구 또한 증가하고 있다 ([표 4.2] 참조).

이러한 메타 분석 연구들은 업무 현장에서 코칭이 작거나 중간 정도의 효과 크기가 있다는 것을 보여왔다(Hedges의 g 기준으로 0.2에서 0.5 사이이며, 측정 대상이 인지 변화인지행동 변화인지 등에 따라 다름). 이는 코칭이 리더십 개발에서 기술 훈련에 이르기까지 다른 널리 사용되는 조직 내 개입 방식들과 전반적으로 비슷한 수준의 효과를 보인다는 것을 의미한다.

[표 4.1] 코칭에서의 RCT, 실험 및 준실험 설계 연구 사례

저자	연구 결과
듀이츠Duijts 외 (2008)	코칭으로 병가율 감소
패스모어Passmore와 레만Rehman (2012)	코칭이 트레이닝보다 더 효율적이고 효과적임
윌리엄William과 로우먼Lowman (2018)	코칭이 리더십 역량을 향상시킴
트롬Trom과 버크Burke (2022)	코칭이 직원 웰빙wellbeing과 감사한 마음을 증진시킴
폰테스Fontes와 델로 루소Dello Russo (2021)	코칭이 직무 만족도와 조직적 헌신을 증진시킴
드 한de Haan 외 (2020)	코칭이 목표 달성과 회복탄력성을 증진시킴
래퍼티Rafferty 외 (2023)	리더십 개발을 코칭과 결합하면 리더십 개발만 하는 것보다 더 나은 결과를 얻을 수 있음

[표 4.2] 코칭 분야의 메타분석 연구

드 뫼즈De Meuse 외 (2009)
더붐Theeboom 외 (2014)
존스Jones 외 (2015)
소네쉬Sonesh 외 (2015)
버트Burt와 탈라티Talati (2017)
그라브만Graßmann 외 (2020)
왕Wang 외 (2022)
드 한de Haan과 닐슨Nilsson (2023)
캐논–바워스Cannon-Bowers 외 (2023)
토모이아가Tomoiaga와 데이비드David (2023)

팀코칭 연구 검토

일대일 코칭이 지난 삼십 년 동안 증거 기반을 구축하는 데 긍정적 진전을 이루어 온 반면, 팀코칭은 아직 그 여정의 초기 단계에 있다. 팀코칭은 일대일 코칭과 유사한 경로를 따르며, 초기 연구에서는 정의, 경계, 역량, 그리고 트레이닝 개발에 관한 논의에 초점을 맞추고 있다.

두 번째 단계에서 진행된 연구 작업은 주로 정성적 성격이었고, 사례 연구, 프랙티스 보고서, 소규모 연구들이 중심을 이루었으며, 정량적 연구는 부족한 상황이다(Hastings & Pennington, 2019; Widdowson et al., 2020). 이 문헌들을 면밀히 검토해 보면, 팀코칭이 팀 관계, 구성원들의 웰빙, 팀 성과, 심리적 안전감과 같은 팀 삶^{life}의 여러 측면에 미치는 영향에 관한 명확한 증거는 거의 없는 것으로 나타났다.

비교적 새로운 프랙티스 영역인 팀코칭은 연구가 계속해서 발전하는 중이며, 새로운 연구들이 지속해서 발표되고 있다. 우리는 2020년대 중반부터 후반에 걸쳐 팀코칭이 제3의 단계로 진입할 것으로 기대하며, 이 단계에서는 정성적 연구의 지속과 더불어 팀코칭의 영향을 입증하는 정량적 연구가 더 활발하게 이루어질 것으로 예상한다.

다음 섹션에서는 지금까지 발표된 연구들을 검토하겠다. 이 섹션은 문헌 고찰, 모델과 프로세스, 그리고 영향의 세 부분으로 나누어 살펴본다.

문헌 고찰

우리가 먼저 살펴볼 문헌 분야는 기존 연구들을 정리한 문헌 고찰이다. 2010년 힉스Hicks의 고찰에서는 두 건의 사례 연구만 확인되었다. 그러나 이는 과소 평가일 수 있는데, 그랜트Grant(2009)가 코칭 전반에 관한 연구를 고찰한 결과, 팀코칭을 언급한 연구가 6개나 발견되었기 때문이다. 2013년까지 카Carr와 피터스Peters는 16개의 연구(네 개의 모델, 네 개의 실증 연구, 여덟 개의 사례 연구)를 확인했다. 이 수는 2019년 그들의 후속 고찰에서 실증 연구만 하더라도 17개로 증가했다(Peters & Carr, 2019). 대부분 연구는 팀 리더십 맥락에서의 리더십 스타일로서 코칭에 초점을 맞추고 있으며, 이는 외부의 독립적인 인증 팀코치가 팀과 함께 일하는 방식과는 구분된다. 외부 코치에 초점을 둔 연구들은 대부분 컨설턴트가 직접 진행한 프로그램을 기반으로 수행한 사례 연구였으며, 본질에서 분석적이기보다는 서술적인 성격이 강한 경우가 많았다.

위도우슨Widdowson 등(2020)은 ICF 팀코칭 역량 개발 과정의 하나로 팀코칭에 관한 문헌을 고찰했다. 이 연구팀은 팀코칭 성장 속도가 빨라지고 있다는 데에 주목했으며, 이는 랜즈Lanz(2016)도 강조한 요점이다.

우리의 분석에 따르면 팀코칭 연구에는 여전히 효과성과 실제 적용에 관한 이해의 공백이 존재하며, 이를 메우기 위한 추가 연구가 필요하다. 예를 들어, 언제 팀코칭을 활용해야 하고, 언제 다른 형태의 팀 개발이 적절한가와 같은 질문에 관한 해답이 더 요구된다.

모델과 프로세스 연구

앞서 언급했듯이, 팀코칭에 관한 초기 글들은 주로 정의와 프로세스에 관한 논의, 즉 '이것은 무엇인가?' 그리고 '우리는 이것을 어떻게 수행하는가?'라는 질문에 집중되어 있었다. 코칭 모델(예: Clutterbuck, 2007; Hackman & Wageman, 2005a; Hawkins, 2021; Moral & Angel, 2009)은 팀코칭 프로세스를 생각하고 실천engage하는 다양한 방식을 제시해 왔다. 이러한 모델들은 이후 더 자세히 살펴볼 예정이다.

이러한 모델들과 프레임워크들은 대부분 프랙티셔너들의 과거 경험에서 도출된 것으로, 이전 과업에서 배운 내용을 바탕으로 정리한 '레시피' 형식으로 다른 사람들이 적용할 수 있도록 구성되어 있다.

영향impact 연구

팀코칭 연구의 또 다른 흐름은 팀코칭 과업을 통해 달성된 영향을 탐구하는 데에 초점을 맞추고 있다. 개인의 성장과 개발의 영향을 측정하는 일은 쉽지 않으며, 이에 관한 다양한 모델이 발표되어 왔다. 그 가운데 널리 사용되는 모델 하나는 커크패트릭Kirkpatrick의 네 가지 평가 수준 모델로, 반응Reaction, 학습Learning, 행동Behavior, 결과Results(1959)로 구성되어 있다. 이 프레임워크는 원래 트레이닝을 평가하기 위해 개발된 것이지만 팀코칭에도 동일하게 적용할 수 있다.

팀코칭의 영향을 평가하려는 연구들도 일부 수행되었다. 하임베커Heimbecker(2006)는 팀 참가자와 인터뷰한 결과를 바탕으로 한 자신의 미출간 대학 논문에서 팀코칭이 상당한 이점을 가져왔다고 주장했다. 이와 유사하게, 앤더슨Anderson 등(2008)은 그들의 회사가 캐터필러Caterpillar에서 수행한 컨설팅 과업에서 '90%의 고위급 팀들이' 해당 과정에서 혜택을 받았다고 주장했다.

그러나 이러한 연구들은 연구자(저자)들이 자신의 코칭 프랙티스에서 퍼실리테이터이자 평가자 역할을 동시에 수행함으로써 신뢰성이 떨어졌다. 또한 이러한 연구들과 또 다른 연구들에서는 팀코칭 외에도 일대일 코칭을 병행하거나 대체하여 사용하는 경우가 있으며, 사용된 정확한 방법을 명확하게 설명하지 못하는 경우도 많다. 영향 측정 지표 또한 명확하게 정의되지 않거나, 커크패트릭의 1단계 수준인 '반응'에만 근거를 둔 경우가 많으며, 학습(2단계)이나 행동 변화(3단계)에는 기반을 두지 않는 경우가 많다. 이러한 요소들이 복합적으로 작용하여 해당 연구들은 반복하기 어렵고, 긍정적 효과를 유발한 구체적 요소가 무엇인지 확실하게 파악하기 어렵게 만든다.

패스모어Passmore와 동료들(Passmore et al., 2024)은 소규모 이중 맹검 무작위 통제 실험을 통해 심리적 안전감psychological safety 과 인식된 팀 응집력에 관한 팀 구성원 개인의 변화를 조사했다. 그들은 팀코칭이 팀 개발 회기를 받은 대조군 팀보다 더 우수한 성과를 보였다는 것을 발견했다. 또 변화의 효과는 팀코칭 그룹에서 두 달 뒤 후속 평가에서도 유지되는 것으로 나타났다.

이 연구는 최초의 팀 연구로, 특히 참가자 수, 팀 수, 측정 횟수 등의 제한이 있긴 하지만, 팀코치의 수가 증가함에 따라 2020년대 이후로 이와 유사한 방법을 활용한 팀코칭 효과에 관한 연구가 점차 증가할 것으로 기대한다.

연구 개요

요약하자면, 초기 코칭 프랙티스 사례들(Sauer, 1999; Tobias, 1996; Winum, 2005 참고)과 마찬가지로 팀코칭에 관한 기존 연구들은 대부분 개인적 경험에 초점을 맞추고 있으며, 이는 주로 질적 연구 방법론과 사례 연구를 통해 다루어졌다. 이러한 연구들은 어떤 현상을 더 깊이 탐색하기 위한 유용한 출발점을 제공하지만, 실제 개입의 효과성을 검증하기 위해서는 RCT와 같은 더 견고한 연구 설계가 필요하다 (Passmore et al., 2024).

문헌이 매우 제한적인 상황에서, 본 연구의 목적은 팀코칭을 조직 내 개입으로서 효과성을 검토하고, 그것이 개별 팀 구성원에게 미치는 영향을 살펴보는 데 있다.

맺음말

이 장에서는 팀코칭 연구에 관한 문헌을 간략히 검토하고, 지금까지 수행된 제한된 수의 연구에서 얻은 통찰을 공유하고자 했다. 이러한 연구들은 경험적 수준에서 팀코칭이 긍정적으로 받아들여지고 있다는 점을 확인해주지만, 정량적 연구에서는 근거가 아직 부족한 실정이다. 이는 팀코칭이 팀 개발에 어떻게 가장 효과적으로 기여할 수 있는지를 프랙티셔너들이 이해하는 데 도움을 주기 위해, 이 분야에서 더 많은 연구가 필요함을 확인시켜 준다.

PART II

5장. 팀코칭 소개

번역: 고윤주

배경

국제코칭연맹(ICF)은 세계 최대 규모의 전문 코칭 조직이다. ICF는 1995년 코치들이 서로 지원하고 코칭 업계를 발전시키기 위해 설립된 비영리 조직이다. 2024년까지 전 세계 146개 국가와 지역에 5만 8,000명 이상의 회원과 5만 명 이상의 자격증 소지자를 보유한 조직으로 성장했다.

ICF는 설립 이후 코치 개발과 평가를 지원하기 위한 역량 프레임워크를 개발하고 개정해 왔다. ICF 코칭 핵심 역량 모델([표 5.1])은 네 개 영역 내 여덟 개의 핵심 역량을 포함하고 있다.

팀코칭에 관한 관심이 높아지고 민간 기업, 정부 기관, 비영리 단체를 포함한 조직에서 중요성이 커짐에 따라 2020년 ICF 자격과 표준ICF Credentials and Standards에서는 ICF 팀코칭 역량 모델을 개발했다.

이 모델은 전 세계 팀코치들에게 절실하게 필요한 요건과 기준을 제시하며, ICF 핵심 역량을 기반으로 구축하고 통합하도록 설계되었다. 핵심 코칭 역량은 팀코칭 역량의 기반을 제공하며, 각 핵심 역량에 관한 추가적인 팀코칭 역량이 자세히 설명되어 있다. 이에 대해서는 이 장과 6장부터 13장까지 자세히 살펴볼 것이다.

각 장에서는 핵심 역량을 설정하고, 아래 [Box 5.1]과 [Box 5.2]에서처럼 보완적인 팀 역량을 제시한다. 각 장에서는 각 보완적인 팀 역량을 살펴본다. ICF 핵심 역량에 관한 설명은 『글로벌 팀코치 되기: ICF 팀코칭 역량 해설과 실천Becoming a Coach: The Essential ICF Guide』(Passmore & Sinclair, 2024)를 읽어보기 바란다.

[표 5.1] ICF 핵심 역량

ICF 핵심 역량 모델
A. 기초 세우기
1. 윤리적 실천을 보여준다.
2. 코칭 마인드셋을 구현한다.
B. 관계의 공동 구축
3. 합의를 도출하고 유지한다.
4. 신뢰와 안전감을 조성한다.
5. 프레즌스를 유지한다.
C. 효과적으로 의사소통하기
6. 적극적으로 경청한다.
7. 알아차림을 불러일으킨다.
D. 학습과 성장 북돋우기
8. 고객의 성장을 촉진한다.

역량은 [Box 5.1]에 정의되고 설명되어 있다.

[Box 5.1] 윤리적 실천을 보여준다.

정의: 코칭 윤리와 코칭 표준을 이해하고 지속해서 적용한다.

1. 고객, 후원자, 관련 이해관계자와의 상호작용에서 코치의 진실성과 정직성을 보여준다.
2. 고객의 정체성, 환경, 경험, 가치 및 신념에 민감성을 가지고 대한다.
3. 고객, 후원자, 이해관계자에게 적절하고 존중하는 언어를 사용한다.
4. ICF 윤리 강령을 준수하고 핵심 가치를 지지한다.
5. 이해관계자 간의 합의와 관련 법률에 따라 고객 정보에 대해 기밀을 유지한다.
6. 코칭, 컨설팅, 심리치료와 다른 지원 전문직과의 차별성을 유지한다.
7. 필요한 경우, 고객을 다른 지원 전문가에게 추천한다.

이에 더하여, 팀코칭 프랙티셔너는 [Box 5.2]에 설명된 보완 역량을 입증해야 한다.

[Box 5.2] 팀코치 보완 역량 – 윤리적 실천을 보여준다.

(a) 고객인 팀을 단일체로 코칭한다.

(b) 팀코칭, 팀 빌딩, 팀 트레이닝, 팀 컨설팅, 팀 멘토링, 팀 퍼실리테이션과 기타 팀 개발 방식 간의 구분을 유지한다.

(c) 제공되는 특정한 팀 개발 방식의 조합을 실행하는 데 필요한 지식과 기술을 보여준다.

(d) 팀이 목표를 달성하는 데 도움이 필요할 때만 더 지시적 팀 개발 방식을 채택한다.

(e) 팀코칭과 관련된 여러 역할을 수행할 때 신뢰, 투명성, 명확성을 유지한다.

ICF 팀코칭 역량은 어떻게 개발되었나?

팀코칭 역량을 개발하고 팀코칭의 글로벌 표준을 확립하기 위한 연구 프로젝트가 수행되었다. 이 연구 프로젝트는 팀코치 역할을 수행하는 데 필요한 지식, 기술, 능력과 기타 특성knowledge, skills, abilities, and other characteristics(KSAOs)을 확립하는 것을 목표로 한다. 이는 ICF 핵심 코칭 역량([표 5.1])에 추가된 것이다.

개발 과정에는 다음을 포함한다:

- 100편 이상의 팀코칭 관련 문헌에 관한 문헌 검토를 거쳐 국제 증거 기반 코칭과 멘토링 저널(Widdowson et al., 2020)에 심사평가 논문을 게재했다.
- 전 세계의 해당 분야 전문가와 함께 워크숍을 통해 팀코치의 지식, 기술, 능력과 기타 특성을 이해하고 이것이 일대일 코칭과 어떻게 다른지 파악한다.
- 팀코치들이 팀코칭 몰입에 어떻게 접근하는지, 그리고 팀코칭이 전문직으로서 어떤 의미가 있는지 이해하기 위한 정성적 인터뷰를 진행한다.
- KSAOs를 이해하고 다른 팀 방식과의 관계, 특정 팀코칭 과업의 중요성을 파악하기 위한 글로벌 설문 조사를 실시한다.
- 팀코칭의 중요한 사건을 개발하고, 팀코치가 팀과 함께 일할 때 기회와 도전과제를 어떻게 관리하고 대응하는지 살펴본다.
- 직무 분석 정보를 검토하기 위한 역량 모델 워크숍을 실시한다.

그 결과, 2020년 11월에 ICF는 팀코칭 역량을 도입하여 효과적인 팀코치 프렉티셔너가 되는 데 필요한 사항에 관한 지침을 제공했다.

ICF 팀코칭 정의

팀코칭 역량 모델([표 5.2])은 또한 팀코칭이 무엇인지 정의한다.

[표 5.2] ICF 팀코칭 역량 모델

정의의 요소	이것은 실제로 무엇을 의미하는가?
파트너십과 공동 창조	팀코치는 팀을 하나의 실체로 삼고, 팀 리더와 이해관계자와 협력하여 팀코칭 여정을 설계하고 개발한다. 이를 통해 팀, 이해관계자와 더 광범위한 시스템의 요구와 목표를 충족할 수 있다.
성찰 과정	팀코칭 과정 동안 팀은 서로 얼마나 효과적으로 일하고 있는지 되돌아보고, 함께 있을 때와 떨어져 있을 때 집단적으로 일하는 방법에 관한 학습 내용을 탐구하게 된다.
역동과 관계	팀코칭은 팀이 심리적 안전감과 유대감을 형성하도록 돕는 것을 목표로 하며, 이는 신뢰를 구축하고 팀 구성원들이 개방적이고 솔직한 대화를 나눌 수 있는 능력을 키워준다. 팀 역동은 팀코치와 팀 자체를 통해 더욱 분명하게 드러날 것이다.
능력과 잠재력 극대화	팀코칭은 일회성이 아닌 일련의 개입을 통해 팀이 학습 내용을 내재화하고 지속할 수 있는 기회를 제공한다. 이를 통해 팀은 함께 배우고 성장하며, 각자의 강점을 활용하고 잠재력을 극대화할 수 있다.
공동 목적과 목표	팀코칭은 팀이 공동의 목적과 집단적 목표를 달성하기 위해 함께 작업할 수 있도록 돕는다.

ICF (2020a)

팀과 그 역동, 그리고 관계 속에서 공동의 창의적이고 성찰적인 과정을 통해 파트너십을 맺고, 이를 통해 팀 구성원들이 공통의 목적과 공유 목표를 달성할 수 있는 능력과 잠재력을 최대한 발휘하도록 영감을 준다.

팀 개발 방식

이 프로젝트에서는 팀코칭이 다른 형태의 팀 개입과 어떻게 다른지 살펴보았다. 팀 트레이닝, 컨설팅, 멘토링은 더 지시적인 것으로 여겨졌다. 따라서 팀코치는 이러한 방식을 피해야 한다. 이러한 방식은 팀 내 혼란을 야기하고 팀코치가 더 생산적인 코칭 방식을 취할 가능성을 낮출 수 있기 때문이다.

팀코칭은 퍼실리테이션과 어떻게 다른가?

팀코칭과 팀 퍼실리테이션은 더 유사하지만, 몇 가지 뚜렷한 차이점이 있다는 데에는 의견이 일치했다.

첫째, 탐구의 깊이 수준: 팀코칭은 때때로 팀 내의 역동과 행동 패턴을 더 깊이 파고드는 반면, 퍼실리테이션은 일반적으로 더 표면적인 수준에 머물러 있다.

둘째, 대화의 주도권: 퍼실리테이션은 팀 구성원 간의 대화를 관리하고, 팀 내 개인에게서 대화를 끌어내는 경향이 있는 반면, 팀코칭은 대화를 팀 자체로 이관한다. 이러한 차이를 설명하기 위해 저글링에 비유할 수 있다. 퍼실리테이션에서는 퍼실리테이터가 각 공을 차례로 저글링하며 팀 구성원들에게 질문을 던지는 반면, 팀코칭에서는 저글링하는 공을 팀 구성원에게 전달하여 스스로 저글링하도록 한다. 결과적으로 팀코칭에서 대화의 주도권은 팀 내에 있다.

다음 [표 5.3]은 각 팀 방식의 주요 차이점을 명확히 하는 것을 목표로 한다. 다양한 방식에 대해서는 2장에서 자세히 살펴본다.

[표 5.3] 팀 개발 방식

	팀 빌딩	팀 트레이닝	팀 컨설팅	팀 멘토링	팀 퍼실리 테이션	팀코칭
기간	단기: 1~5일	단기: 1~5일	매우 다양	오랜 시간에 걸쳐 띄엄띄엄	단기: 1~5일	장기: 수개월
프로세스	활동	커리큘럼을 가지고 팀과 함께 작업	컨설턴트의 전문성 공유	멘토의 경험 공유	대화 촉진	팀과 코치의 파트너십
성장 영역	강화된 관계	새로운 지식이나 기술	추가적인 통찰력	새로운 지식	명확성	달성된 목표: 팀 지속 가능성
팀 역동/갈등 해결	최소	최소	최소, 자문	최소	최소	필수
전문가, 소유권	강사	트레이너	컨설턴트	멘토	퍼실리테이터와 팀	팀

국제코칭연맹(2020b)

ICF 윤리 강령

ICF 윤리강령(ICF, 2020b)은 모든 회원과 인증 코치들이 준수해야 할 기준, 가치, 그리고 행동 규범을 명시한다. 여기에는 코치, 팀코치, 멘토, 코치 수퍼바이저, 코치 트레이너, 그리고 코치가 되려고 공부하는 사람들이 포함된다. 6장에서는 윤리가 팀코치에게 어떻게 적용되는지 살펴본다.

ICF 팀코칭 고급 인증(ACTC)

고급 팀코치 프렉티셔너의 지식, 기술과 역량을 인정하기 위해 ICF 자격과 표준 팀은 팀코칭 고급 자격증Advanced Certificate in Team Coaching(ACTC)을 개발하고 2021년에 이 자격을 출시했다.

    ACTC를 취득한 팀코치는 다음 분야에서 역량을 입증한다:

- 다양한 팀 개발 방식 간의 차이를 이해하고 설명할 수 있다.
- 팀이 스스로 개발에 관한 소유권을 갖도록 한다.
- 팀이 복잡한 역동과 행동 패턴을 밝히고 갈등을 해결하도록 관리하고 지원한다.
- 주요 이해관계자와 협력하여 팀코칭 접근 방식을 공동으로 만들어낸다.
- 팀과 협력하여 장기적으로 지속 가능한 변화를 이룰 수 있도록 돕는다.
- 팀이 더 효과적으로 소통하고 협업할 수 있도록 지원한다.
- 팀과 협력하여 공통의 목적, 정체성, 목표를 수립한다.

    ACTC를 취득하기 위한 정확한 요건은 9장에 자세히 나와있다.

맺음말

이 장에서는 ICF의 핵심 코칭 역량과 추가 팀코칭 역량에 관해 간략하게 살펴보았다. 이 회기의 다음 장에서는 각 팀코치 역량, 기술, 그리고 지식을 더욱 심층적으로 살펴보고, 팀코칭에서 이러한 역량이 실제로 어떤 의미가 있는지 살펴보겠다.

6장. 윤리적 실천을 보여준다(역량1)

번역: 정용석

개요

기초 세우기 영역에는 두 가지 핵심 역량이 있다.

1. 윤리적 실천을 보여준다.
2. 코칭 마인드셋을 구현한다.

이러한 역량들은 코칭 윤리와 기준을 적용하고, 개방적이고 호기심 많으며 유연하고 고객 중심적인 마인드셋을 개발하는 것과 관련 있다. 일반적으로 겉으로 잘 드러나지는 않지만, 유능한 코치의 본질 즉, 윤리적 행동과 전문가로서 정체성을 뒷받침한다.

'윤리적 실천을 보여준다'는 ICF 핵심 역량의 첫 번째이자 **기초 세우기** 영역의 첫 번째 역량이다.

이 역량의 정의와 설명은 [Box 6.1]에서 볼 수 있으며, 패스모어Passmore와 싱클레어Sinclair(2024)가 상세하게 검토했다.

[Box 6.1] 윤리적 실천을 보여준다

정의: 코칭 윤리와 코칭 기준을 이해하고 지속해서 적용한다.

1. 고객, 스폰서, 이해관계자와의 상호작용에서 코치의 진실성^{integrity}과 정직성^{honesty}을 보여준다.
2. 고객의 정체성, 환경, 경험, 가치 및 신념에 민감성을 가지고 대한다.
3. 고객, 스폰서, 이해관계자에게 적절하고, 존중하는 언어를 사용한다.
4. ICF 윤리 강령을 준수하고 핵심 가치를 지지한다.
5. 이해관계자 간의 합의와 관련 법률에 따라 고객 정보의 기밀을 유지한다.
6. 코칭, 컨설팅, 심리치료와 다른 지원 전문직과의 차별성을 유지한다.
7. 필요한 경우, 고객을 다른 지원 전문가에게 추천한다.

이러한 역량에 추가하여, 팀코치 프랙티셔너는 [Box 6.2]에 설명된 보완 역량들을 보여줘야 한다.

[Box 6.2] 팀코치 보완 역량 – 윤리적 실천을 보여준다

(a) 고객인 팀을 단일체로 코칭한다.
(b) 팀코칭, 팀 빌딩, 팀 트레이닝, 팀 컨설팅, 팀 멘토링, 팀 퍼실리테이션과 기타 팀 개발 방식 간의 구분을 유지한다.
(c) 제공되는 특정한 팀 개발 방식을 혼합하여 실천하는 데 필요한 지식

과 기술을 보여준다.

(d) 팀이 목표를 달성하는 데 도움이 필요할 때만 더 지시적인 팀 개발 방식을 채택한다.

(e) 팀코칭에 관련된 여러 가지 역할을 할 때 신뢰, 투명성, 명확성을 유지한다.

보완적인 팀 역량

고객인 팀을 단일체single entity로 코칭한다

ICF 팀코칭 보완 역량 배경 설명

팀코치에게 고객은 하나의 단일체로서의 팀이다. 팀은 개별 팀 구성원들로 구성되어 있고, 각 팀 구성원은 팀이 토론할 때 자신의 목소리를 내고 필수적인 역할을 해야 한다.

또한, 팀코치는 팀 구성원, 스폰서, 관련 이해관계자들과의 모든 상호작용에서 객관성을 유지해야 한다. 팀코치는 팀의 특정 하위 그룹이나 개별 구성원의 편을 들고 있다고 인식되어서는 안 되며, 세션에서 드러나는 것에 열린 자세를 유지하고, 팀과의 모든 상호-작용에서in all dealings 완전히 정직해야 한다. 개별 팀 구성원과의 대화는 해당 팀 구성원이 정보 공개를 허용하거나 팀코칭 합의agreement에 따르는 것을 제외하고는 팀코치와 해당 팀 구성원 간에 기밀로 유지되어야 한다.

팀코치에게 첫 번째 도전과제는 팀 구성원들에게 일대일 코칭을 동시에 제공할 때 발생할 수 있다. 이 경우에 반드시 고려해야 할 질문들은 다음과 같다.

Q. 어떤 정보를 공유할 수 있고, 어떤 정보를 공유할 수 없는가?
Q. 누가 일대일 코칭을 받고 있는지 공개되는가?

여러 가지 도전과제가 있으므로, 많은 팀코칭 프랙티셔너는 팀코칭에만 전념하기로 결심한다. 반면에 다른 팀코칭 프랙티셔너는 팀 내 개별 구성원에 대한 일대일 코칭과 팀 전체에 대한 코칭이 모두 가능하다고 본다. 그들은 프로그램 구조를 통해, 그리고 개방적이고 투명한 합의를 통해 미리 이러한 도전과제를 다룸으로써 이를 극복하고자 한다.

팀코칭과 일대일 코칭을 동시에 제공하기로 할 때 고려해야 할 요소들은 다음과 같다.

- **문화적 요인**cultural factor. 일부 문화권에서는 개인 코칭과 팀코칭을 동시에 진행하는 것을 매우 불편하게 느낄 수 있다.
- **편향 관리**biases management. 팀코치는 일대일 세션에 영향 받지 않고

편향되지 않은 상태를 유지하여 팀코칭에 편향된 맥락이 반영되지 않도록 할 자신이 있는가?

- **기밀성 이슈**^{confidentiality issues}. 여러 일대일 세션과 팀 회기 간의 기밀성을 어떻게 관리할 것인가?
- **적합성**^{suitability}. 프로그램에 일대일 코칭이 포함되어 있다면, 그 일대일 세션을 팀코치가 맡는 것이 가장 적절한 선택인가?

팀코치는 결정을 내리기 전에 각 팀과 고유한 요소들을 고려해야 한다. 결정은 언제나 팀에 최선의 이익이 되는 것이어야 한다.

또 다른 도전과제는 개별 팀 구성원이 회기 외 시간(예: 커피 브레이크 중)에 팀에 관한 '기밀' 정보를 팀코치와 공유하면서 이 정보를 팀과 공유하지 말아 달라고 요청할 때 발생할 수 있다. 반 호이^{Van Hoey}(2023)는 팀코치가 이러한 요청을 적절하고 윤리적으로 다루는 방법으로 다음과 같은 질문을 하도록 제안한다.

Q. 이 대화를 어떻게 팀에 도움이 되는 방향으로 전환할 수 있을까요?
Q. 기밀 유지를 바라는 그 이면에 있는 진짜 이유나 동기가 무엇인가요?

팀과의 명확하고 철저한 합의가 항상 중요하며, 그 합의는 실제 코칭 회기 외부에서^{outside the actual coaching sessions} 무엇을 이야기할 수 있는지, 그리고 회기 외에서^{coach off session} 팀에 관한 정보가 코치에게 공유되는 예외적인 상황을 어떻게 다룰 지에 관한 기준을 정한다.

팀 리더가 동시에 팀 구성원들의 상사인 경우, 팀 리더의 존재는 팀 구성원들에게 복잡한 상황을 초래할 수 있다. 일부 팀이나 개인에게는 대화에서 심리적 안전감이나 평등 인식이 모두 저해될 수 있다.

이러한 상황에서 팀코치의 책임은 평등한 분위기를 조성하고 팀 구성원들과 팀 리더가 하나의 단일체임을 확실하게 인식할 수 있도록 지원하며, 개방적이고 솔직한 대화를 위해 심리적으로 안전한 환경을 만들기 위한 계약을 맺는 것이다.

팀코칭, 팀 빌딩, 팀 트레이닝, 팀 컨설팅, 팀 멘토링, 팀 퍼실리테이션과 기타 팀 개발 방식 간의 구분을 유지한다

ICF 팀코칭 보완 역량 배경 설명

팀 개발은 팀코칭, 팀 빌딩, 팀 트레이닝, 팀 컨설팅, 팀 멘토링, 팀 퍼실리테이션 등 다양한 방식으로 이루어질 수 있다. 팀코치는 특정 팀코칭 참여 요구가 있거나, 특정 지식과 기술 수준이 필요할 때 다른 전문가들과 협력해야 한다. 이러한 방식 간의 차이를 항상 강조할 필요는 없지만, 코칭 범위를 넘어서는 개입이 이루어질 때는 주의가 필요하다. 팀코치는 다양한 유형의 전문가들에게 고객을 의뢰해야 할 수 있고, 공동 코치, 수퍼바이저 또는 다른 팀 개발 전문가에게 도움을 받아야 할 수도 있다.

5장(팀코칭 역량 소개)에서 '팀 개발 방식 표'는 팀 개발이라는 범주에 속하는 다양한 방식을 보여주며, 다음과 같은 방식이 있다.

팀 빌딩, 팀 트레이닝, 팀 컨설팅, 팀 멘토링, 팀 퍼실리테이션, 그리고 팀코칭.

팀코치는 특정 과업에서 요구되는 것들과 다른 방식들을 아주 명확히 구분하고, 그 차이점을 이해하며, 언제 수행해야 하는지를 알아야 한다. 앞 장에서 언급했듯이, 일부 팀코치는 팀 퍼실리테이션을 제외한 이 세 가지 방식을 팀코치가 수행해서는 안 된다고 생각하는데 이는 팀코치들이 팀 구성원들 사이의 대화를 촉진하기 위해 자주 퍼실리테이션facilitation 모드로 전환하기 때문이다.

이 보완 역량은 팀코치들이 과업에서 요구 사항이나 필요한 지식과 기술 때문에 다른 전문가들과 협력해야 한다는 점을 나타낸다.

결정을 내리기 위해 팀코치들이 숙고해야 할 구체적인 이슈들은 다음과 같다.

Q. 언제 다른 방식으로 전환하는 것이 적절한가?

Q. 이러한 방식의 전문가는 누구이며, 그들은 전문성 외에도 고객에게 잘 맞는가?

Q. 팀코치 스스로 이러한 방식을 수행하려고 한다면, 그것이 최고의 선택인가, 그리고 왜 코치는 자신이 그 일을 수행하기에 가장 적합하다고 생각하는가?

여기서 또 다른 도전과제는 스폰서가 특정 과업에 가장 적합하지 않은 방식을 요청할 때 발생할 수 있다. 팀의 특성과 문화, 또는 목표로 인해 다른 방식이나 여러 가지 방식을 혼합하는 것이 팀에 더 적합할 수 있지만, 팀코치는 불안하고 자신이 없거나 충분한 지식이 없어 의견을 표현하지 못할 수도 있다.

제공되는 특정한 팀 개발 방식을 혼합하여 실천하는 데 필요한 지식과 기술을 보여준다

ICF 팀코칭 보완 역량 배경 설명

팀코치는 팀코칭 과업의 일환으로 제공하는 모든 팀 개발 방식을 능숙하게 수행할 수 있는 충분한 기술을 갖추고 있다.

팀코치가 여러 가지 팀 개발 방식을 포함하는 과업을 수행하는 경우, 이를 능숙하게 수행할 수 있어야 한다. 따라서 팀코치는 자신이 제공하는 방식들에 관한 지식과 기술을 습득하기 위해 지속적인 전문성 개발이 필요하다.

이 시점에서 팀코치가 자신에게 던질 수 있는 질문은, 이 팀에 적합한 방식을 선택하고 있는가, 아니면 자신의 지식 수준에 따라 선택하고 있는가이다. 만약 후자의 경우라면, 해당 과업이 필요로 하는 방식의 지원을 요청할 책임이 있다.

팀이 목표를 달성하는 데 도움이 필요할 때만 더 지시적인 팀 개발 방식을 채택한다

ICF 팀코칭 보완 역량 배경 설명

일반적으로, 팀코치는 일대일로 고객을 만날 때보다 지시적이어야 하는 경우가 더 많다. 그렇지만 이러한 경우는 팀이 성장할 수 있는 영역을 인식하도록 돕거나 팀코칭 프로세스를 이해시키기 위해 지시적인 접근이 필요한 경우로 한정되어야 한다. 그것들은 팀코칭 세션에서 중요한 순간이 될 수 있으며, 긍정적이거나 부정적인 팀 역동을 드러내고 앞으로 나아갈 수 있는 방법을 제시하게 된다. 이러한 지시적인 순간들은 팀이 현재 상황에 관점을 좁히기보다는 넓히는 방향이어야 한다.

팀코치는 더 지시적으로 접근할 기회를 얻는다. 여기서 도전과제는 다음과 같다.

1. 지시적인 방식이 적절하다고 구별하는 시기
2. 팀을 이끌거나 관점을 좁히지 않고 이 방식을 채택하는 방법
   지시적인 방식이 적절할 수 있는 예시:
   - 팀이 다양성을 장애물이나 갈등의 원인으로 간주할 때
   - 팀의 의사소통 패턴/문화가 부정적인 팀 역동을 강화할 때
   - 독성 행동toxic behaviors이 발견될 때

- 팀이 시스템적 관점과 더 넓은 시스템의 요구 사항을 놓치고 있을 때
- 팀의 관점을 넓히고 앞으로 나아갈 방향을 확장하는 데 도움이 될 수 있는 지식이나 이해의 격차가 있을 때

팀코칭과 관련된 여러 가지 역할을 할 때 신뢰, 투명성, 명확성을 유지한다

ICF 팀코칭 보완 역량 배경 설명

팀코치가 여러 가지 팀 개발 방식을 제공하는 경우, 서로 다른 역할을 명확히 인식하고, 한 역할이 다른 역할에 어떠한 영향을 줄 수 있는지도 분명히 알아야 한다.

팀코치로 활동하면서 우리는 팀코칭이 무엇이고 다른 팀 개발 방식들과 어떻게 명확히 구분되는지에 관해 고객과 코치 모두가 많은 혼란이 있다는 것을 발견한다. 5장에서 다양한 팀 개입 방식 간의 주요 차이점을 정의했다. 계약은 팀코치, 팀, 그리고 스폰서에게 제공되는 것, 사용될 수 있거나 사용될 방식들, 각 당사자의 기대 사항, 그리고 각 역할이 서로에게 어떻게 영향을 미칠 수 있는지가 투명성과 명확성을 확립하는 데 다시 한번 중요한 요소가 된다. 이는 팀코치로서 우리가 각 팀의 방식이 실제로 무엇이고 어떤 내용을 포함하는지 명확히 알고

있어야 힌다. 예를 들어, 컨설턴트로서 역할이 코치로서 역할에 어떤 영향을 줄 수 있는지 분명히 인식하고 있어야 한다는 것을 의미한다.

제기되는 한 가지 의문은 팀코치가 역할을 '전환switch'할 때마다 팀에게 이를 알려야 하는가이다. 어떤 팀코치들은 팀과의 작업 과정이나 제공하는 것에 특정하게 정해진 방식certain set path을 따른다. 반면에 팀과의 작업이 진행되면서 드러나는 것에 따라 필요한 방식을 더 유연하고 섬세하게 전환해 가는 팀코치들도 있다.

맺음말

팀코치들이 여전히 동일한 ICF 윤리 강령을 준수하지만, 윤리적 행동을 이끄는 원칙들은 개인 코칭보다 팀코칭에서 더 복잡하고 고유한 양상을 보인다. 이러한 보완 역량은 팀 전체를 하나의 고객으로 보고, 필요할 때 다양한 방식을 활용할 기회와 더 지시적인 접근을 사용할 수 있다는 점을 강조한다.

7장. 코칭 마인드셋을 구현한다(역량2)

번역: 이서우

기초 분야에는 다음과 같이 두 가지 역량이 있다.

1. 윤리적 실천을 보여준다.
2. 코칭 마인드셋을 구현한다.

'코칭 마인드셋을 구현한다'라는 ICF 핵심 역량의 두 번째 항목이다. 이 역량은 [Box 7.1]에 정의와 설명이 되어 있으며, 패스모어Passmore와 싱클레어Sinclair(2024)가 상세히 검토했다.

> **[Box 7.1] 코칭 마인드셋을 구현한다**
>
> 정의: 개방적이고 호기심이 많으며, 유연하고 고객 중심적인 사고방식(마인드셋)을 개발하고 유지한다.
>
> 1. 코치는 선택에 대한 책임이 고객 자신에게 있음을 인정한다.
> 2. 코치로서 지속적인 학습 및 개발에 참여한다.

3. 코치는 코칭능력을 향상시키기 위해 성찰훈련을 지속한다.

4. 코치는 자기 자신과 다른 사람들이 상황과 문화에 의해 영향 받을 수 있음을 인지하고 개방적 태도를 취한다.

5. 코치는 고객의 유익을 위해 자신의 인식과 직관을 활용한다.

6. 코치는 감정 조절 능력을 개발하고 유지한다.

7. 코치는 정신적, 정서적으로 매 회기를 준비한다.

8. 코치는 필요하면 외부자원으로부터 도움을 구한다.

이 외에도 팀코치 프랙티셔너는 [Box 7.2]에 설명된 보완 역량을 보여주어야 한다.

[Box 7.2] 팀코치 보완 역량 — 코칭 마인드셋을 구현한다

(a) 필요 시 지원, 개발 및 상호 책임accountability을 위한 코칭 수퍼비전에 참여한다.

(b) 객관성을 유지하고 팀 역동과 패턴을 인식한다.

팀코칭 보완 역량

필요 시 지원, 개발, 상호 책임^{accountability}을 위한 코칭 수퍼비전에 참여한다

ICF 팀코칭 보완 자료 배경 설명

팀코치는 팀 역동에 얽혀서 해결해야 할 문제를 인식하지 못할 수 있다. 이 때문에 팀코치는 코칭 수퍼바이저와 협력해야 한다. 팀코칭은 여러 팀 구성원에게서 동시에 피드백을 받는 특성상 일대일 코칭보다 강도가 훨씬 높을 수 있다. 수퍼비전은 과거 사건에 대한 성찰, 코치가 과거 또는 현재 순간의 역할에 관한 인식, 그리고 그것이 코치의 행동에 미치는 영향을 포함한다. 수퍼바이저는 팀코칭 과정에서 성찰적 실천의 일부로 중립적인 관찰자이자 지원자로서, 팀코치에게는 훌륭한 자원이다.

이 보완 자료의 첫 번째 핵심 요소는 코칭 수퍼비전이다. ICF는 코칭 수퍼비전을 **코치와 고객 모두의 이익을 위해 성찰적 대화를 바탕으로 코치의 수용력**^{capacity}**을 지속해서 키워가는 협력적 학습 실천**으로 정의한다.

이 시점에서 코칭 수퍼비전과 멘토 코칭의 차이를 명확히 해야 한다. 멘토 코칭은 코치 기술^{skills} 개발 기회를 제공하며, 코치가 역량^{competencies}을 어떻게 적용하는지에 초점을 맞춘다.

멘토 코칭은 자격을 갖춘 멘토 코치가 실시간 또는 녹음된 코칭 회기를 관찰하고 코치 프랙티셔너에게 ICF 핵심 역량에 관한 피드백을 제공하는 협력 과정이다. 따라서 멘토 코칭은 ICF 역량 프레임워크에 초점을 맞춘 지속적인 전문성 개발 경로로 작용하며, 협회 인증 코치(ACC)에서 전문 인증 코치(PCC)로, 나아가 마스터 인증 코치(MCC)로의 코치 성장 과정을 지원한다.

한편, 코칭 수퍼비전은 호킨스Hawkins와 스미스Smith(2013)에 따르면 다음 세 가지 요소를 갖춘 성찰적 실천이다.

1. 질적qualitative – 고객과의 작업에 외부 관점을 추가하여 실천의 질을 보장한다.
2. 발전적developmental – 멘토링 요소를 포함하여 코치의 프랙티스를 발전시킨다.
3. 자원적resourcing – 코칭 훈련에서의 공백이나 사각지대를 포함한다.

히르쉬 폰테스Hirsch Pontes(2024)는 수퍼비전을 '**매우 의미 있는 관계 속에서 우리의 작업을 성찰할 수 있는 회복적 공간**'이라고 설명했다.

헐링거Hullinger와 디지로라모DiGirolamo(2020)는 수퍼비전을 코치가 자신의 기술을 유지하고 개발하는 하나의 방법이라고 주장했다. 수퍼비전은 강력한 성찰적 실천을 위한 공간을 제공하고, 코치 프랙티셔너의 작업이 전문적이고 윤리적으로 이뤄지도록 더 광범위한 지원 기회를 제공하며, 코치가 고객과 작업하는 방식에 관해 발전적 통찰을 제공한다.

팀코치에게 수퍼비전은 매우 중요한데, 작업이 복잡하고 팀코치가 팀의 역동이나 팀이 운영되고 존재하는 더 넓은 시스템에 쉽게 얽힐 수 있기 때문이다.

팀코치가 수퍼비전에서 다룰 수 있는 주제에는 다음과 같은 것이 포함된다.

- 다중 계약의 복잡성 다루기: 스폰서, 팀, 팀 구성원, 팀 리더, 공동 코치
- 윤리적 딜레마가 발생하는 경우
- 팀 내에서 관찰된 독성적 역동toxic dynamics이나 기능 장애 패턴
- 팀코치 자신의 자신감
- 막힌 느낌이나 정체된 상태

이 보완 자료를 읽을 때 우리가 주목하는 핵심 문구는 '만약'이 아니라 '**필요할 때**when needed'이다. 따라서 팀코치는 이런 순간들(사례나 주제)을 인식하고, 이를 수퍼바이저와 함께 다룰 능력이 있어야 한다.

길리안 월터Gillian Walter(2023)는 팀코치 프랙티셔너가 그런 순간을 수퍼비전에 가져갈 가치가 있는지 결정하는 데 도움이 되는 다음과 같은 실천 방안을 제시했다.

- 팀코칭 회기 전에 스스로를 점검해 본다. 마음mind, 몸physical body,

사고^{thoughts} 속에 이미 존재하는 것을 실제로 관찰한다.

- 팀코칭 회기 후에는 다시 한번 점검하여 새로운 것이 있는지, 또는 무언가 변화가 있었는지 주의 깊게 살펴본다.
- 관찰 내용을 기록한다. 예를 들어, 새로운 정서, 신체 감각의 긴장이나 변화, 새로운 생각이나 반복되는 내러티브 등이 있을 수 있다. 이는 좋거나 나쁜 것이 아니라, 단지 성찰과 탐구를 위한 자료일 뿐이다.

'**지원, 개발, 상호책임**'이라는 단어를 성찰해보면, 터너^{Turner}와 팔머 ^{Palmer}(2019)가 수퍼비전의 다양한 정의에서 식별한 여섯 가지 공통된 주제에서 이를 확인할 수 있다.

지원
- 새로운 관점을 제공함으로써
- 팀코치가 자원을 얻을 수 있는 공간이 됨으로써
- 관계를 상호 연결하고, 시스템적 작업을 포함함으로써

개발
- 팀코치가 개인적, 전문적으로 어떻게 성장하는지 주의를 기울임으로써
- 높은 수준의 자기 알아차림을 키움으로써

상호책임

- 품질과 안전한 실천이 이뤄지도록 살핌으로써

팀코칭의 복잡성을 고려할 때, 팀코치는 지속적인 지원과 개발 구조에 코칭 수퍼비전의 추가를 고려해야 하며, 이는 ICF ACTC^{Advanced Certification in Team Coaching}(팀코칭 자격 인증)의 취득 요건에도 반영되어 있다.

28장은 수퍼비전이 무엇인지, 실제로 어떻게 하는지, 적합한 수퍼바이저를 어떻게 찾는지, 수퍼비전을 통해 어떻게 최대한의 효과를 얻을 수 있는지를 더 깊이 탐구한다.

객관성을 유지하고 팀 역동과 패턴을 알아차린다

ICF 팀코칭 보완 자료 배경 설명

팀은 고유한 성격, 지식, 기술, 동기를 가진 개인들로 구성된다. 이러한 개인들이 함께 일할 때 권력, 통제, 전문성, 서로 다른 목표와 관련된 다양한 역동이 발생한다. 팀코치는 이러한 역동이 팀 상호작용, 팀의 의제^{agenda}, 내부 갈등, 신념, 동맹 관계 등에서 어떻게 나타나는지 알아차리고 경계해야 하며, 항상 객관성을 유지해야 한다.

카넬리두^{Kanelidou}(2023)는 이 보완 자료의 세 가지 주요 과제를 다음과 같이 제시한다.

1. 팀 역동에 관한 지식을 갖추고 이해하기
2. 이러한 역동과 그 패턴을 인식하기
3. 항상 객관성을 유지하기

팀코칭의 핵심 주제 가운데 하나는 그 복잡성이다. 이 복잡성을 잘 보여주는 예시 가운데 하나는 다양한 관계들이 각각 고유한 역동성을 가지고 작용한다는 점이다.

팀 내의 관계에는 다음과 같은 것이 포함된다.

- 코치-팀
- 코치-팀 리더
- 코치-팀 구성원
- 코치-공동 코치
- 팀 리더-팀
- 팀 리더-팀 구성원
- 팀 리더-공동 코치
- 팀 구성원-팀
- 팀 구성원-팀 구성원
- 팀 구성원-공동 코치
- 공동 코치-팀

위에서 언급한 역동 외에도, 팀이 조직 내외부의 더 넓은 시스템 속에서 해당 팀 외부에 있는 다른 사람들과 맺는 관계가 있다. 여기에는 다른 팀, 부서, 지점 등을 포함하며, 주주, 고객customers, 서비스 이용자, 언론, 정부, 규제 기관 및 이해관계자까지 확장된다. 이러한 시스템적 관계는 의식적, 무의식적으로 코칭 회기안에서 팀의 역동에 영향을 미칠 수 있다.

그렇다면 팀코칭 맥락에서 '팀 역동'이란 정확히 무엇인가? 팀 역동은 팀 구성원 간의 행동 관계behavioral relationships를 의미한다. 즉 팀이 어떻게 상호작용하고, 소통하며, 협력하는지, 그리고 구성원들이 어떻게 의사결정을 내리고, 갈등을 관리하며, 서로의 입장을 조율하고 기타 상호작용하는지를 말한다. 팀의 역동을 이해하는 것은 팀이 목표를 향해 어떻게 나아갈 수 있을지를 팀코치에게 알려주는 중요한 단서가 될 수 있다.

더글라스Douglas(1995)는 그룹이 목표 달성을 위해 나아가는 데 영향을 미치는 세 가지 요소를 언급했는데, 이는 팀에도 적용될 수 있다.

1. 팀 구성원들이 서로 상호작용하는 방식의 특성: 참여도, 응집력, 가치 체계, 리더십, 그리고 팀의 내부 구조를 포함한다.
2. 팀이 속한 더 큰 팀과의 관계: 팀이 속한 조직, 해당 조직 내 다른 팀, 또는 더 큰 사회. 더 큰 팀이 팀에 미치는 영향과 압력, 그리고 팀의 행동과 성과에 미치는 영향을 포함한다.
3. 팀의 심리적 구조: 팀 구성원들이 서로를 얼마나 좋아하는지, 그

들의 헌신commitment, 소속감sense of belonging, 보상 체계, 팀 구성원의 역할, 팀의 규칙을 포함한다.

팀 역동은 긍정적일 수 있다. 구성원들은 더 효과적으로 협력하게 되고, 팀코치는 다음과 같은 행동을 관찰할 것이다.

- 의견이 다를 때도 존중하는 토론
- 모든 구성원의 기여
- 자기 알아차림self-awareness의 향상
- 다양성과 포용성에 관한 감사appreciation
- 주도적으로 행동하고 실수를 인정하는 것
- 아이디어, 자원, 지식을 너그럽고 투명하게 공유하는 것
- 도움을 요청하는 것

전반적으로 팀코치는 팀의 진전progress을 지원하는 행동과 상호작용 방식을 관찰할 것이다.

팀 역동이 부정적으로 작용할 수도 있다. 그런 경우 관찰될 수 있는 몇 가지 패턴은 다음과 같다.

- 공개적으로 말하지 않음
- 희생양 만들기scapegoating
- 책임 전가transferring blame

- 파벌과 편애cliques and favoritism

- 하위 그룹, 내외부 그룹, 동맹

- 하위 그룹이나 팀 구성원의 배제

- 사회적 혐오social loathing

- 미러링, 우리가 보고 싶은 것을 보여주는 것

- 투사

- 해결되지 않은 갈등

- 정서적 차단

- 권력 다툼

- 불안(성과, 수용 등에 대한)

- 방어적 형태

- 지위 경쟁 등

여기서 중요한 점은 코치 팀이 있을 때(공동 코칭의 경우), 이 팀 자체의 역동이 전체 팀의 역동에 영향을 미칠 수 있다는 것이다. 예를 들어, 효과적인 커뮤니케이션을 모델링함으로써 전체 팀의 역동에 영향을 줄 수 있다.

팀코치가 팀 역동을 관찰하고 객관성을 유지하는 능력을 향상시키는 방법

- 준비: 자신의 의도를 점검하라.

- 마음챙김을 실천하라: 현재 순간의 자신을 관찰하라.
- 얽히지 마라: 관찰된 행동에 반응^{reactive}하기보다 응답^{responsive} 하라.
- 결정이 어떻게 이루어지는지 관찰하라. 모든 구성원이 아이디어를 내는 데 기여했는가?
- 판단을 유보하고, 관찰된 모든 행동과 패턴을 팀 알아차림의 데이터로 고려하라.
- 해결되지 않은 문제는 수퍼비전에 가져가라.
- 자신의 에너지를 관리하고 자기 돌봄을 실천하라.
- 역동의 균형을 맞추거나 공간을 관찰하는 데 도움을 줄 수 있도록 공동 코치를 신중하게 선택하라.

팀코치가 이 보완 자료를 통해 기술을 개발하며 성찰해 볼 몇 가지 질문은 다음과 같다.

Q. 팀에서 가장 도전적이었던 역동은 무엇이었나?

Q. 팀코치로서 팀의 역동과 패턴을 알아차리고 객관성을 유지하는 데 있어 가장 큰 도전은 무엇인가?

Q. 팀코치로서 그들의 역동을 방해/타협^{compromise} 할 수 있는가? 어떻게?

26장에서 팀 내부와 팀 사이에서 경험되는 일부 역동에 대해 더 깊이 탐구하며, 이러한 역동이 어떻게 나타날 수 있는 예시와 팀코치가 객관성을 유지하는 데 가장 효과적인 방법에 관한 아이디어를 제시한다.

맺음말

팀코치는 코칭 마인드셋을 구현해야 한다. 이를 위해 팀코칭 마인드셋이 일대일 코칭과 어떻게 다른지도 인식해야 한다. 팀코칭은 일대일 코칭보다 더 복잡하고 역동적이며, 더 시스템적이므로 코칭 수행 과정에서 더 큰 유연성과 더 많은 지원이 필요하다.

8장. 합의를 도출하고 유지한다(역량3)

번역: 김현주

개요

관계의 공동 구축 영역 내에는 세 가지 핵심 역량이 있다.

1. 합의를 도출하고 유지한다.
2. 신뢰와 안전감을 조성한다.
3. 프레즌스를 유지한다.

이 역량은 코칭 관계, 프로세스, 계획, 목표에 관한 명확한 합의를 수립하는 것과 클라이언트의 성장과 발전을 촉진하기 위해 안전하고 지원적인 환경을 조성하는 방법을 포함한다.

'합의를 도출하고 유지함'은 ICF 역량의 세 번째 핵심 역량이며, '관계의 공동 구축' 영역의 첫 번째 역량이다. 이 역량은 [Box 8.1]에 정의 및 설명되어 있으며, 패스모어Passmore와 싱클레어Sinclair(2024)에 의해 자세히 검토되었다.

[Box 8.1] 합의를 도출하고 유지한다

정의: 고객 및 관련 이해관계자와 협력하여 코칭 관계, 프로세스, 계획, 목표에 관한 명확한 합의를 수립한다. 개별 코칭 세션은 물론 전체 코칭 과정에 관한 합의를 도출한다.

1. 코칭인 것과 코칭이 아닌 것에 관해 설명하고 고객과 이해관계자에게 프로세스를 설명한다.
2. [코칭] 관계에서 무엇이 적절하고 적절하지 않은지, 무엇이 제공되고 제공되지 않는지, 고객과 이해관계자의 책임에 관하여 합의한다.
3. 코칭 진행방법logistics, 비용, 일정, 기간, 종결, 비밀 보장, 다른 사람의 포함 등과 같은 코칭 관계의 지침과 특이사항에 관해 합의한다.
4. 고객 및 이해관계자와 함께 전체 코칭 계획과 목표를 설정한다.
5. 코치와 고객 간에 서로 맞는지client-coach compatibility를 결정하기 위해 파트너십을 맺는다.
6. 고객과 함께 코칭 세션에서 달성하고자 하는 것을 찾거나 재확인한다.
7. 고객과 함께 세션에서 달성하고자 하는 것을 얻기 위해 고객 스스로가 다뤄야 하거나 해결해야 한다고 생각하는 것을 분명히 한다.
8. 고객과 함께 코칭 과정 또는 개별 세션에서 고객이 달성하고자 하는 목표에 대한 성공 척도를 정의하거나 재확인한다.
9. 고객과 함께 세션의 시간을 관리하고 초점을 유지한다.
10. 고객이 달리 표현하지 않는 한 고객이 원하는 성과를 달성하기 위한 방향으로 코칭을 계속한다.
11. 고객과 함께 코칭 경험을 존중하며 코칭 관계를 종료한다.

ICF 핵심 역량은 팀코칭 역량의 기초를 이룬다. 또한 효과적인 팀코칭 프랙티셔너가 되기 위해 추가적인 보완 역량이 개발되었다. 세 가지 보완 역량은 [Box 8.2]에 제시되어 있으며 아래에서 자세히 설명한다.

[Box 8.2] 팀코치 보완 역량 – 합의를 도출하고 유지한다

(a) 다른 팀 개발 방식과 어떻게 다른지를 포함하여 팀코칭이 무엇이고 무엇이 아닌지 설명한다.

(b) 코칭 관계, 프로세스, 계획, 개발 방식, 목표에 관한 명확한 합의를 공동으로 생성하기 위해 팀 리더, 팀 구성원, 이해관계자, 공동 코치co-coaches를 포함한 모든 관련 당사자와 파트너 관계를 맺는다.

(c) 코치, 팀의 리더 그리고 팀이 어떤 방법으로 코칭 프로세스의 주도권을 공유할지를 정하기 위해 팀의 리더와 협력한다.

팀코치 보완 역량

다른 팀 개발 방식과 어떻게 다른지를 포함하여 팀코칭이 무엇이고 무엇이 아닌지 설명한다

ICF 팀코칭 보완 역량 배경 설명

팀코치는 팀코칭과 다른 팀 개발 방식 간의 차이를 분명하게 설명하는 것이 중요하다. 팀을 구성하는 개인의 성격이 서로 다르다는 특수성을 고려할 때, 팀은 팀코치와의 적합성을 판단하기 위해 코칭 프로세스를 의도적으로 신중하게 설계할 필요가 있다.

이것은 프랙티스에서 무엇을 의미하는가?

팀코치와 팀코치 교육자로 활동하면서 클라이언트와 코치 모두에게 팀코칭이 무엇인지에 관한 혼란이 자주 발생한다는 것을 경험한다. [표 5.3]에서는 다양한 유형의 팀 개입 방식 간의 주요 차이를 정리했다. 클라이언트에게 설명할 때 유용한 포인트는 다음과 같다.

    Q. 팀코칭이란 무엇인가요?
    Q. 팀코칭은 팀 빌딩, 팀 퍼실리테이션, 그룹 코칭, 팀 트레이닝 등과 어떻게 다른가요?

Q. 팀코칭 접근법의 이점은 무엇인가요?

Q. 팀코치의 역할은 무엇인가요?

팀코칭이란 무엇인가?

팀코칭의 정의는 팀이 공통된 목표를 가지고, 그룹 협업과 성과를 중시하는 것(Thornton, 2010), 집단의 역량을 강화하는 것(Clutterbuck, 2014; Jones et al., 2019)을 강조하며, 팀이 운영되는 더 넓은 시스템에 관해 고민할 필요성을 다룬다(Hawkins, 2011). 팀코칭은 위도우슨Widdowson과 바부어Barbour(2021)에 의해 다음과 같이 정의된다.

> 팀코칭은 팀이 서로 협력하고, 다른 사람들과 더 넓은 환경 내에서 협력하여 안전한 관계, 더 나은 업무 방식, 새로운 사고방식을 개발함으로써 지속적인 변화를 창출하도록 돕는 것이다. 이를 통해 팀은 집단적 잠재력, 목적, 성과 목표를 극대화할 수 있다(Widdowson & Barbour, 2021, p.8).

이 정의에서 강조해야 할 핵심 사항은 다음과 같다.

- 팀코칭 – 팀코칭의 핵심은 코칭 접근 방식에 있으며, 변화와 행동의 책임ownership은 클라이언트에게 있다.

- 팀은 다른 구성원과 더 넓은 시스템과 협력하여 함께 일한다. 따라서 팀이 고립된 존재가 아니라, 내부와 외부 시스템 안에서 존재하는 시스템의 일부임을 인식한다.
- 지속 가능한 변화 창출 - 팀코칭은 일반적으로 단일 이벤트가 아닌 연속적인series 개입 과정을 포함한다(Jones et al., 2019).
- 안전하고 신뢰하는 관계 - 팀 내 심리적 안전감과 연결감을 구축하면 팀 구성원이 기여하고 도전하는 데 편안함을 느낄 수 있다.
- 더 나은 업무 방식 - 팀코치는 팀이 함께 일하는 방식과 조직 내에서 역할을 알아차리도록 돕는다. 예를 들어, 더 나은 의사결정, 업무 프로세스와 회의 방식 개선 등을 통해 이를 향상하게 할 수 있다.
- 새로운 생각하기thinking - 안전한 공간을 조성함으로써 팀 구성원은 새로운 아이디어를 탐구하며, 다양한 사고thought와 차이를 공유하고, 자신의 웰빙에 주목하며, 함께 배우고 성장할 수 있다.
- 집단의 잠재적인 목적purpose, 성과 목표goals 극대화 - 팀이 함께 일 때만 할 수 있는 업무와 개별적으로 할 수 없는 업무, 그리고 팀에게서 기대하는 산출물이 무엇인지 탐색하도록 돕는다.

팀코칭은 팀 빌딩, 팀 퍼실리테이션, 그룹 코칭, 팀 트레이닝 등과 어떻게 다른가?

코칭 분야 내에서 비교적 새로운 전문 영역으로서, 팀코칭의 본질과 초점, 경계와 프랙티스에 관한 논의가 이어지는 것은 놀라운 일이 아니다. 이러한 논의는 신생 전문 분야의 생동감 있고 창의적이며 현재 진행적인 특성을 반영한다고 볼 수 있다.

클라이언트와 함께 작업할지를 결정하는 방법은 무엇인가?

팀코치로서 클라이언트와 함께 작업할지를 결정할 때 고려해야 할 요소는 다양하다. 예를 들면 다음과 같다.

> Q. 그 산업 분야가 내 관심 분야이거나, 가치를 더할 수 있다고 느끼는 분야인가?
> Q. 그 조직의 문화적 특성이 팀코치로서 내 윤리적 기준과 얼마나 부합하는가?
> Q. 팀과 조직의 가치관이 내 가치관과 일치하는가?
> Q. 클라이언트와의 케미스트리는 어떠한가?
> Q. 팀이 변화할 준비가 되어 있고 개방적인가?

이러한 요소를 조사하고 클라이언트와의 미팅 전후에 탐색하는 것은 팀코치로서 이 작업이 자신에게 적합한지 판단하는 데 필수적이다.

코칭 관계, 프로세스, 계획, 개발 방식, 목표에 관한 명확한 합의를 공동으로 생성하기 위해 팀 리더, 팀 구성원, 이해관계자, 공동 코치를 포함한 모든 관련 당사자와 파트너 관계를 맺는다

ICF 팀코칭 보완 역량 배경 설명

팀코칭 합의agreement는 팀 구성원 개인, 공동 코치와 함께 작업할 때 해당 공동 코치, 그리고 필요에 따라 스폰서 등 모든 당사자가 동의해야 한다. 팀코칭 회기에서 이루어지는 내용 분 아니라, 팀코치와 개별 팀 구성원 사이의 개인적인 대화를 포함하여 기밀 유지 사항을 명확히 해야 한다. 또한 조직의 문화, 사명, 전체적 맥락이 팀코칭 참여에 미치는 역할과 범위도 고려해야 한다.

계약은 어떻게 진행되는가?

팀코칭은 다차원적이며, 다양한 이해관계자와의 협업을 포함하므로 복잡할 수 있다. 주요 이해관계자는 다음과 같다.

- 팀 구성원
- 팀 리더
- 이해관계자

- 팀코칭 의뢰자team commissioner 또는 스폰서
- 공동 팀코치

팀코치들에게 자주 받는 질문 가운데 하나는 "팀의 주요 이해관계자가 누구이고 팀코칭 의뢰자는 누구인지 어떻게 알 수 있나요?"이다. 이해관계자는 팀이 상호작용하는 내부와 외부 이해관계자를 의미한다. 예를 들어, 고객, 협력사, 조직 내 다른 부서 등이 해당한다. 팀코칭 의뢰자 또는 스폰서는 팀 작업을 의뢰한 사람으로 예산 담당자이거나 때로는 팀 리더의 직속 상사일 수 있다. 팀 리더와의 첫 계약contracting 대화에서 이러한 주요 이해관계자를 파악하는 것이 중요하다.

계약contracting은 일대일 코칭과 마찬가지로 팀코칭의 초기 단계와 전체 여정에 걸쳐 필수 요소이다. 팀코칭 프랙티셔너와 트레이너로서의 경험에 따르면, 계약을 충분히 수립하지 않거나 재계약recontract을 소홀히 하는 것은 팀코칭 실패를 초래하는 요인이 될 수 있다. 팀코칭은 복잡하다. 이는 각기 다른 성격 유형, 스타일, 목표를 가진 여러 팀 구성원이 함께 참여하기 때문이다. 따라서 회기 진행 방식에 관한 코치의 인식이 반드시 팀의 현실과 일치하는 것은 아니다. 팀의 인식을 탐색하기 위해 질문하는 것은 매우 중요하다. 예를 들어, 다음과 같은 질문이 유용할 수 있다.

Q. 이 작업이 얼마나 유용하거나 가치 있다고 생각하나요?
Q. 팀으로서 함께 탐색해야 할 가장 중요한 분야는 무엇인가요?

Q. 아직 논의되지 않았지만 탐색해야 할 질문은 무엇인가요?

Q. 현재 잘되고 있는 것과 잘되고 있지 않은 것은 무엇인가요?

Q. 더 많이 원하고, 줄이고 싶은 것은 무엇인가요?

팀코칭 과정에서 공동 팀코치와 협력하는 추가적인 차원이 존재한다. 이 중요한 관계에 관해서는 24장에서 더 자세히 살펴볼 것이다. 그러나 [공동 팀코치와] 함께 일하는 방식에 관해 팀코칭 개입 전, 개입 중, 개입 후 논의하고discuss 합의하는agree 것이 필수적이다. 공동 팀코치와 논의해야 할 주요 사항은 다음과 같다.

Q. 파트너로서 공정하게 협력하는 방법은 무엇인가요?

Q. 개입 과정에서 리더와 관찰자의 역할을 어떻게 전환할swap 것인가요?

Q. 팀의 방향 변경change이 필요할 경우 어떻게 함께 재계약을 진행할 것인가요?

Q. 역할과 책임을 어떻게 분배할 것인가요? 예를 들어, 개입 설계, 미팅, 팀 리더와의 사전 그리고 사후 통화 등

Q. 효과적인 협력을 위해 어떤 행동이 도움이 될까요?

Q. 다양한 스타일, 접근 방식, 의견 차이를 어떻게 관리할까요?

Q. 어떻게 하면 개방적이고 솔직하게 대화할 수 있을까요?

팀코치와 공동 팀코치는 팀으로서 역할을 모범적으로 보여주며, 팀

이 실제로 효과적으로 협력하는 방식에 관한 풍부한 데이터를 제공하게 될 것이다.

계약 체결 방법 이해: 팀코칭 계약 시 고려해야 할 몇 가지 사항

팀코칭 여정의 시작 단계에서 명확한 합의^{agreements} 수립

팀코칭에서의 계약은 다양한 형태로 이루어지며, 여러 이해관계자와의 논의를 포함한다. 팀코칭 여정을 시작하기 전에 다음과 같은 다양한 방식으로 팀과 계약^{contract}을 체결할 수 있다.

- 목표 설정, 여정 중 접근 방식. 역할을 논의하기 위한 일대일 미팅
- 일대일 진단 인터뷰 - 팀, 팀 리더, 기타 주요 이해관계자에게서 팀에서 잘 작동하는 점과 개선이 필요한 점을 파악한다.
- 팀 360도 진단 설문지 - 고성과 팀의 주요 특성에 비해 팀이 얼마나 효과적으로 기능하고 있는지 평가한다.

일대일 미팅

일대일 미팅은 회기의 목표를 이해하고, 접근 방식을 논의하며, 팀코칭 회기 내에서의 역할을 동의하는^{agree} 것을 목적으로 한다. 일대일 미팅은 팀 리더, 팀, 기타 이해관계자와의 계약^{contract}을 맺는 기회를 제

공한다. 이 계약에는 기밀 유지, 협력 방식, 팀코칭 접근 방식, 다른 유형의 팀 개입과의 차이점, 서로에게 기대하는 사항 등이 포함된다. 이 미팅에서 조직 문화와 맥락을 탐색하는 것은, 이러한 요소들이 팀코칭 참여에 어떻게 영향을 미칠 수 있는지를 팀코치가 이해하는 데 도움이 된다. 예를 들어, 문화가 매우 반응적reactive이라면 팀코치는 팀 리더 및 팀과 계약을 어떻게 설정해야 팀코칭 회기가 실제로 이행되고 지속될 수 있을지를 신중히 고려해야 한다.

일대일 진단 인터뷰

대부분 팀코칭 개입에 앞서 팀코치는 팀 리더, 팀 구성원, 기타 이해관계자와의 일대일 인터뷰를 진행하는 진단 단계를 거칠 것이다. 일대일 인터뷰를 시작할 때는 기밀 유지에 관한 계약을 체결하는 것이 필수적이다. 심리적 안전감psychological safety을 조성하기 위해 팀코치는 논의 내용이 기밀로 유지된다는 점을 강조해야 한다. 인터뷰 내용을 그대로 인용할verbatim 경우, 팀코치는 해당 의견이 익명으로 처리될 것임을 명확히 해야 하며, 의견이 인터뷰 대상자를 유추할 수 있는 경우 해당 내용이 어떻게 반영될지를 합의해야 한다. 또는 인터뷰 주제를 요약하여 사용할 수 있다. 핵심 주제의 경우, 팀코치는 해당 주제가 여러 인터뷰에서 반복될 때만 공유할 것임을 계약해야 한다.

팀 360도 진단

팀 진단은 팀 내에서 잘 작동하는 요소들과 개선이 필요한 영역에 관한 유용한 데이터를 제공할 수 있다. 팀 360도 진단은 팀코칭 의뢰자, 이해관계자, 팀 구성원의 부하 직원들, 그리고 팀 자체로부터 다양한 피드백을 받을 수 있다는 추가적인 장점을 가지고 있다. 팀 리더와의 미팅에서는 팀 리더와 팀이 함께 팀 360도 진단을 언제, 어떻게 활용할지에 관해 계약하는 것이 매우 중요하다.

팀 리더와 협력하여 코칭 프로세스의 소유권ownership을 코치, 리더, 팀 사이에서 어떻게 공유할지 정한다

ICF 팀코칭 보완 역량 배경 설명

팀코칭의 목적 가운데 하나는 코치의 존재 없이도 지속적인 발전을 유지할 수 있는 팀을 구축하는 것이다. 팀코칭 프로세스는 초기에는 코치가 주도할 수 있지만, 소유권이 점차 팀 리더와 팀 전체로 이전되는turned over 방식에 관해 합의가 이루어져야 한다.

팀코칭 프로세스의 소유권에 관한 계약을 어떻게 체결할 수 있을까?

팀코칭 참여 과정에서는 팀코칭 프로세스의 소유권에 관한 계약을 체결할 기회가 여러 번 있다. 예를 들면 다음과 같다.

- 팀코칭을 시작할 때, 일대일 미팅을 통해
- 회기 중, 팀과 함께 작업하면서 계약 및 재계약을 진행할 때
- 팀 리더와의 사전 및 사후 미팅을 통해

팀코칭을 시작할 때

팀코칭 과정 시작 전에 진행되는 일대일 미팅은 팀코칭이 무엇인지, 무엇이 아닌지 설명하는 중요한 시간이다. 이 시간은 팀코칭 과정 중 팀 리더와 팀의 역할, 그리고 팀코칭이 진행됨에 따라 팀 내 프로세스와 대화의 소유권이 팀 리더와 팀으로 어떻게 전환될지 논의하는 최적의 기회이다.

팀 리더와 함께 팀코칭 회기 동안 어떻게 참여할지 논의하면 도움이 된다. 팀을 하나의 단위로 작업하기 위해서는 팀 리더가 회기에 팀의 일원으로 참석하는 것이 중요하다. 이는 팀이 의사결정 시 팀 리더에게 의존하거나 결정권을 위임하는 기존의 리더 역할이 아닌, 팀의 일원으로 참여하는 것을 의미한다. 이는 팀 내 분산 리더십distributed leadership 개념을 발전시키는 데 도움이 되며, 모든 팀 구성원이 팀의 진전progress과

행동actions에 관한 책임ownership과 책무accountability를 지도록 하는 기반
이 된다.

팀코칭 회기 중

팀코칭의 시작은 일반적으로 팀이 함께 일하고 싶은 방식과 팀코치와
팀이 서로에게 기대하는 것을 논의하는 회기로 구성된다. 팀코치는 또
한 팀코칭 회기의 범위에 포함되는 것과 포함되지 않는 것에 관해 명
확히 합의하는 것이 중요하다. 예를 들어, 팀은 팀코치가 도움이 되지
않는 행동을 지적하거나 어려운 질문을 하는 등 팀을 도전하게 해달라
고 요청하기도 한다. 이는 팀코치가 도전할 수 있다는 것을 보여줄 기
회지만, 코치의 역할은 팀이 스스로 개방적이고 솔직하며 도전적인 대
화를 할 수 있도록 안전한 공간을 조성하는 것이다. 이러한 대화의 소
유권이 팀으로 이동하면, 팀코치가 주도하는 방식보다 팀의 작업이 더
지속 가능해진다.

클러터벅(2007)은 팀 퍼실리테이션facilitation과 팀코칭의 차이에 관
해 팀 퍼실리테이션은 팀코치가 팀으로부터 대화를 끌어내는 것이라
면, 팀코칭은 대화의 소유권이 팀에 있는 것이라고 설명한다.

팀 리더와의 사전 및 사후 미팅

팀코칭 회기 전후에 팀 리더와 진행되는 미팅은 팀코칭 프로세스의 소

유권을 점검하고 조율하기에 이상적인 시간이다. 논의 내용에는 팀 리더가 회기 중 어떤 역할을 할 것인지, 개인과 팀 목표 달성을 위한 팀 구성원의 진행 상황 검토, 팀이 실행 및 다음 단계에 관한 소유권을 가질 때 장애물이 무엇인지 탐색하는 것이 포함될 수 있다.

맺음말

코칭에서 계약과 재계약은 필수적이다. 그렇지만 팀코칭에서는 이 과정이 더욱 중요하다고 주장할 수 있다. 이는 다수의 이해관계자가 개입하고 때로는 서로 다른 목표를 가지고 있어 복잡성이 크기 때문이다. 따라서 팀코칭 활동에 관한 역할과 책임, 목표, 결과물, 그리고 접근 방식을 명확히 합의하는 것이 필수적이다.

9장. 신뢰와 안전감 조성(역량4)

번역: 허영숙

개요

관계 공동 창조co-creating the relationship 영역에는 세 가지 역량이 있다.

1. 합의 수립 및 유지
2. 신뢰와 안전감 조성
3. 존재감 유지

신뢰와 안전감 조성은 ICF 핵심 역량 네 번째이며, 관계 공동 창조 영역에서 두 번째 역량이다. 이 역량은 [Box 9.1]에 정의되어 설명되어 있으며 패스모어Passmore와 싱클레어Sinclair(2024)에 의해 자세히 검토되었다.

[Box 9.1] 신뢰와 안전감 조성

정의: 고객과 파트너십을 맺음으로써 고객이 자유롭게 공유할 수 있는 안전하고 지지적인 환경을 조성한다. 상호 존중과 신뢰의 관계를 유지한다.

1. 고객의 정체성, 환경, 경험, 가치관, 신념 등 고객이 처한 맥락을 이해하려 한다.
2. 고객의 정체성, 인식, 스타일, 언어를 존중하며 이에 맞추어 코칭을 조절한다.
3. 코칭 과정에서 고객의 고유한 재능, 통찰, 노력을 인정하고 존중한다.
4. 고객에게 지지와 공감, 관심을 표현한다.
5. 고객이 느끼는 감정, 인식, 우려, 신념, 제안 등을 표현할 때 이를 인정하고 지지한다.
6. 개방성과 투명성을 드러내어 취약성을 보여주고 고객과의 신뢰를 구축한다.

추가로, 팀코치 실무자는 [Box 9.2]에 설명된 보완 역량을 보여주어야 한다.

[Box 9.2] 팀코치 보완 역량 – 신뢰와 안전감 조성

(a) 열린 대화와 솔직한 팀 구성원 상호작용을 위한 안전한 공간을 조성하고 유지한다.

(b) 팀이 단일 실체로서 공동 정체성을 갖도록 촉진한다.

(c) 개별 팀 구성원과 팀 전체가 느끼는 감정, 인식, 우려, 신념, 희망, 제안을 표현할 수 있도록 조성한다.

(d) 모든 팀 구성원이 참여하고 기여하도록 격려한다.

(e) 팀과 함께 팀 규칙과 규범을 개발, 유지, 검토하도록 협력한다.

(f) 팀 내에서 효과적인 의사소통을 촉진한다.

(g) 팀과 협력하여 내부 갈등을 식별하고 해결하도록 한다.

팀코치 보완 역량

열린 대화와 솔직한 팀 구성원 상호작용을 위한 안전한 공간을 조성하고 유지한다

ICF 팀코칭 보완 역량 배경 설명

각 팀 구성원이 자유롭고 의미 있게 참여하려면, 팀코치는 각 팀 구성원이 동료와 의견이 다를 때나 민감한 주제를 다룰 때 자유로움을 느끼는

안전한 공간을 만들어야 한다. 개인 고객과 작업할 때 코치는 고객의 문화적 맥락을 인식하고 존중한다. 팀코칭에서는 팀 자체가 조직 문화의 변형된 형태로서 고유한 문화를 가질 수 있으며, 이는 참여 과정에 추가적인 복잡성을 더할 수 있다.

이 역량의 핵심 요소 가운데 하나는 코치가 심리적 안전감을 조성하는 능력이다.

심리적 안전감은 건강한 관계의 기반으로, 취약해질 수 있는 신뢰를 구축하고 안전함을 느끼는 것이다. 팀코칭의 경우 심리적 안전감이란 팀 구성원들이 부정적인 결과나 타인의 시선을 걱정하지 않고 자유롭게 생각과 아이디어를 공유할 수 있다고 느끼는 상태를 의미한다.

에드먼슨Edmonson(2020)에 따르면, 심리적 안전감에 대한 가장 흔한 오해는 그것이 친절함에 관한 것이라는 점이다. 실제로는 코치와 팀 구성원이 모두 솔직해질 수 있도록 돕고 서로 존중하며 열린 태도를 유지하는 데 가깝다.

클라크Clark(2020)는 심리적 안전감의 네 단계를 정의한다.

1. 소속감 안전inclusion safety
2. 학습자 안전
3. 기여자 안전
4. 도전자 안전

첫 번째 단계에서는 팀 구성원들이 연결되고 소속감을 느끼도록 돕지만, 네 번째 단계에 이르러야 팀은 어려운 질문을 공개적으로 탐색하고, 아이디어를 제시하고, 민감한 주제를 과감하게 꺼내며, 건설적으로 의견 차이를 관리하기 시작한다.

팀코치에게 이것은 무엇을 의미하며, 어떻게 이러한 환경을 조성할까? 첫 번째 단계는 팀코치 자신이 어떻게 존재하는지에 대한 강한 자각을 갖는 것이다(McCann, 2021). 팀코치 자신이 열린 태도와 취약성을 보여주는가? '개방성에 대한 헌신'은 어떻게 보여주는가?(Solomon & Flores, 2001)

팀이 단일 실체로서의 공동 정체성을 갖도록 장려한다

ICF 팀코칭 보완 역량 배경 설명

팀의 지속 가능성 요소 가운데 하나는 각 구성원이 팀을 하나의 고성과 단위로 인식하는 관점이다. 팀코치는 팀의 정체성과 자립성을 일관되게 촉진해야 한다.

팀과 세션을 시작할 때 팀코치가 가장 먼저 하는 일 가운데 하나는 계약 체결이며, 바로 이 과정에서 팀코치는 팀을 단일 실체로 독려하기 시작한다. 팀, 팀 구성원, 코치들이 공동으로 계약을 만들어 나가면서 팀이 하나의 실체로 인식되도록 돕는 것이다.

사용 가능한 모델 가운데 하나는 교류 분석transactional analysis의 계약 모델이다. 번Berne(1966)은 다음과 같은 세 가지 수준의 계약을 설명한다.

- 행정적 계약: 팀코칭에서 이는 코칭 과제의 행정적 측면에 대한 합의를 가리킨다. 예를 들어, 코칭이 어디에서 진행될지 등에 대한 합의이며, 일반적으로 코칭 시작 전에 다룬다.
- 전문적 계약: 이는 팀코칭의 목적과 각자의 역할이 무엇인지에 대한 합의를 의미한다.
- 심리적 계약: 팀코치가 기대와 희망뿐 아니라 우려와 두려움에 관해 대화의 장을 여는 단계다.

이 보완 역량에서 가장 중요한 수준은 두 번째 수준으로, 팀이 공동으로 목적을 만들어 나가는 단계다. 팀 구성원들이 이 수준을 공동 창조하기 시작하면 공동 정체성 감각이 형성되기 시작하고, 팀 구성원들은 자신을 공동 정체성 내의 단일 실체로 인식하며 합의된 목적, 비전, 신념, 가치를 공유하게 된다. 팀의 정체성은 그 목적 자체가 아니다. 맥리드McLeod(2000)에 따르면 정체성은 일련의 표현, 가치, 신념을 포함한다.[1] 이는 팀의 요구에 맞추고 조직 전반에 걸쳐 공유 목적을 만들며 팀이 존재하는 이유를 정렬하는 것을 수반한다. 팀 그 자체를 단일 실체로 인식하도록 독려하는 측면에서 팀코치의 역할은 단지 계약에

---

1) manifestations, values, and beliefs

서 끝나는 것이 아니라, 코치가 팀과 함께 작업하는 전체 과정 내내 지속된다.

개별 팀 구성원이나 팀 전체의 감정, 인식, 우려, 신념, 희망, 제안을 표현하도록 장려한다

ICF 팀코칭 보완 역량 배경 설명

팀코치는 팀 회의에서 팀 구성원들이 자유롭게 개별적인 감정, 인식, 우려, 신념, 희망, 제안을 공유하도록 격려할 필요가 있다. 또한 코치는 팀 전체의 감정, 인식, 우려, 신념, 희망을 이해하고 명확히 하는 것이 중요하다.

세 번째 계약 단계인 심리적 계약 단계에서는 팀 구성원들이 이미 개인적인 감정, 우려, 희망 등을 공유할 기회를 가진 상태이다. 팀코치는 개인적이거나 팀 전체, 모두의 기대와 불안에 대해 공간을 제공한다. 집단적으로 팀이 가진 기대와 두려움을 다루는 것이다. 이 중요한 단계에서 팀 구성원들은 수용과 인정, 심지어 호기심과 배려 속에서 들어주고 공유하는 경험을 시작하며 판단에서 자유롭다. 이것은 팀코치가 반드시 열어주고 기회를 제공해야 할 문이다. 동시에 팀과 함께 어떤 요소가 개인적인 것인지, 어떤 요소가 집단적인 것인지 - 또는 반대인지 - 탐색해야 한다. 이전 보완 역량과 마찬가지로 이 과정은 계약으로 끝나지 않으며 팀코칭 전체 과정에서 계속된다.

모든 팀 구성원의 참여와 기여를 장려한다

ICF 팀코칭 보완 역량 배경 설명

각 팀 구성원의 지식과 기술에서 최대한의 이점을 얻는 것이 중요하다.

참여와 기여 요청은 계약 체결에서 시작된다. 팀코치는 모든 팀 구성원에게 공동으로 계약 내용을 만들어가자고 초대한다. 이 초대는 각 팀 구성원의 선호를 존중하며 참여를 강요하지 않고 이루어지므로, '초대'라는 표현을 사용한다. 참여를 편안하게 끌어내는 한 가지 방법은 각 세션의 시작과 끝에 간단한 한 단어 체크인 및 체크아웃 라운드를 도입하는 것이다. 회기 중에는 대화 순서 정하기, 질문하기, 게임과 같은 기법이 참여를 촉진할 수 있다. 팀코치가 자신의 취약함을 보여주는 것이 팀이 공유하게 하는 의지에 기여한다는 점도 기억해야 한다. 여기에는 자신의 실수를 인정하고, 불확실함과 불안을 표현하며, 실험하려는 의지를 보여 주는 것이 포함될 수 있다.

이 보완 역량은 역량 3, 특히 팀 역학과도 연결된다. 팀코치는 모든 구성원의 참여와 기여를 방해하거나 부족함을 나타낼 수 있는 역동적 요소에 주의를 기울여야 한다.

팀과 협력하여 팀 규칙과 규범을 개발, 유지, 검토한다

ICF 팀코칭 보완 역량 배경 설명

규칙과 규범은 팀이 더 생산적이고 높은 성과를 내도록 돕는다. 이러한 규칙과 규범을 명확히 하고 문서화하는 것은 팀이 자립적인 운영을 하는 데도 도움이 된다.

세 번째 단계인 심리적 계약을 다시 한번 들여다보자. 이 단계의 두 번째 부분은 팀의 행동 기준과 규범에 관한 것이다. 예를 들어, "안전함을 느끼기 위해 우리 자신과 타인에게 무엇이 필요할까?" 또는 "코칭 과정 전반에 걸쳐 긍정적인 경험을 위해 유지하고 싶은 규칙은 무엇일까?" 같은 간단한 질문을 팀코치는 사용할 수 있다. 이를 통해 팀이 전체 과정 동안 적용될 규칙과 규범을 공동으로 만들어 나가도록 한다. 또한 팀은 어려운 대화를 나누거나 어려운 상황을 처리해야 할 때, 또는 중요한 사항을 상기할 필요가 있을 때 이 규칙과 규범을 참고로 삼을 수 있다. 모두가 합의한 '참여 규칙'은 특정 팀에게 안전한 공간이 어떤 모습인지 아주 구체적으로 보여준다.

흔히 발생하는 실수 가운데 하나는 시간이 부족하다는 두려움이나 이미 이러한 규칙이 당연하다는 가정 때문에 이 마지막 부분을 대충 넘어가는 것이다. 때로는 어떤 팀 구성원은 이것이 시간 낭비라고 반응할 수도 있다. 그러나 이 단계가 신중하게 완료되지 않으면 전체 과정이 위험해질 수 있다. 또한 이 규칙들은 구체적인 행동으로 정의되고 합의되어 설명되어야 하며, 필요할 때 팀은 다시 참고할 수 있어야 한다. 이러한 규칙과 규범은 팀의 문화를 형성하기도 한다.

팀 내에서 효과적인 의사소통을 장려한다

ICF 팀코칭 보완 역량 배경 설명

팀 구성원 사이의 원활한 의사소통은 흔히 어려울 수 있지만, 정보의 흐름이 잘 유지되는 것은 팀 성공에 필수적이다. 팀코치는 팀 구성원 개개인의 의사소통이 팀 전체를 향하도록 하고, 팀 내에서 코치에게 향하는 대화를 일관되게 팀으로 되돌려야 한다.

팀코치가 자신감 있고 효과적인 의사소통을 모델링하고, 상호작용과 의사소통을 포함하여 규칙과 규범에 합의된 상태라면, 팀코치는 팀 구성원들이 팀이 아닌 코치에게 직접 전달하는 정보를 의미 있게 팀 전체로 다시 돌려줄 수 있다. 일부 팀에서는 팀 구성원들이 처음에 코치를 '권위자'로 인식하여 의견을 코치에게 직접 전달하는 경우가 관찰된다. 그러한 소통을 팀 전체에게 되돌리거나, 시선을 고르게 공유할 수 있도록 원형으로 둥글게 둘러앉게 하는 간단한 기법이 참여자들에게 평등감을 조성하는 데 도움이 될 수 있다.

팀과 협력하여 내부 갈등을 식별하고 해결한다

ICF 팀코칭 보완 역량 배경 설명

모든 팀 내에서는 어느 정도 갈등이 발생하는 것이 불가피하다. 갈등을
표면에 드러내고 학습과 성장을 촉진하는 건설적인 방식으로 다루는 것
이 중요하다.

심리적 안전에 관한 오해 가운데 하나는 갈등이 없어야 심리적으로
안전하다고 여기는 것이다. 그러나 실제로 최고의 팀들이 갈등이 전혀
없거나 갈등이 더 많은 것이 아니다. 그들은 상호 존중하는 토론, 솔직
함, 투명성을 통해 갈등을 다르게 다룬다.

여기서 하나의 장애가 될 수 있는 것은 통제하려는 욕구이다. 맥락
상 통제는 사실 신뢰와 정반대 개념으로 볼 수 있다. 감정 통제, 반응
통제, 앞으로 일어날 일을 통제하려는 욕구 등이 포함된다.

팀코치가 스스로에게 물어봐야 할 질문은 다음과 같다.

- 팀코치로서 어떤 부분을 통제하려는 경향이나 유혹을 느끼는가?
- 이러한 충동이나 통제 욕구는 어디에서 오는가?
- 이 욕구를 어떻게 극복하는가?

팀코치가 통제를 내려놓고 자신과 팀을 신뢰하여 갈등을 해결할 수

있다고 느낄 때, 갈등을 표면으로 드러낼 자신감이 생긴다. 안전한 공간에서, 팀코치가 갈등을 긍정적으로 관리하는 데 필요한 핵심 기술은 여러 가지가 있다. 여기에는 다음이 포함된다.

- 갈등 해결을 어려운 상황이나 도전적인 상황에서 배울 기회로 간주하기
- 효과적인 의사소통과 진정으로 경청하는 능력
- 기대를 관리하고 가정을 점검하기
- 감정을 인정하고 이해하며 관리하기
- 갈등의 불가피성을 수용하고 이를 해결할 도전으로 기꺼이 임하기
- 팀 구성원들이 차이를 더 잘 이해하도록 돕기

맺음말

신뢰는 우리가 만들어낼 수 있는 실용적이고 실행 가능한 자산이다. 신뢰는 다차원적인 구성 요소이며, 보기, 말하기, 행동을 다르게 시작하는 것은 신뢰를 구축하고 성장시키는 데 엄청난 영향을 미친다. 신뢰를 구축하는 첫 번째 과제는 이것이 구축되어야 한다는 사실을 인식하고 우선순위로 삼는 것이다. 최선의 의도를 갖는 것만으로는 충분하지 않다. 우리는 의식적이고 의도적으로 신뢰와 안전한 환경을 개발하고 유지하여 팀이 성장하고 번영할 수 있도록 한다.

10장. 프레즌스^{presence}를 유지한다(역량5)

번역: 정혜선

관계 공동 구축^{Co-Creating the Relationship} 영역에는 세 가지 역량이 있다.

1. 합의를 도출하고 유지한다.
2. 신뢰와 안전감을 조성한다.
3. 프레즌스를 유지한다.

프레즌스를 유지한다는 ICF 핵심 역량의 다섯 번째 역량이자 관계 공동 구축 영역의 세 번째 역량이다.

이 역량은 [Box 10.1]에 정의되고 설명되어 있으며, 패스모어^{Passmore}와 싱클레어^{Sinclair}(2024)에 의해 자세히 검토되었다.

이러한 역량에 더해, 팀코치 프랙티셔너는 [Box 10.2]에 설명된 보완 역량들도 입증해야 한다.

[Box 10.1] 프레즌스를 유지한다

정의: 개방적이고 유연하며 중심이 잡힌 자신감 있는 태도로 완전히 깨어서 고객과 함께한다.

1. 고객에게 집중하고 관찰하며 공감하고 적절하게 반응하는 것을 유지한다.
2. 코칭 과정 내내 호기심을 보여준다.
3. 고객과 프레즌스(현존)를 유지하기 위해 감정을 관리한다.
4. 코칭 과정에서 고객의 강한 감정 상태에 대해 자신감 있는 태도로 함께한다.
5. 코치가 알지 못함의 영역을 코칭할 때도 편안하게 임한다.
6. 침묵, 멈춤, 성찰을 위한 공간을 만들거나 허용한다.

[Box 10.2] 팀코치 보완 역량 – 프레즌스를 유지한다

(a) 코칭 과정에서 중요한 것에 집중하기 위해 자신의 모든 감각과 지각 능력을 활용한다.
(b) 팀과 스폰서가 동의하고, 공동 코치Co-Coach를 활용함으로써 팀코치가 팀코칭 세션에 더 몰입할 수 있을 경우, 공동 코치를 함께 활용한다.
(c) 팀 구성원들이 팀코칭 회기에서 자신들의 상호작용 방식을 잠시 멈추고 성찰하도록 장려한다.
(d) 적절할 시점에 팀의 대화 속으로 들어가거나 빠져나온다.

팀코치 보완 역량

코칭 과정에서 중요한 것에 집중하기 위해 자신의 모든 감각과 지각 능력을 활용한다

ICF 팀코칭 보완 역량 배경 설명

> 팀코치는 때때로 과도한 정보를 받게 되므로, 코칭 활동 내내 방 안에서 무슨 일이 일어나고 있는지에 관해 완전한 감각적 알아차림과 주의가 필요하다.

> 이러한 정보들은 다음과 같은 다양한 출처에서 온다.

- 팀 구성원들
- 팀 구성원과 팀코치 사이의 상호작용
- 공동 코치
- 팀과 그들이 연결된 더 넓은 환경과 시스템

따라서 팀코칭이 복잡하고 도전적이라고 여겨지는 것은 놀라운 일이 아니다. 호킨스Hawkins는 시스테믹 팀코칭에 관해 이야기하면서, 코치는 "팀의 다양한 관계에 집중해야 하며, 이는 팀 구성원들 사이의 내부적 관계뿐만 아니라 팀 전체와 그들을 위임한 사람들commissionaires,

이해관계자, 그리고 그들 미래 사이의 외부적 관계를 포함한다."라고 언급했다(Hawkins, 2021, p.107).

팀코치로서 우리는 우리 자신 안에서 일어나는 일, 우리의 반응과 촉발 요인triggers과 감각과 행동뿐만 아니라 팀과 다른 출처에서 감지되는 사실을 알아차려야 한다. 이 모든 정보에 주의를 기울이는 일은 성장하는 팀코치에게 때로는 압도적이고 지치게 만들 수 있다.

팀코치의 역량은 앎knowing, 함doing, 그리고 됨being의 세 가지 요소로 구성된다. 앎은 팀코치의 팀코칭 모델, 프레임워크, 집단 역동group dynamics에 관한 지식과 관련된다. 함은 팀코치가 자신의 기술과 지식을 어떻게 적용하는지를 뜻한다(Widdowson & Barbour, 2021). 됨은 로저스Rogers(1975)의 기념비적인 연구에서 비롯된 개념으로, 타인과 공감하고 관계를 형성하는 팀코치의 능력을 말한다. 이를 위해 로저스는 사람이 먼저 자기 자신에게 편안해야 하며, 그래야만 타인에게 집중하고 자신의 의제agenda를 내려놓을 수 있다고 제안했다. 팀과 함께 일할 때 이것은 다음과 같은 상황들을 포착하는 데까지 확장될 수 있다. 팀 내 의견 불일치에 관한 신호를 감지하거나, 팀이 필요로 하는 어려운 대화를 탐색하거나, 말하지 않은 부분을 드러내거나, 팀 구성원들이 불안을 경험할 때, 그리고 그들이 희생양을 찾고자 할 때, 팀코치인 당신을 비난하거나 도전하려고 할 때 이를 인지하는 일이다(Hawkins, 2021).

이 개념을 더 깊이 탐구하기 위해, 위도우슨Widdowson과 바부어Barbour(2021)는 팀코치의 존재 방식에 관하여 4C를 제안했으며, 여기에는 다음이 포함된다.

- 연결connection – 팀과 더 깊은 수준에서 연결하여 관계와 신뢰를 구축하고 심리적으로 안전한 공간을 만드는 코치의 능력
- 용기courage – 팀코치가 어려운 주제를 제기하여 팀에 도전하고 지지하며 그들이 개방적이고 솔직한 대화를 나누도록 돕는 방법
- 자신감confidence – 팀코치가 자기 자신으로서 편안함을 느끼고, 자신의 이야기를 인정하며, 자신의 취약성을 기꺼이 드러내는 일에 관한 것으로, 이는 팀이 반응하고 자신들의 취약성을 공유할 수 있는 용기를 불어넣는 역할을 한다.
- 지속성continuing – 팀코치가 기꺼이 배우고, 성장하고, 발전하고자 하는 의지를 갖고, 자신이 결코 완성된 존재가 될 수 없다는 사실을 인정하는 능력

그렇다면 이것이 실제로in practice 팀코치에게 의미하는 바는 무엇일까? 팀코치가 팀과 연결되고, 자신의 취약성을 드러내며, 안전한 공간을 만들고, 도전과 지지의 역할을 모델링함으로써, 팀은 더 편안하게 자신을 드러내고 팀 구성원들끼리 서로에게 진정한 모습을 보이게 된다. 이 과정에서 팀코치는 더 많은 감각적 정보를 얻게 된다.

팀코치는 어떤 감각을 활용하는가?

팀코칭을 할 때, 우리는 감각을 더 넓은 범위capacity로 사용한다. 호킨스(2021)는 시스템적 팀코칭을 신피질, 변연계, 편도체를 포함한 뇌 전체뿐만 아니라 "심장과 장, 그리고 더 넓은 신체의 감지sensing와 앎까지도 활용하는 일"이라고 언급했다(Hawkins, 2021, p.309).

블레이크Blake(2018)는 다른 사람들이 말하는 것과 말하지 않는 것을 모든 감각으로 깊이 경청하고 자신의 감각에도 민감하게 조율하는 점을 언급한다. 결과적으로 감각 기술은 다음과 같다.

- 시각sight/vision
- 청각hearing/auditory
- 촉각touch/tactile
- 후각smell/olfactory
- 미각taste/gustatory
- 전정 감각vestibular(움직임을 통해 균형과 공간에서의 머리 위치를 파악하는 감각)
- 고유 수용 감각proprioception(근육과 관절에서 오는 정보로, 몸의 위치를 파악하는 감각)

팀코치는 이러한 감각 가운데 어느 것으로든 정보를 받아들일 수 있다. 실제적으로 이는 팀코치가 다음과 같은 사항을 인지해야 함을 의미한다.

- 몸짓 언어를 알아차리기
- 팀 안에서의 비언어적 '분위기vibes'를 감지하기
- 자신의 생리적 상태와 타인의 상태를 알아차리기 – 호흡, 심박수, 그리고 떨림이나 안절부절 못함, 얼굴 표정, 눈 맞춤이나 회피, 자신의 몸에 느껴지는 긴장과 감각과 같은 신체적 신호를 알아차리기
- 느낌과 정서를 포착하기
- 팀의 모든 사람과 주변 환경에 주의를 기울이기

팀코치는 팀과 함께 일할 때 주의 깊게 경청해야 하며, 되도록 많은 신호를 포착하기 위해 모든 안테나를 완전히 세우고 온전히 함께 존재하며 깨어 있어야 한다. 다시 한번 말하지만, 이럴 때 공동 코치가 있으면 큰 도움이 된다.

팀과 스폰서가 동의하고, 공동 코치를 활용함으로써 팀코치가 팀코칭 회기에 더 몰입할 수 있을 경우, 공동 코치를 함께 활용하기

ICF 팀코칭 역량에 관한 배경 설명

팀코칭 회기에서 상당한 양의 정보가 쏟아져 나오기 때문에, 공동 코치와 함께 작업하면 단독 팀코치의 부담을 덜어줄 수 있다. 공동 코치는 팀 역동과 팀과 개인의 행동 패턴을 관찰하고, 대안적인 관점을 제공하며, 바람직한 팀 행동을 모델링하는 데 도움을 줄 수 있다.

공동 코치와 함께 작업하는 것은 팀코치의 일에 귀중한 추가적인 차원을 더해 줄 수 있으며, 여기에는 다음 사항이 포함된다.

- 팀코치 파트너가 팀 역동과 개인과 팀의 행동 패턴을 더 주의 깊게 관찰할 수 있도록 돕는다. 이는 한 명의 팀코치가 전체 공간을 주도하는 동안 다른 팀코치 파트너가 역동과 행동을 관찰하는 데 집중할 수 있는 기회를 제공한다.
- 팀코칭 프로그램의 설계와 팀과 함께 작업할 때 그 순간의 상황에 맞게 즉시 설계를 유연하게 조정하는 방법에 관한 추가적인 관점과 견해를 제공한다.
- 팀 내에서 일어나는 일을 성찰하고 인식할 수 있는 더 많은 공간

을 팀코치들에게 허용한다.

- 팀으로서 존재하고 역할을 모델링하며 함께 일하는 것을 보여준다. 두 사람으로 구성된 팀으로서 팀코치는 협력하고, 서로를 지지하고 도전하며, 차이와 다양성을 활용하는 방법을 팀에게 보여줄 것이다.
- 팀코칭의 업무와 도전을 분담한다. 이 장 앞부분에서 언급했듯이, 팀코칭은 매우 고된 작업이 될 수 있으므로 두 명의 팀코치가 있으면 에너지를 관리하고 충분한 성찰과 관찰 시간을 확보하는데 도움이 된다.

팀 구성원들이 팀코칭 회기에서 자신들의 상호작용 방식을 잠시 멈추고 성찰하도록 장려한다

ICF 팀코칭 역량에 관한 배경 설명

팀 구성원들이 잠시 멈추고 성찰하도록 장려하는 것은 팀의 성찰적 실천reflective practice을 시작하는 작업이다. 그 이후 팀코치는 팀이 자신의 행동과 그에 따른 결과적 행동, 그리고 현재 또는 미래의 팀 상호작용에서의 잠재적인 개선점에 관한 알아차림을 높이는 과정을 이어갈 수있다.

팀코치는 팀이 잠시 멈추고 성찰하도록 어떻게 도울 수 있는가?

팀과 계약을 맺을 때, 우리는 항상 "팀코치인 저희에게 무엇을 기대하시나요?"라고 묻는다. 대부분의 경우, 팀은 우리에게 이렇게 요청한다. '거울을 들어서' 자기 팀에서 벌어지는 일을 보여 달라고 한다. 이는 도움이 되거나 도움이 되지 않는 역동, 도움이 되거나 도움이 되지 않는 언어 사용과 행동 패턴, 그리고 팀 내 다른 사람이나 더 넓은 시스템에 미치는 영향에 관한 것일 수 있다. 우리는 이것이 초기에는 팀코치의 역할일 수 있다고 보지만, 팀코치가 팀이 스스로에게 거울이 될 수 있도록 돕는 것이 매우 중요하다. 팀이 거울을 들고 자신들의 행동에 관한 알아차림을 높이는 데 도움이 되는 기법은 다음과 같다.

잠시 멈추고 성찰하기 – 팀이 잠시 멈추고 자신들의 행동을 성찰하도록 기회를 만든다. 도움이 되는 질문은 다음과 같을 수 있다.

Q. 잘 진행되고 있는 것은 무엇인가요?
Q. 팀으로서 무엇을 개선할 수 있을까요?
Q. 팀이 앞으로 나아가도록 구체적으로 도움이 된 것은 무엇인가요?
Q. 무엇이 방해가 되었나요?
Q. 어떤 행동이 도움이 되었나요?
Q. 도움이 덜 된 행동은 무엇이었나요?

팀이 스스로를 관찰자가 되도록 돕기 위해 비유를 활용한다. 예를

들어, 발코니와 댄스

- 무도회장^{dancefloor}에서 발코니로 – 팀이 '자신들의 일을 하고 있을 때'는 마치 무도회장에 있는 것과 같다고 설명한다. 이때 팀은 발코니로 올라가서 자신들의 일을 내려다보며 무슨 일이 벌어지고 있는지를 관찰할 수 있다(Innegraeve, 2023).

적절한 시점에 팀의 대화 속으로 들어가거나 빠져나온다

ICF 팀코칭 역량에 관한 배경 설명

팀코칭의 목표 가운데 하나는 팀이 스스로 자립할 수 있도록 돕는 일이므로, 팀코치는 팀 프로세스와 성과를 향상하게 하는 데 필요한 때만 대화에 개입해야 한다. 팀코치는 팀 전체를 위해서, 그리고 동시에 각 개인을 위해서 함께 존재해야 한다. 이는 강도가 높은 순간이나 많은 팀 구성원이 관여하는 상황에서는 도전이 될 수 있다.

팀코칭과 퍼실리테이션의 중요한 차이점 가운데 하나는 팀이 스스로 대화의 주도권을 갖도록 하는 데 있다. 클러터벅^{Clutterbuck}(2007)은 팀코칭이 팀이 자신들의 대화를 스스로 관리할 수 있도록 역량을 키워주는 데 비해, 퍼실리테이션은 팀에서 대화를 끌어낼 뿐이며 주도권은 때때로 퍼실리테이터에게 남아 있다고 명확히 밝혔다.

팀코치는 언제 대화에 개입해야 하는지 어떻게 알 수 있는가?

팀코치가 언제 그리고 어떻게 팀의 대화에 개입해야 하는지를 아는 것은 도전이 될 수 있다. 팀코치는 팀이 스스로 대화를 주도하도록 허용할 수 있어야 한다. 팀을 지탱하는 책임은 여전히 팀코치에게 있지만, 그 역할은 충분한 시간을 가지고 문제를 논의하기도 전에 복잡한 문제를 해결하도록 통제하거나 압박하기보다는 팀을 안내하는 일이다 (Hawkins, 2021). 팀의 대화에서 빠져나오는 일에 관해서는 11장 적극적으로 경청하기에서 더 자세히 다룰 예정이므로, 이 섹션에서는 언제 대화에 개입할지를 탐구할 것이다.

팀코치가 개입할 수 있는 상황

- 팀이 자신들이 답변하고자 하는 질문이나 내려야 할 결정에서 벗어나 산만해질 때
- 팀의 대화가 오랜 시간 동안 맴돌고 있으며 팀 구성원들이 서로 다른 견해를 밝히지만 어떤 합의에도 도달하지 못할 때
- 시스템적 관점을 제시하고 팀이 더 넓은 시스템의 요구를 고려하도록 돕기 위해서, 예를 들어 고객, 이해관계자, 더 넓은 공동체, 팀 자신의 장기적 필요 등을 포함하여 생각하도록 할 때 (Hawkins, 2021)

팀코치는 어떻게 개입할 수 있는가?

팀코치가 사용할 수 있는 개입 방법에는 다음과 같은 내용이 포함될 수 있다.

- 팀이 스스로에게 거울을 비추도록 한다. 즉 팀이 자신들의 관찰자가 되어 대화의 효과성을 성찰하도록 요청한다. 예를 들어, 다음과 같은 질문을 할 수 있다.

   Q. 이 대화에 관해 어떤 점을 알아차리고 있나요?

   Q. 이 대화가 질문에 답변하거나 결정을 내리는 데 어떤 도움이 되고 있나요?

   Q. 질문 OO에 답하는 데 어떤 것이 방해가 되고 있나요?

- 팀코치는 또한 팀 안에서 자신이 관찰한 것을 공유할 수 있다. 예를 들어, 무엇이 그들이 결정을 내리거나 질문에 답변하는 데 도움이 되고 있고, 무엇이 방해가 되고 있는지를 알려준다.

- 시스템을 방 안으로 불러들인다. 팀 구성원들에게 고객, 이해관계자 등의 역할을 맡아 보게 하고, 그들이 이 팀에게 무엇을 기대하는지, 팀이 어떤 대화를 나눠야 하는지를 묻는다.

- 팀과 다시 계약한다. "지금 어디로 가고 싶으신가요?"라고 물어 팀의 방향을 재확인한다.

맺음말

언제 대화를 잠시 멈추거나 개입해야 하는지 아는 것은 때때로 팀코치에게 매우 포착하기 어려울 수 있다. 팀코치는 팀과 더 넓은 시스템에서 나오는 신호를 감지하기 위해 자신의 모든 감각 정보를 활용하여 적절한 시점을 파악해야 한다. 항상 정확하게 맞출 수는 없지만, 틀릴 수도 있다는 수용적 자세가 필요하다. 이때 공동 코치와 슈퍼바이저의 지원은 팀코치가 언제 개입할지 결정하고, 배우고, 경험을 성찰하는 데 큰 도움이 될 수 있다.

11장. 적극적으로 경청한다(역량6)

번역: 육현주

효과적인 의사소통 영역에는 두 가지 핵심 역량이 있다.

1. 적극적으로 경청한다Listens Actively.
2. 알아차림을 일으킨다Evokes Awarenes.

적극적으로 경청한다는 ICF 핵심 역량 가운데 여섯 번째 역량으로, 효과적으로 의사소통하기 영역의 첫 번째 역량이다. 이 역량의 정의와 설명은 [Box 11.1]에 제시되어 있는데, 패스모어Passmore와 싱클레어Sinclair(2024)가 자세히 검토했다.

이 외에도 팀코치 프랙티셔너는 [Box 11.2]에 기술한 보완 역량supplementary competencies을 효과적으로 시연해야 한다.

[Box 11.1] 적극적으로 경청한다

정의: 고객의 시스템 맥락에서 고객이 전달하는 것을 충분히 이해하고, 고객의 자기 표현을 돕기 위하여 고객이 말한 것과 말하지 않은 것에 초점을 맞춘다.

1. 고객이 전달하는 것을 더 잘 이해하기 위해 고객의 상황, 정체성, 환경, 경험, 가치 및 신념을 고려한다.
2. 고객이 전달한 것을 더 명확히 하고 이해하기 위해 반영하거나 요약한다.
3. 고객이 소통한 것 이면에 무언가가 더 있다고 생각될 때 이것을 인식하고 질문한다.
4. 고객의 감정, 에너지 변화, 비언어적 신호 또는 기타 행동에 주목하고, 알려주며 탐색한다.
5. 고객이 전달하는 내용의 완전한 의미를 알아내기 위해 고객의 언어, 음성(목소리 톤, 말투)과 신체 언어를 종합한다.
6. 고객의 주제와 패턴을 분명히 알기 위해 회기 전반에 걸쳐 고객의 행동과 감정의 흐름에 주목한다.

팀코치 보완 역량

팀 구성원 각자가 공유한 관점이 다른 팀 구성원의 견해와 팀 내 대화에 어떻게 관련되는지 확인한다

팀코치 역량 배경 설명

팀 구성원들이 공동의 이해에 도달하고 높은 성과를 내기 위해서 서로의
의견을 경청하고 효과적으로 소통하는 것이 중요하다. 겉으로 드러난 말

이면에 숨겨진 의미를 탐색하면, 더 깊은 의미와 통찰이 드러나는 경우가 많다. 이는 갈등을 해결하고, 혁신과 문제 해결 과정에서 효과를 높이는 데 도움을 준다.

팀코치의 경청의 중요성에 관해서는 10장 '코치로서의 존재감을 유지한다'에서 논의했다. 실제 팀과의 협업 경험을 통해, 경청하는 행동과 역량이 대부분 팀에게 필요한 개발 영역이라는 것을 알게 되었다.

팀이 더 효과적으로 경청하려면 어떻게 해야 할까?

팀과 공유할 수 있는 유용한 프레임워크 가운데 하나는 '경청 수준'이다. 이 개념에는 다양한 버전이 있다. 코비Covey의 듣기 다섯 가지 수준(Covey, 2004)을 한 가지 예로 들 수 있다.

1. 무시하기ignoring
2. 경청하는 척하기pretend listening
3. 선별하여 경청하기selective listening
4. 주의 깊게 경청하기attentive listening
5. 공감하며 경청하기empathetic listening

1. 무시하기

다섯 가지 경청하기 수준 가운데 첫 번째는 무시하기이다. 이 수준에서는 팀 구성원들이 대화를 피하려고 한다. 시선을 돌리거나 무관심을 드러내는 신체 언어로 드러낸다.

2. 경청하는 척하기

경청하는 척하기는 팀 구성원들이 마치 경청하고 있는 것처럼 보이도록 몸짓을 하거나 표정을 짓지만, 실제로는 다른 문제에 대해 생각하고 있는 상태이다. 후속 질문에 반복적으로 대답하지 못하거나, 전달받은 내용을 바탕으로 과업을 수행할 수 없다면 제대로 경청하지 않았다는 신호이다.

3. 선별하여 경청하기

이 수준에서 팀 구성원들의 신체 언어는 겉으로는 적극적으로 경청하고 있는 것처럼 보인다. 그러나 그들은 오직 관심 있는 부분의 대화conversation만 듣고, 나머지는 무시한다.

4. 주의 깊게 경청하기

주의 깊게 경청하기는 팀 구성원들이 말의 내용에 집중하고 주의를 기울이며 듣는 수준을 포함한다. 팀 구성원들의 신체 언어는, 적극적으로 참여하고, 관심을 두고 있음을 보여준다. 반응도 적절히 이루어진다. 주의 깊게 경청하기를 실천하기란 지속해서 눈맞춤을 유지하고, 내용을 숙고하고, 상대방의 말을 다시 요약하거나 바꾸어 말해 봄으로써 서로 이해하고 있는지 확인하는 것을 말한다.

5. 공감하며 경청하기

공감하며 경청하기란 들을 때 온전히 프레즌스하는 것이다. 이 수준에서는 말의 표면적인 내용뿐 아니라, 이면에 담긴 의도와 감정까지 이해하며 적절하게 반응한다. 공감하며 경청하기는 정신적, 감정적 에너지가 가장 많이 소모되는 방식으로, 귀뿐만 아니라 마음과 머리까지 사용하여 상대에게 온전하게 집중하여야 한다.

이런 경청하기 수준을 팀 구성원들과 공유하여 저마다 어느 수준으로 듣고 있는지 자가 진단해보도록 요청하면, 모든 감각을 화자에게 집중하여 공감적으로 경청하기 위해, 팀 구성원들이 무엇을 해야 하는지 인식하는 데 도움이 될 수 있다.

팀 구성원들이 잠시 멈춰 자신의 경청 수준을 되돌아보고, 말을 끊지 않고 공감하며 경청하기를 연습할 수 있게 안전한 공간을 만들도록 격려하면, 팀 대화dialogue의 질을 향상하는 데 크게 도움이 될 수 있다.

팀 구성원 각자가 집합적인 팀 에너지, 참여 및 집중에 어떻게 영향을 미치는지 확인한다

ICF 팀코칭 역량 배경 설명

팀코치는 팀의 추진력, 몰입(참여)도, 창의성, 집중력을 높이거나 떨어뜨리는 개별 팀 구성원의 행동을 파악하여 되비침으로써 팀의 성과를 크게 향상하게 할 수 있다.

이 섹션에서는 팀코치가 주목해야 할 신호들, 즉 팀 구성원 개개인의 변화가 팀 전체에 영향을 미칠 수 있는 신호에 대해 살펴본다.

팀코치는 무엇을 알아차릴 수 있을까?

팀 내에서 나타나는 신호

팀코치는 10장에서 설명한 바와 같이 모든 감각을 활용하여 팀 구성원들의 개별적인 행동을 감지한다. 팀코치는 다음을 포함하여 팀 구성원들의 에너지 수준을 조율한다.

- 긍정적인 에너지와 열정의 증가(예: 더욱 고양된 신체 언어, 생기 있는 목소리 톤과 억양 등)
- 에너지 감소(예: 축 처진 자세, 낮은 어조, 생기 없이 처지는 억양, 전반적으로 무거운 분위기)
- 긍정적인 언어 사용(예: "흥미롭네요.", "~~가 기대돼요.", "우리가 이걸 해낼 수 있을 것 같아요." 등)
- 부정적인 언어 사용(예: "막혔어요.", "우리가 어디로 가고 있는지 모르겠어요.", "이건 제 스타일이 아닙니다.", "전혀 모르겠어요." 등)

팀코치에게 나타나는 신호

팀코칭을 할 때, 팀코치는 팀과 깊이 연결되어 있으며, 신체 언어, 대인 관계적 접촉, 목소리의 리듬 등을 통해 전달되는 비언어적 의사소통을 받아들이는 '공명체resonance chamber' 역할을 한다(Hawkins, 2021, p.314). 따라서 팀코치는 팀에서 무슨 일이 일어나고 있는지 확인하기 위해 모든 감각과 자신의 온몸을 활용하여 경청해야 한다. 다음과 같은 요소들을 포함한다.

- 수준 5 - 공감하는 경청으로, 팀에서 무슨 일이 일어나고 있는지 언어적, 비언어적으로 듣는다.
- 자신의 느낌과 감정을 알아차린다. 예를 들어, 코치가 슬픔이나 좌절감을 느낀다면, 팀 내에도 그런 감정이 존재할 가능성이 크다.
- 자신의 신체 감각에 주의한다. 예를 들어, 가슴에 긴장감이 느껴지거나 배가 울렁이는 것을 느꼈다면, 그 감각은 어디에서 오는지 호기심을 갖고 탐색한다.

이런 모든 정보는 팀에게 귀중한 정보를 제공한다. 팀코치가 자신이 감지한 것을 팀과 공유하고, 그것이 팀에 어떤 의미가 있는지 함께 탐색하는 것이 유익하다.

잠재적 동맹, 갈등 및 성장 기회를 식별하기 위해 팀 구성원 간 언어적·비언어적 의사소통 패턴을 확인한다

ICF 팀코칭 역량 배경 설명

팀 역동을 관찰하고, 이해하며, 향상시키는 것은 팀 성과 향상에 중요한 요소이다. 팀코치는 언어적·비언어적 의사소통에서 드러나는 팀 역동의 미묘한 차이를 포착할 수 있어야 한다.

7장 '보완 역량 (b) 객관성을 유지하고 팀의 역동과 패턴을 알아차린다'에서는 팀코치가 팀 내에서 관찰할 수 있는 긍정적이고 도전적인 행동들을 살펴보았다. 존중을 담은 토론 같은 긍정적인 역동부터 책임 전가나 방어적인 행동 같은 부정적인 역동까지 행동은 다양하다. 또, 27장 '팀 역동 더 깊이 살펴보기'에서는 팀과 팀이 속한 더 넓은 시스템 내에서 관찰되거나 존재할 수 있는 다양한 역동을 심층적으로 다루고 있다.

다음은 팀코치가 팀의 역동을 관리하는 데 도움이 되는 유용한 기법들이다.

- 대화 주고받기conversational turn-taking – 모든 팀 구성원은 자신의 의견을 공유할 기회를 갖는다(Woolley et al., 2010).
- 생각할 시간time to think – 팀이 상호작용하는 원칙을 적용한다. 예

를 들어, 팀 구성원 각자 자신의 생각을 공유하고 경청한 후, 다음 팀 구성원이 발언의 핵심을 파악하고 이를 바탕으로 그 위에 생각을 더한다. 팀 구성원들이 대화 중에 끼어들지 않고, 진실을 말할 수 있도록 허용한다. 사람들이 자신의 감정을 공유할 수 있도록 한다. 회의 마지막에는 서로에 대한 감사로 마무리한다(Kline, 1999).

- 팀으로 논의하기 전에 개별적으로 성찰한다.
- 팀 정서지능team emotional intelligence – 팀 내 규범과 행동에 관해 합의한다. 예를 들어, 감정을 인식하고 인정하는 데 사용할 언어를 합의한다(Druskat & Wolff, 2001)
- 관찰자 입장 취하기observer position – 팀 구성원들에게 잠시 멈춰서 팀 내에서 자신을 관찰하는 관찰자 입장을 취하도록 요청한다. 다음 질문들을 통해 성찰하도록 요청한다. 팀에 도움이 되는 역동은 무엇인가, 방해가 되는 역동은 무엇인가, 계속 유지하고 싶은 것은 무엇인가, 중단하고 싶은 것은 무엇인가?

앞에서 논의했듯이, 팀코치는 모든 감각과 신체 반응을 활용하여 팀 내에서 드러난 역동뿐 아니라 숨겨진 역동까지 경청해야 한다.

공동 코치 또는 다른 전문가와 함께 작업할 때, 자신감 있고 효과적인 의사소통 및 협업의 모델이 된다

ICF 팀코칭 역량 배경 설명

팀 구성원 사이 원활한 의사소통은 고성과를 위한 핵심 요소이다. 팀코치는 공동 코치co-coach나 다른 전문가와 함께 작업할 때 이러한 의사소통 행동을 모델링함으로써 공동 코치들이 어떻게 할지 모델로 삼을 수 있다.

공동 코치와의 협력에 관해서는 10장에서 다루었으며, 26장 '팀코칭을 위한 공동 코치 모범 사례'에서 더 깊이 탐구할 예정이다. 앞서 언급했듯이, 공동 코치와 함께 팀으로 작업하는 모습은 팀이 효과적으로 협력하는 방식을 보여주는 동시에, 실제로 팀이 맞닥뜨릴 수 있는 도전 과제들도 함께 보여준다. 공동 코치들은 다음과 같은 방식으로 모델링할 수 있다.

- 명확한 계약 관계(역할 정의) 구축
- 서로 지지하기
- 의견 불일치, 차이 같은 갈등 관리하기
- 서로 건전하게 도전하기
- 자신의 강점을 활용하고 성장 영역을 구축하기

- 다양한 스타일과 접근 방식 조율하기
- 언어적, 비언어적 의사소통 모두 활용하기
- 개방적이고 솔직한 대화 나누기
- 팀, 이해관계자 및 조직과 파트너십을 유지하며 협력하기
- 더 넓은 시스템적 관점 고려하기

팀이 대화를 소유하도록 독려한다

ICF 팀코칭 역량 배경 설명

팀 구성원들은, 특히 팀코칭 참여 초기에는 팀코치와 직접 소통하는 경향이 있다. 그러나 지속 가능성을 높이기 위해 팀코치는 대화[1]를 지속해서 팀 내부로 돌려야 한다. 팀으로서 선택은 복잡할 수 있다. 신뢰와 전문성이라는 요소가 작용하여 팀 구성원에게서 다양한 데이터를 수집해야 한다. 팀은 데이터 처리 방식과 의사결정 방법을 스스로 결정해야 한다. 팀이 이러한 문제를 해결하도록 돕는 것은 팀 퍼실리테이션에 더 잘 부합되지만, 팀이 스스로 운영하고 자율적으로 기능하도록 돕는 것은 팀코칭의 중요한 기능이다.

---

1) 아이작스는 대화를 dialogue와 conversation으로 구별한다. 대화를 준비할 때 사람들은 항상 '보류'하려는 의도와 '방어'하려는 의도 중 어느 하나를 선택한다. 보류하는 의도는 dialogue 대화로서, 자기 주장을 고집하지 않고 열린 마음 상태로 다른 사람들의 생각과 의견의 다양성을 존중하며 속도를 늦추고 뒤로 물러설 줄 안다. 새로운 통찰력과 가능성과 창의성을 촉진한다. 한편 방어 의도를 가진 conversation 대화에서는 사람들이 고정되고 닫힌 자세로 임한다. 이는 일방적인 말하기를 포함한다. 『팀코칭 이론과 실천』 328-329쪽 참조 정리.

팀코치는 팀이 대화의 소유 의식ownership을 갖도록 어떻게 도울 수 있을까?

팀코치는 몇 가지 행동으로 대화의 소유 의식이 팀으로 이동하고 있음을 팀에게 신호를 보낼 수 있다. 팀코치는 다음과 같이 할 수 있다.

- 물리적으로 한 걸음 물러서기 - 미미하더라도 팀에서 멀어지는 움직임은 의식적이든 무의식적이든 팀 구성원들에게 대화에서 물러나고 있다는 신호가 될 수 있다.
- 질문을 멈추고 팀 구성원들이 서로 질문하도록 유도하기.
- 침묵으로 머물기 - 팀 구성원들끼리 대화dialogue를 나눌 수 있도록 한다.
- 보이지 않게 하기 - 예를 들어, 온라인으로 진행하는 경우 카메라를 끈다. 이를 위해 코치는 사전에 팀과 합의하고, 팀 구성원들에게 코치는 계속 현장에서 관찰하고 있음을 설명하는 것이 중요하다. 그런데 코치는 대화conversation에는 직접 참여하지 않는다.
- 팀 구성원들이 코치 대신 서로를 바라보도록 격려하거나 다른 팀 구성원들에게 같은 식으로 상호작용하도록 활성화한다.

맺음말

경청은 코치에게 결정적인 기술이며, 팀코치에게도 마찬가지로 중요하다는 점은 놀랄 일이 아니다. 팀코치는 모든 감각을 총동원하여 팀 내 다양한 역동, 태도, 신념, 가정, 그리고 반응을 온전히 경청하고, 관찰하며, 포착해야 한다. 또한 팀코치는 팀의 '공명체resonance chamber'로서 중요한 역할을 수행하며(Hawkins, 2021), 자신의 반응에 주목하고, 그러한 반응은 팀 시스템 내 어디에서 비롯되었는지 팀 구성원들과 함께 탐색한다.

12장. 알아차림을 불러일으킨다(역량7)

번역: 박정화

효과적인 의사소통 영역에는 두 가지 역량이 있다.

1. 적극적으로 경청하기
2. 알아차림 불러일으키기

알아차림을 불러일으키기는 ICF 핵심 역량의 일곱 번째 역량이며, 효과적인 의사소통 영역의 두 번째 역량이다. 이 역량은 [Box 12.1]에 정의와 세부 지침이 설명되어 있으며, 패스모어Passmore와 싱클레어 Sinclair(2024)에 의해 자세히 검토되었다.

[Box 12.1] 알아차림을 불러일으킨다

정의: 강력한 질문, 침묵, 은유, 또는 비유와 같은 도구와 기술을 사용하여 고객의 통찰과 학습을 촉진한다.

1. 가장 유용한 것이 무엇인지 결정할 때 고객의 경험을 고려한다.
2. 알아차림이나 통찰을 불러일으키기 위한 방법으로 고객에게 도전한다.
3. 고객의 사고방식, 가치, 욕구 및 원함 그리고 신념 등 고객에 대하여 질문한다.
4. 고객이 현재의 생각을 뛰어넘어 탐색하도록 도움이 되는 질문을 한다.
5. 고객이 자신의 경험에 대해 이 순간 더 많은 것을 나누도록 요청한다.
6. 고객의 발전을 위해 무엇이 잘되고 있는지에 주목한다.
7. 고객의 욕구에 맞추어 코칭 접근법을 조정한다.
8. 고객이 현재와 미래의 행동, 사고 또는 감정 패턴에 영향을 미치는 요인을 식별하도록 도와준다.
9. 고객이 어떻게 앞으로 나아갈 수 있는지, 무엇을 하려고 하고, 할 수 있는지 생각해 내도록 초대한다.
10. 관점을 재구성할 수 있도록 고객을 지원한다.
11. 고객이 새로운 학습을 할 수 있는 잠재력을 갖도록 관찰, 통찰 및 느낌을 있는 그대로 공유한다.

이 외에도 팀코치 프랙티셔너는 [Box 12.2]에 설명된 보완 역량을 입증해야 한다.

> ### [Box 12.2] 팀코치 보완 역량 – 알아차림을 불러일으킨다
>
> (a) 팀의 가정, 행동, 의미 부여 과정에 도전하여 팀의 집단적 알아차림이나 통찰을 높인다.
> (b) 질문과 기타 기술을 사용하여 팀 개발을 촉진하고 팀이 집단적 대화의 주체성을 갖도록 지원한다.

팀코치 보완 역량

팀의 가정, 행동, 그리고 의미 부여 과정에 도전하여 팀의 집단적 알아차림과 통찰을 높인다

ICF 팀코칭 보완 역량 배경 설명

다양한 개인으로 구성된 팀은 집단적으로 노력할 때 다양한 가정, 경험, 행동, 그리고 의미 부여 과정을 거친다. 이러한 요소의 다양성을 관리하지 않을 경우 팀의 기능 장애를 초래할 수 있지만, 적절히 활용한다면 팀 성과를 크게 향상할 수 있다.

위도우슨Widdowson과 바부어Barbour(2021)는 "개인, 팀, 조직에게 알아차림은 단순히 유용한 것이 아니라 필수적인 것이다." 이들은 팀 알아차림 개발의 네 가지 핵심 요소를 제시한다.

- 팀코치 알아차림
- 팀의 그룹 역동에 대한 알아차림
- 팀의 개인적 및 집단적 알아차림
- 팀의 시스템적 알아차림

우리는 7장과 26장에서 팀(그룹) 역동을 탐구한다. 7장과 28장에서 논의하듯이, 수퍼바이저는 팀코치의 자기 알아차림에 가장 강력한 도구 가운데 하나이다. 한편, 14장과 27장에서는 팀 시스템적 알아차림에 대한 접근 방법을 제시한다.

이 보완 역량은 팀과 개인의 알아차림에 더 초점을 맞추며, 특히 어떤 팀이든 존재하는 다양한 층위의 다양성에 더 구체적으로 집중한다. 팀이 다양성으로 인해 발생하는 상황을 이해하고 그 이유를 파악할수록, 새로운 변화를 이끌어내기 위해 이를 변화시키는 능력이 높아진다.

팀이 자신의 다양성을 알아차리고 이를 적절히 활용하도록 돕는 방법으로 우리 팀이 제일 좋아하는 활동 가운데 하나는 빙산iceberg이다. 팀코칭에서 빙산을 활용하는 방법은 여러 가지가 있으며, 이 가운데 두 가지를 탐구해 본다.

1. 팀 구성원들에게 빙산의 10분의 1만이 수면 위에 드러나 있다는 점을 고려해 **빙산**을 그려달라고 요청한다. 이 빙산은 한 사람을 상징한다. 그다음, 수면 위 부분에는 보이는 것을, 수면 아래 부분에는 보이지 않는 것을 적어달라고 한다. 행동은 수면 위에 있지만, 가정, 신념, 가치관, 학습 및 작업 선호도, 경험, 역사, 보이지 않는 장애 등은 수면 아래에 있다. 이 간단한 활동은 팀 구성원이 서로에 대한 알아차림과 이해를 높이고, 다양성을 갈등과 기능 장애의 원천에서 더 나은 성과로 전환하는 자산으로 전환하는 데 도움을 준다.

2. 팀과 함께 진행할 수 있는 두 번째 활동은 **시스템 빙산**이다. 빙산을 네 단계로 나누어 설명한다.

   - 상단 수준은 수면 위에 있는 사건이다. 이는 팀이 볼 수 있는 행동, 반응, 관찰 가능한 기능 장애를 포함한다.

   - 수면 바로 아래는 패턴 수준으로, 시간이 지나며 발생하는 현상을 의미한다.

   - 수면 아래에는 이러한 패턴을 유발하는 원인인 구조 수준이다. 이는 팀의 힘, 규범, 규칙, 메커니즘 등을 포함한다.

   - 마지막으로, 빙산의 가장 아래층은 정신 모형mental models이다. 이는 구조를 형성하는 신념, 가치관, 생각, 세계관을 의미한다.

팀은 개인적 및 집단적 정신 모형collective mental models을 탐구하면서, 자신의 가정assumption과 가정된 전제 조건을 알아차리고, 다양한 프로세스에 대한 알아차림을 높이며, 원하는 방향으로 혁신하고 성과를 내기 위해 노력한다.

팀코치가 알아차림을 높이기 위해 사용할 수 있는 다른 방법에는 팀 구성원, 이해관계자 및 팀의 직접 보고자와의 일대일 인터뷰, 팀 360도 평가, 심리측정 도구 및 진단이 포함된다. 팀코치는 팀과 그 구성원이 알아차림을 구축하는 데 지원을 제공하기 위해 다양한 진단도구, 심리적 및 심리측정 평가를 사용할 수 있다. 올워드Allworth와 패스모어Passmore(2008)의 평가에 대한 윤리적 지침과 최선의 프랙티스 사례를 기준으로, 팀코치가 진단/평가를 선택할 때 고려해야 할 요소는 다음과 같다.

- 진단 도구는 증거 기반evidence-based이어야 하며, 가능하면 과학적으로 연구된 것이 좋다.
- 코치는 팀과 함께 진단 도구를 사용하는 데 인증을 받았거나 해당 분야에서 전문성을 갖추어야 한다.
- 팀 구성원의 비밀을 존중하고, 정보가 어떻게 사용되거나 처리될 것인지 알려주어야 한다.
- 선택된 진단 도구는 각 팀/사례에 적합해야 하며, 달성하고자 하는 알아차림의 변화와 일치해야 한다.
- 분류표labels를 피해야 한다. 진단 도구는 팀 구성원을 특정 범주에 분류하거나 분류표를 붙이거나 특성을 규정하기 위한 것이 아니다. 그 대신 선호도, 필요, 특성, 능력에 대한 성찰을 촉진하고,

그 맥락에서 팀 구성원들의 행동을 이해하며, 가장 효과적으로 협력하는 방법을 탐구하는 데 있다.

마지막으로, 팀코치는 신체적somatic 또는 예술적 영감art-inspired을 받은 활동exercises을 통해, 언어적verbal 소통 채널을 비언어적non-verbal 채널로 전환하여 알아차림의 변화를 이끌어갈 수 있다. 예를 들어, 팀 구성원들은 그림을 통해 자신의 가치를 표현하거나, 특정 신념을 가지고 있을 때 공간 내에서 자신의 위치를 물리적으로 배치하고, 서로 간의 거리, 팀 전체에 미치는 영향 등을 관찰한 다음 관계적 알아차림relational awareness에 대한 통찰을 공유할 수 있다.

질문과 기타 기법을 활용하여 팀 개발을 촉진하고 팀이 집단 대화의 주체성을 갖도록 지원한다

ICF 팀코칭 보완 배경 설명

개인 코칭과 마찬가지로 팀코칭에서도 질문과 기타 기법을 활용하여 팀 개발을 촉진해야 한다. 그러나 팀코칭에서는 이러한 작업이 팀 내 대화dialogue와 프로세스를 촉진하는 데도 기여해야 한다.

코칭 질문 설계

팀 내에서 또는 팀과 협력하여 작업하는 것은 다양한 관점과 전문성을 고려할 수 있는 독특한 기회를 제공한다. 그러나 팀 구성원들이 원하는 방향, 선호하는 가능성, 진전감에 대해 일관되게 공유된 의미를 갖추지 못할 경우 관계적 도전 과제가 발생할 수 있다.

문Moon(2023)은 팀이 안전하고 긍정적인 대화를 장려하기 위해 '대화적 방향성 사분면Dialogic Orientation Quadrant(DOQ)'이라는 유용한 도구를 개발했다. 이 사분면([그림 12.1])은 이야기 속에서 시간대와 선호도의 두 교차하는 연속체를 제공하여 네 개의 사분면을 형성한다.

- 사분면 1 (상단 오른쪽): 선호하는 미래Preferred Future
- 사분면 2 (상단 왼쪽): 자원이 풍부한 과거Resourceful Past
- 사분면 3 (하단 왼쪽): 어려움이 있던 과거Troubled Past
- 사분면 4 (하단 오른쪽): 두려운 미래Dreaded Future

팀과 프레임워크를 공유하고 미래 지향적이고 해결 중심적인 질문에 집중하도록 장려하여 관계 개선과 이슈 해결에서 더 큰 진전을 이룰 수 있다.

미래 지향적인 질문을 강조하는 또 다른 도구는 레이츠Reitz(2019)의 질문 전략 사분면Questioning Strategy Quadrant([그림 12.2])이다. 이 사분면은 질문이 누구의 이해를 추구하는지(코치나 클라이언트)와 증상(과거)

에 초점을 맞추는지 원인(미래)에 초점을 맞추는지 기준으로 질문을 분류하여 네 개로 나뉜다.

- 사분면 1 (상단 오른쪽): 클라이언트의 이해에 초점을 맞추며 원인을 다루는 질문
- 사분면 2 (상단 왼쪽): 고객의 이해에 관한 질문이지만 증상에 초점을 맞춘 질문
- 사분면 3 (하단 왼쪽): 원인에 초점을 맞춘 질문이지만 코치의 이해에 관한 질문
- 사분면 4 (하단 오른쪽): 코치의 이해에 관한 질문이며 증상에 초점을 맞춘 질문

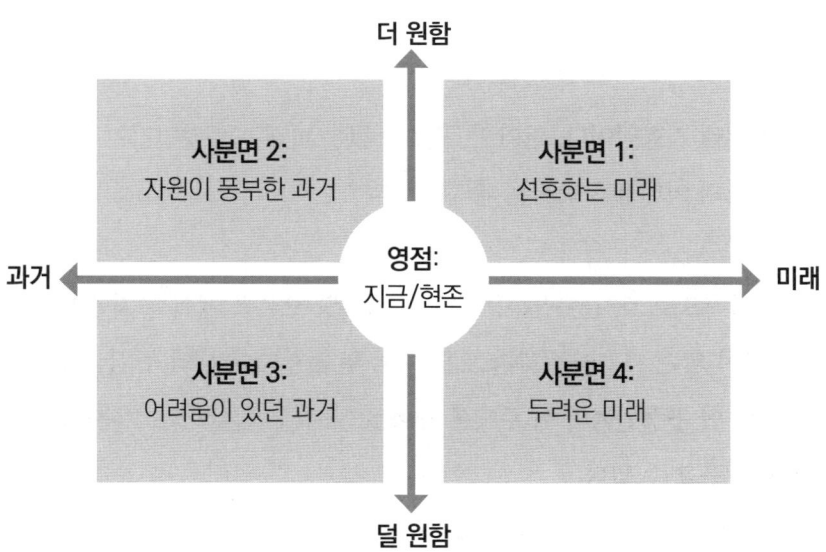

[그림 12.1] 대화적 지향성 사분면(DOQ)
(Haesun Moon의 허락을 받아 사용함, 2023)

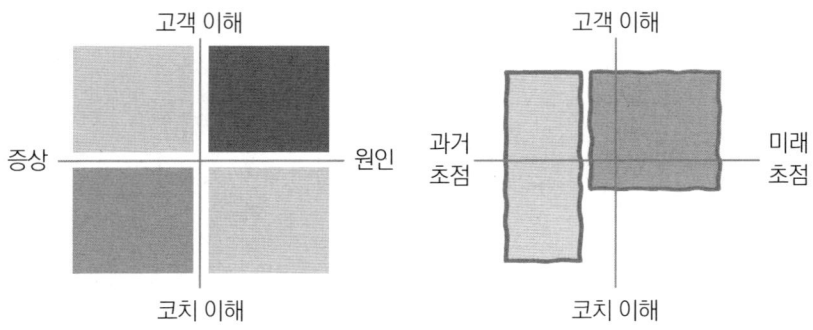

[그림 12.2] 질문 전략 사분면
(Reitz, 2019의 허가를 받아 사용함)

레이츠Reitz(2019)는 코치의 질문에 대한 다음과 같은 기준을 제안한다.

- 팀을 앞으로 나아가게 한다.
- 미래 지향적이다. 팀이 추구할 수 있는 미래는 무엇인가?
- 팀의 이해를 구축하는 데 집중한다.

이상적으로 코치는 질문을 사분면 1(상단 오른쪽)에서 유지해야 한다. 팀이 계속 사분면 4(하단 오른쪽)의 주제에 대해 논의하려는 경우, 코치는 팀 구성원들이 이 주제를 대화로 가져온 근본적인 이유가 무엇인지 탐구할 수 있다.

요약하면, 우리의 질문은 다음과 같아야 한다.

- 미래 지향적이어야 한다.
- 팀의 이해를 추구해야 한다.
- 증상이 아닌 원인이나 표면 아래에 있는 것을 탐구해야 한다.
- 명확해야 한다.

명확한 질문은 팀의 판단에 가장 적은 영향을 미치는 질문이다.

팀코칭에서 코치는 대화를 팀으로 이끌어내는 것이 중요하다. 이를 위해 팀에게 다음과 같은 간단한 질문을 할 수 있다.

Q. x에 대해 어떤 질문을 하고 싶으신가요? [현재 논의 중인 주제]

Q. 여기에서 무엇이 중요하다고 생각하시나요?

개인 코칭에서는 코치가 클라이언트에게 거울을 보여주는 역할을 하지만, 팀코칭에서는 코치가 팀이 스스로 거울을 들고, 책임을 지며, 서로 간의 대화를 끌어내도록 한다.

22장에서는 팀코치가 팀의 알아차림을 지원하기 위해 프랙티스에 통합할 수 있는 유용한 코칭 도구들을 공유한다.

16장부터 20장에서는 다섯 가지 잘 알려진 팀코칭 프레임워크와 모델을 탐구하며, 이러한 프레임워크/모델이 어떻게 적용될 수 있는지 설명하여 다양한 관점을 제공한다.

맺음말

좋은 질문은 개인 내부의 알아차림과 팀 전체에 걸쳐 알아차림을 자극할 수 있으며, 개인의 자기 알아차림과 타인에 대한 이해를 깊게 하고, 팀의 이해와 공감 능력을 발전시킨다.

13장. 고객의 성장을 촉진한다(역량8)

번역: 이숙경

네 번째이자 마지막 영역인 '학습과 성장 북돋우기'에는 아래 한 가지 역량이 포함된다.

1. 고객의 성장을 촉진한다.

'고객의 성장을 촉진한다'는 ICF 코칭 핵심 역량 가운데 여덟 번째 역량이다. [Box 13.1]에 정의되어 있는 이 역량은 패스모어[Passmore]와 싱클레어[Sinclair](2024)가 심도있게 검토하였다.

이에 더하여, 팀코치 프랙티셔너는 [Box 13.2]에 제시된 보완 역량도 입증할 수 있어야 한다.

[Box 13.1] 고객의 성장을 촉진한다

정의: 고객이 학습과 통찰을 행동으로 전환할 수 있도록 협력한다. 코칭과정에서 고객의 자율성을 촉진한다.

1. 새로운 알아차림, 통찰, 학습을 세계관 및 행동에 통합하기 위해 고객과 협력한다.

2. 새로운 학습을 통합하고 확장하기 위해 고객과 함께 고객의 목표와 행동, 그리고 책임 측정 방안을 설계한다.

3. 목표, 행동 및 책임 방법을 설계하는 데 있어서 고객의 자율성을 인정하고 지지한다.

4. 고객이 잠재적 결과를 확인해보거나 이미 수립한 실행단계에서 배운 것을 지지한다.

5. 고객이 지닌 자원, 지원 및 잠재적 장애물을 포함하여 어떻게 자신이 앞으로 나아갈지를 고려하게 한다.

6. 고객과 함께 회기에서 또는 회기 사이에서 학습하고 통찰한 것을 요약한다.

7. 고객의 진전과 성공을 축하한다.

8. 고객과 함께 세션을 종료한다.

[Box 13.2] 팀코치 보완 역량 – 고객의 성장을 촉진한다

(a) 팀이 팀 목표를 수립하고, 목표 달성 단계를 설정할 수 있도록 대화와 성찰을 장려한다.

팀코치 보완 역량

팀이 팀 목표를 수립하고, 목표 달성 단계를 설정할 수 있도록 대화와 성찰을 장려한다

ICF 팀코칭 보완 역량 배경 설명

팀 구성원 전체의 지식과 기술을 최대한 활용하기 위해서는 팀 대화와 성찰이 꼭 필요하다. 팀의 모든 구성원이 적극적으로 참여하도록 장려하는 것은 팀 성과를 극대화하기 위한 목표 설정에 도움이 된다.

팀코칭 과정에서 팀 구성원의 참여와 의견을 반영하는 것은 매우 중요하다. 이는 구성원들이 팀코칭 여정과 도출된 결과에 주인의식을 갖도록 하기 위해서이다. 팀 구성원들이 자기 의견을 나눌 기회를 얻고, 코칭 과정과 팀 활동에 자발적으로 참가하도록 이끄는 방법은 다음과 같다.

- 일대일 설문과 팀 360도 진단을 하는 동안 사전 팀코칭
- 회기 중 계약 및 재계약
- 회기 중 팀 구성원 의견 공유 시간 확보
- 회기 종료시 팀과 팀 구성원의 실행계획을 함께 설정
- 진행 상황 검토와 결과 평가에 팀 구성원 의견 수렴

사전 팀코칭 pre-team coaching

팀 구성원과의 일대일 인터뷰는 팀에서 잘 작동하고 있는 점과 개선이 필요한 점에 대한 팀 구성원 개인의 의견을 구할 수 있는 안전하고 비밀이 보장된 공간을 제공한다. 팀 구성원이 팀코칭 프로그램의 성과에 자신이 어떤 역할을 하고 있는지 생각해 볼 수 있도록 다음과 같은 질문도 던져볼 수 있다.

Q. 우리 팀의 효율성을 높이는 데 당신은 어떤 도움을 줄 수 있나요?

팀코칭 회기 중에

우리는 8장에서 계약의 중요성에 관해 다루었다. 팀코칭 여정을 시작할 때 뿐만 아니라 각 회기와 프로그램 진행 중에도 계속 재계약 가능성은 열어두어야 한다.

계약, 재계약 논의를 통해 팀 구성원들은 다음과 같은 내용을 다루게 된다.

- 동료 팀 구성원, 팀 리더, 팀코치와의 업무 역할
- 프로그램과 회기의 목표
- 회기 계획에 대한 피드백 또는 계획의 유연성 및 조정에 대한 동의
- 개인 및 팀 약속에 대한 진행 상황

일대일 코칭시 STOKERS 프레임워크(Foy, 2021)를 사용하면 팀이 팀코칭에서 달성하고자 하는 성과를 명확히 이해하는 데 도움이 된다. STOKERS는 다음을 의미한다.

- Subject(주제)
- Timing(시간)
- Outcome(목표)
- Knowledge(지식)
- Energy(에너지)
- Role(역할)
- Start(시작)

팀코치의 질문 예시:
- 주제

  Q. 이번 회기에는 어떤 주제에 집중하고 싶나요?
- 시간

  Q. 오늘 주어진 시간을 가장 효과적으로 사용하는 방법은 무엇일까요?
- 목표

  Q. 오늘 코칭이 끝났을 때 무엇을 얻고 싶으신가요?
- 지식

  Q. 목표를 달성했다는 것을 어떻게 알 수 있을까요?

Q. 회기가 끝났을 때 어떤 점이 달라질까요?

- 에너지

    Q. 이 목표가 당신에게 왜 중요한가요?

- 역할

    Q. 목표를 달성하기 위해 우리는 어떻게 협력하면 좋을까요?

    Q. 제가 팀코치로서 무엇을 도와드리면 될까요?

- 시작

    Q. 어디서부터 시작하고 싶으신가요?

계약은 한 번으로 끝나는 활동이 아니라 연속적인 참여, 모니터링 그리고 관리가 필요한 여러 번 반복할 수 있는 활동이라는 점을 인식하는 것이 중요하다(Passmore & Sinclair, 2024).

팀 구성원들이 안전함을 느끼고 자신의 관점과 의견을 표현하고 생각과 아이디어를 기꺼이 나누도록 하기 위해서는 팀 구성원들의 기여를 인정하고, 회기 내 발언 기회를 부여하며, 지식과 기술을 공유할 기회를 제공하는 것이 중요하다. 클라인Kline(1999)은 말로 표현하기 전까지는 닿지 않은 것이라고 말한 바 있다. 팀코치는 팀 구성원이 뭔가 기여했을 때는 감사의 말을 하고, 더 나눌 수 있도록 문답을 이어가고, 팀 구성원들이 서로 질문과 답을 나누도록 격려함으로써 원하는 안전한 공간을 만들 수 있다.

예를 들어 팀 전체에게 "이 팀 구성원에게 어떤 질문을 해보고 싶은가요?"라고 물어볼 수 있다. 이외에도 팀 구성원 모두의 참여를 이끌어낼 수 있는 아이디어는 다음과 같다.

- 도착했을 때 모두의 목소리를 듣기 위해 "오늘 어떤 기분으로 오셨어요?"와 같은 질문을 한다.
- 그림 카드를 활용하여 현재 감정과 공명하는 카드를 고르게 하고, 그 감정을 팀과 공유하도록 한다.
- 계약 대화 중에 어떻게 함께 일하고 싶은지 모두가 공유하도록 장려한다.
- 회기 중에 팀 구성원들에게 다음과 같은 성찰 질문을 던지고, 서로 답을 나누도록 장려한다.

  Q. 이번 회기에서 팀으로서 잘한 점은 무엇인가요?

  Q. 무엇을 더 잘할 수 있었을까요?

  Q. 이번 회기에 도움이 된 팀 역동은 무엇이었나요?

  Q. 이번 회기에 방해가 된 역동은 무엇이었나요?

회기를 마칠 때

회기를 시작할 때는 팀 목표를 설정하고, 회기를 마칠 때는 팀 구성원들의 적절한 목표와 실행 약속을 설정하게 하는 것이 중요하다. 팀이 스스로의 책임을 이행하도록 돕기 위해 DOUSE 프레임워크를 사용할 수 있다. DOUSE(Foy, 2021)의 의미는 다음과 같다.

- Double check the contract/goal(계약/목표 재확인)
- Obstacles(장애물)
- Uncovered(발견한 것)
- Support(필요한 지원사항)
- Ending(마무리)

팀코치 활용 질문 예시:

- 계약/목표 재확인

  Q. 이번 회기의 계약/목표와 비교했을 때 지금 우리는 어디에 있나요?

  Q. 다음 단계는 무엇인가요?

- 장애물

  Q. 무엇이 방해가 될 수 있나요?

  Q. 어떻게 책임감 있게 임할 수 있을까요?

- 발견한 것

  Q. 오늘 자신이나 팀에 대해 어떤 점을 새롭게 발견하거나 배웠나요?

- 지원

  Q. 목표를 실현하기 위해 어떤 자원이나 지원이 필요한가요?

- 마무리

  Q. 이 회기를 어떻게 마무리하고 싶은가요?

우리는 팀코치로서, 팀 구성원들이 팀을 위해 자신이 하겠다고 약속하는 바를 말로 표현하고 글로 작성하는 것이 중요하다는 것을 안다.

실행 방법 예시:

- 팀 구성원들에게 각자의 다짐을 플립 차트나 화이트보드에 적도록 요청한다. 각자 하나씩 작성하거나, 팀 전체가 함께 하나를 작성하는 방식도 가능하다. 작성한 내용을 팀 전체와 공유한다. 팀 구성원들이 자신의 다짐을 사진이나 스크린샷으로 촬영하여 간직하도록 한다.
- 카드에 실행 약속 다짐을 적고 팀과 공유한다. 이 카드는 본인이 보관하거나, 일정 시점에 다시 검토할 수 있도록 동료에게 맡겨둘 수도 있다.

검토 및 평가 과정

팀 구성원들이 팀코칭의 평가 및 검토 과정에 참여하도록 하는 것도 중요하다. 이는 다음 방법들을 포함할 수 있다.

- 후속 팀 360도 진단에 참여하기
- 팀코칭 회기 중 또는 회기 이후에 진행 상황, 실행 내용, 약속의 진척도를 검토하는 회고 회기 실시
- 팀 리더가 팀의 진척 상황 및 실행 사항에 대한 피드백 수집하기

- 피드백 확보용 설문지/질문지로 평가하기

이 장에서 분명하게 드러나는 바는, 팀코칭 과정 전반에 걸쳐 팀 구성원을 참여하게 하는 것이 매우 중요하다는 점이다. 그래야만 그들이 팀코칭 과정과 결과에 대해 주도적으로 참여하고 책임감을 느낄 수 있다.

맺음말

코칭은 단지 순간적인 몰입에 그치지 않고, 장기적인 개인 성장과 학습까지 포함하는 과정이다. 훌륭한 코치는 고객이 자신과 학습, 그리고 미래의 개인적 성장에 대해 자각하도록 격려해야 한다.

PART III

14장. 팀코칭 접근 방식의 개관

번역: 김채식

개요

이 장에서는 팀코칭의 효과성을 위한 코칭 접근 방식에 관하여 설명한다. 접근 방식부터 모델과 프레임워크, 지도에 이르는 용어를 살펴보는 것으로 시작한다. 다양한 접근 방식과 팀코치가 이러한 접근 방식을 어떻게 적용할 수 있는지 살펴본다.

용어 이해

이에 관해 논의하기 전에 접근 방식, 프레임워크, 모델 및 도구와 같은 용어가 자주 변경되므로 용어의 혼란을 인정하는 것이 중요하다. 로렌스Lawrence와 화이트Whyte(2017)는 "코치들이 같은 단어를 전혀 다른 의미로 사용한다는 것이 명백해졌다."라고 지적했다(p.106).

호킨스(2022)는 이러한 혼란에 동의하면서 팀코칭 맥락에서 각각의 정의를 제안했다. 이러한 정의는 [표 14.1]에 요약되어 있으며, 이책 전체에서 되도록 이와 같은 방식으로 용어를 사용하려고 노력했다.

[표 14.1] 주요 용어의 정의 및 예시

용어	정의	예제
접근 방식	"다른 분야에서 팀코칭 분야로 가져온 기존의 관점"이라고 할 수 있다.	정신역동적 접근법, 관계적 접근법, 체계적 접근법, 긍정탐구 접근법
프레임워크	"메타 모델meta-model, 스캐폴딩scaffolding"[1] 그 가운데 일부는 가족 시스템, 시스템 이론, 사회심리학 등과 같은 "다른 병행 직업을 활용"한다.	연구 기반의 팀 효과성 모델, 팀코치의 '존재 방식'을 강조하는 접근 방식, 지표적인 팀코칭 프로세스를 포함하는 팀 엣지 프레임워크 만들기(2021).
모델	"팀 기능이나 팀코칭 활동의 다양한 측면을 분류하고, 상호 연관성을 보여주는 구조이다."	다섯 가지 규율 모델[2](Hawkins, 2011, 2014, 2017, 2021), PERILL 모델[3](Clutterbuck, 2020).
지도(여정, 프로세스, 단계, 단계와 같은 용어와 상호 교환 가능)	"팀이 진화하고 발전하는 과정에서 겪을 수 있는 다양한 단계 또는 팀코칭 과제의 여정에서 단계를 포착하는 방법이다."	케리Carr와 피터스Peters(2013)의 여섯 가지 팀코칭 구성 요소(단계), CID-CLEAR 프로세스[4](Hawkins, 2021).
도구 또는 기술	"팀코치가 팀 프로세스에 효과적으로 개입할 수 있도록 팀 탐색을 진단하거나 조율하는 데 활용할 수 있는 방법이다."	"체크인과 체크아웃"이 책의 섹션 3과 4에는 팀코치들이 사용할 수 있는 도구와 기법의 예시를 담고 있다.

호킨스(2022), 65~66p에서 각색함

---

1) [역자] 스캐폴딩scaffolding: 여러 분야에서 사용되는 용어로, 크게 건설 현장의 임시 가설물과 교육 분야의 학습 지원 전략, 두 가지 의미로 나뉨. 건설 현장에서는 작업자들이 안전을 위한 가설 구조물인 '비계'를 의미하며, 교육 분야에서는 학습자가 스스로 문제를 해결할 수 있도록 돕는 지원 전략을 뜻함.

예를 들어, 정신역동psychodynamics, 긍정 탐구appreciative inquiry, 구조적 역동structural dynamics, 사람 중심, 해결 중심, 게슈탈트 등의 접근 방식이 있다(Passmore, 2021 참조). 로렌스Lawrence와 화이트Whyte(2017)는 이러한 접근 방식을 팀코칭의 다양한 작업 방식을 반영하는 다섯 가지 접근 방식으로 분류한다. 여기에는 과업, 관계, 발달, 대화, 광범위한 시스템적 접근 방식이 포함된다. 이들 가운데 어느 것도 서로 배타적이지 않다는 점에 주목했다. 이 장에서는 이러한 접근 방식을 논의하면서 관계적이고 통합된 업무와 성과에 대한 더 넓은 관점을 취하고 코칭 접근 방식에 따른 대화를 포함시킴으로써, 제임스James와 콜렛Corlett(2020)은 그들의 '팀코칭 실천을 위한 알아차림 모드'와 우리의 생각을 밀접하게 일치시켰다.

---

2) [역자] 다섯 가지 규율 모델: 위임하기Commissioning, 명확화하기Clarifying, 공동창조하기Co-creating, 연결하기Connecting, 핵심 학습하기Core Learning. (출처: 피터 호킨스, 『리더십 팀코칭』 강하룡 외 옮김. 한국코칭수퍼비전아카데미. 2022)

3) [역자] PERILL 모델: 목적과 동기유발(P: Purpose and motivation), 외부지향 시스템과 프로세스/구조(E: Externally-facing systems, processes and structures), 관계(R: Relationships), 내부 지향 시스템과 프로세스/구조(I: Internally-facing systems, processes and structures), 학습(L: Learning)과 리더십(L: Leadership)의 약자. (출처: 데이비드 클러터벅, 『팀코치 되기』 동국대학교 동국상담코칭연구소 옮김. 한국코칭수퍼비전아카데미. 2024)

4) [역자] CID-CLEAR 프로세스: 피터 호킨스Peter Hawkins가 개발한 팀코칭 모델. 이 모델은 개인 코칭 모델인 CLEAR 모델을 확장하여 팀코칭에 적용함. CID는 'Contracting(계약), Inquiry(질문), Discovery(발견), Diagnosis & Design(진단/설계)'의 약자로, 팀코칭의 초기 단계를 나타내며, 이후 Listening(경청), Exploring(탐색), Action(행동), Review(검토) 단계를 거치며 팀의 목표 달성을 지원함. (출처: 위 피터호킨스, 같은 책)

과업/성과 중심 접근

팀 성과에 초점을 맞추는 것과 공동의 팀 목표 달성은 존스^{Jones} 등(2019)이 규명한 팀코칭의 여덟 가지 구성 요소 가운데 두 가지이다. 로렌스와 화이트(2017)는 업무를 논의할 때 역할과 책임, 팀 회의와 명확한 의사결정에 관해 언급했다. 제임스^{James}와 콜렛^{Corlett}(2020)은 '기계' 인식^{machine mode of awareness5)}에서 목적, 프로세스 및 결과에 대한 명확성, 공유된 팀 언어 및 효과적인 행동에 관해 설명한다.

팀이 함께 일해야만 할 수 있는 고유한 업무에 집중하는 것은 필수적이지만, 팀코칭이 이를 지원하는 데 어떤 역할을 할 수 있고 또 해야 하는지에 대한 질문이 있다. 외부 팀코치가 사용하는 방법에 관한 연구에서 헤이스팅스^{Hastings}와 페닝턴^{Pennington}(2019)은 업무에 대한 명시적인 집중보다는 관계와 시스템 측면에 초점 맞추기를 선호한다고 발표했다.

이에 동의하면서 팀이 관계 문제에 관심을 기울이고 시스템적으로 사고하지 않는다면 팀의 목적, 공동 성과 목표, 행동, 팀의 실제 업무와 같은 필수 영역에 관한 팀코칭 대화는 잠재적으로 쓸모없다고 주장할 수 있다. 경험상, 팀코치가 코칭 접근 방식을 극대화하고, 관계에

---

5) [역자] 팀코칭에서 코치가 활용할 수 있는 네 가지 주요 알아차림 모드 가운데 하나로, 팀을 체계적이고 기능적인 관점에서 바라보는 프로세스, 행동, 목표 성취를 중심으로 팀 효과성을 평가. 역할, 목표, 행동에 대한 명확성 강조하고 도구 사용을 통해 팀의 효율성과 성과를 측정하고 발전 방향을 설정함. (출처: 한국코칭신문, 24. 12. 03)

우선순위를 두고, 업무가 매우 시스템적으로 진행되면 팀은 일반적으로 팀코치의 지원을 최소화하면서 회의, 의사결정, 프로세스 및 이해관계자와의 소통 방식을 개선해야 한다는 강박감을 느끼게 된다.

팀코치가 생각해 볼 수 있는 유용한 질문이다.

Q. 팀이 고려해야 할 과업/팀 성과 영역에 대한 인식을 어떻게 하면 가장 잘 끌어낼 수 있나요?
Q. 팀이 스스로 코칭하기 시작할 때 어떻게 하면 포기하는 불편함을 더 편안하게 받아들일 수 있나요?
Q. 팀의 목적, 행동 등을 개발하도록 지원할 때 어떻게 하면 코칭을 극대화하고 퍼실리테이션을 최소화할 수 있나요?

관계 중심 접근relational

이 절에서는 팀과 팀코치 사이의 관계와 팀 구성원 사이의 관계라는 두 가지 관계 측면에 관해 설명한다.

팀과 팀코치 사이의 관계, 즉 동맹은 모든 팀코칭 활동의 성공에 필수 요소로 간주한다. 동맹은 "협력 관계의 질과 강도다"(Norcross, 2010, 120p). 머피Murphy(2023)는 박사학위 논문에서 '팀코칭 작업 동맹working alliance'의 중요성을 개념화하고 입증했다. 팀코칭 작업 동맹의 중요성은 분명하지만, 그 기반이 되는 정도는 아직 정량화되지 않았다. 그런데도 그룹 치료 연구에서 얻은 교훈은 시사점을 제공할 수 있다. 그룹 치료에 관한 글에서 허블Hubble 등(2010)은 "인용하는 연구에 따라 다르지만, 동맹으로 인한 변화의 양은 특정 모델이나 기법보다 5~7배 더 크다(p.37)."라고 관찰했다.

강력한 팀코칭 작업 동맹은 또 다른 필수적인 관계 측면인 팀 구성원 사이의 관계를 발전시키는 데 매우 중요하다. 여기서 가장 중요한 고려 사항은 심리적 안전감으로, '팀이 대인관계에서 위험을 감수하기에 안전하다는 공유된 믿음과 함께 사람들이 자기 자신으로 편안하게 지낼 수 있는 상호 신뢰와 상호 존중이 특징인 팀 환경'으로 정의된다(Edmondson, 1999: 354). 실증적 연구를 통해 팀 성과, 개인 및 팀 학습, 팀 구성원 포용에 대한 심리적 안전의 이점이 강조되었다 (Edmondson & Lei, 2014).

팀코치가 업무 제휴와 팀의 심리적 안전을 극대화하기 위한 팁

- 팀, 리더 및 관련 이해관계자와 업무의 내용(예: 팀 소유의식 대화) 및 업무의 진행 방향(예: 팀코칭 중 및 그 이후의 여정에 대한 팀 소유권)에 대해 지속해서 계약한다.
- 처음부터 양측이 함께 탐구하고, 배우고, 성장하고, 웃고, 울 수 있는 파트너십의 정신을 장려한다.
- 진단적 일대일 인터뷰를 최대한 활용한다.

- 전(이해를 구하고, 관계를 구축하고, 불안을 완화하기 위해)
    - 중(팀 진행 상황 등을 확인하기 위해)
    - 후(작업 및 잠재적인 다음 단계를 평가하기 위해)
- 공정성, 팀코치의 편견, 편애를 염두에 두고 각 팀 구성원과의 관계에 주의를 기울인다.
- 개인과 팀의 자기 알아차림과 대응(정서지능-EI^{emotional intelligence} 및 팀 정서지능-TEI^{team emotional intelligence})을 지원한다.
- 동정심을 갖고, 겸손하며, 취약성을 드러내고, 팀 구성원들에게도 그렇게 하도록 권유한다.
- 우려 사항, 실수, 배운 점을 공유하고 팀 구성원들에게도 똑같이 하도록 권유한다.
- 안전하고 용기 있고 성찰적인 공간을 만들어 개방적이고 솔직한 팀 대화를 연습한다.
- 호기심(예: 궁금해서…), 우려(예: 눈치 챘는데…), 가능성(예: 만약에…)의 입장에서 팀에 도전할 권리를 계약하고 획득한다.

발달 중심 접근^{developmental}

팀 발달 과정에 관해 잘 알려진 접근 방식에는 형성기^{forming}, 격동기 ^{norming}, 규범기^{storming}, 성과기^{performing}가 포함된다(Tuckman, 1965). 또 다른 관점으로는 시작점, 중간점, 종결점의 중요성에 초점을 맞춘

게르식Gersick(1988, 1989)의 관점이 있다. '팀 효과성을 위한 여섯 가지 조건'(19장)과 '고성과 팀코칭(HPTC) 모델'(20장)의 프레임워크/모델/로드맵에서 게르식의 영향이 분명하게 드러난다.

팀 역사의 중요성에 대한 클러터벅(2014)의 강조와 모든 팀에는 탐구할 가치가 있는 고유한 개발 스토리가 있을 것이라는 위도우슨Widdowson과 바부어Barbour(2021)의 주장은 로렌스와 화이트(2017)의 연구 결과와 일치한다. 36명의 팀코치 가운데 발달적 프레임워크를 명시적으로 언급한 코치는 단지 세 명에 불과했다. 이와는 대조적으로 25명의 팀코치는 자신의 업무가 넓은 의미에서 어떤 식으로든 발달적이라고 답했다.

팀의 개발 과정을 되돌아볼 수 있는 유용한 질문과 아이디어를 얻을 수 있다.

- Q. 팀 구성, 규범화, 격동, 성과, 팀의 시작, 중간점, 종결에 대한 아이디어 가운데 가장 공감이 가는 부분은 무엇이며 그 이유는 무엇인가요?
- Q. 이 팀의 역사에 관한 책을 써야 한다고 가정해 보세요. 장 제목, 배경, 줄거리, 영웅과 악당을 포함한 등장인물에 관해 설명해보세요.
- Q. 방금 설명한 책의 개요와 앞으로 팀에 필요한 것이 무엇인지 생각하면 두 번째 버전에는 어떤 내용이 포함될까요?

Q. 각 팀 구성원에게 (또는 팀이 함께할 수 있도록 조정하여) 그림을 그리도록 한 다음, 팀의 시간선timeline 역사를 공유하세요. 그림을 그릴 때 각 팀 구성원은 다음 사항을 고려해야 합니다.
- 가입 전에 알고 있거나 들은 내용
- 지금까지 팀 최고점과 최저점
- 앞으로 팀에 대한 그들의 희망

코칭 중심 접근

팀코칭 효과를 내는 데 코칭 접근 방식이 중요하다는 점을 강조하는 것은 너무 당연한 일일 수 있지만, 이러한 팀코칭 요소를 논의할 때는 분명한 점을 언급하는 것이 필수적이다. 존스Jones 등(2019)은 현직 팀코치 400명을 대상으로 실시한 설문조사에서 팀코칭의 여덟 가지 정의 요소를 확인했으며, 그 가운데 대부분은 코칭 접근 방식에 기인하는 것으로 나타났다. 마찬가지로 헤이스팅스Hastings와 페닝턴Pennington(2019)은 팀코치가 선택한 방법의 세 가지 목적을 강조하며, 모두 코칭 접근 방식이 중요하다고 강조한다. 가장 순수한 의미의 코칭 접근 방식은 제임스James와 콜렛Corlett(2020)이 '이상향'wonder- land[6]

---

6) [역자] 팀코칭에서 코치가 활용할 수 있는 네 가지 주요 인식 모드 가운데 하나로, 복잡하고 예측할 수 없는 상황에서 호기심과 열린 태도를 유지하며, 조직의 비합리적이고 예상치 못한 현상을 수용. 함께 새로운 가능성을 탐색하고 학습과 성찰을 촉진함. (출처: 한국코칭신문, 2024. 12. 3)

인식 모드라고 설명한 것과 유사하다. 이 모드에서 팀코치는 개방성을 모델링하고, 의심과 혼란을 공유하며, 대화를 장려하고, 팀이 스스로 성찰하고 배울 수 있는 수용력self-capacity을 키우도록 돕는다.

따라서 코칭 접근 방식이 모든 팀코칭 개입의 핵심인 것은 분명하다. 그런데도 현실에서는 항상 그렇지만은 않다. 팀코치를 양성할 때 아무리 유능하고 경험이 풍부한 일대일 코치라도 퍼실리테이션, 교육, 컨설팅과 같은 영역에 지나치게 의존하는 데에서 벗어나기 위해서는 지원이 필요한 경우가 많다. 이 책 전체에서 강조했듯이 이러한 접근 방식은 팀 개발 여정에서 중요한 역할을 할 수 있지만, 팀코치 작업의 본질은 아니다.

팀코치가 자신에게 물어볼 수 있는 유용한 질문은 다음과 같다.

Q. 팀코칭에서 벗어나기 시작할 때를 어떻게 더 잘 알아차릴 수 있는가?

Q. 팀코치 역할에서 어떤 전문성(예: 전문 트레이너, 진행자, 컨설턴트)을 내려놓아야 하는가?

Q. 팀코칭에서 벗어나려는 움직임이 느껴질 때, 자기 자신이나 팀에게 어떤 질문을 하면 도움이 될까?

시스테믹 중심 접근

시스템적으로 실천한다는 것이 무엇을 의미하든, 대부분 팀코치는 이렇게 주장한다. 하우저^{Hauser}(2014)의 연구를 위해 인터뷰한 8명의 팀코치 모두 '전체 시스템의 상호 연관성'에 주목하는 것이 중요하다고 강조했다(p.59). 헤이스팅스^{Hastings}와 페닝턴^{Pennington}(2019)의 팀코칭 연구에서는 "6명의 참가자 가운데 5명이 근본적이고 시스템적이거나 시스템 기반의 초점을 설명했다."(p.180)라고 보고했다.

로렌스^{Lawrence}(2021b)는 시스템적으로 사고하는 다섯 가지 방법을 제안했으며, 각 방법에는 장점과 한계가 있다. 로렌스의 논문을 각색한 [표 14.2]에는 각 영역, 관련 팀코칭 접근 방식 및 해당 문헌이 설명되어 있다.

21장 '팀들의 팀-조직 내 팀코칭과 조직 전체 팀코칭'에서는 메타 시스테믹 팀코칭의 몇 가지 아이디어를 살펴본다.

팀코치들이 자신에게 물어볼 수 있는 유용한 질문은 다음과 같다.

Q. 설명한 다섯 가지 각각의 시스템적 접근법에서 무엇을 배울 수 있나?

Q. 이 다섯 가지 시스템적 접근법 가운데 내 팀코칭 방식에 문제가 되는 것은 무엇이며, 그 이유는 무엇인가?

Q. 현재 내 시스템적 관행은 어디에 있으며, 이를 더욱 발전시키는 데 도움이 될 수 있는 것은 무엇인가?

[표 14.2] 시스템적으로 사고하는 다섯 가지 방법

용어	설명	팀코칭에 대한 시사점	문헌의 예
첫 번째 (선형)	조직은 논리적으로 작동하고 모델링할 수 있는 실제 시스템으로 간주된다.	코치는 팀을 객관적으로 진단할 수 있다. 팀코치는 팀 리더 역할에 권한을 부여하고 기업 전체의 목표를 달성하기 위한 진전을 장려한다.	Hackman and Wageman (2005a)
첫 번째 (비선형)	조직은 실제 시스템으로 간주되지만, 서로 다른 부분 사이의 관계는 명확하지 않고 비선형적인 경우도 있다.	팀코치는 다양한 구성 요소와 구성원 사이의 관계가 명확하고 예측 가능하기를 기대하지 않는다. 팀 구성원들은 속도를 늦추고 자신의 기능을 되돌아보도록 권장한다.	
두 번째	시스템의 본질은 사람들이 함께 모여 시스템의 작동 가설을 세우고 그 가설의 적용을 통해 함께 학습해야 하기 파악하기 어렵다.	팀코치는 다른 사람의 관점을 이해하고 통합하는 팀의 능력에 따라 팀 역동이 달라지므로 팀의 역동에 관심을 갖는다.	Whittington (2012, 2016, 2020)
복잡 적응형 시스템complex adaptive system	현지 에이전트가 상호작용하고 이러한 상호작용에서 종합적인 행동이 나타난다. 현지 에이전트가 더 넓은 시스템에서 살아남기 위해 노력하면서 상호작용은 계속 진화한다.	팀코치는 팀 구성원들이 팀 기능의 본질, 특히 팀 외부의 영향에 대한 인식을 높이도록 장려한다. 팀은 목표, 목적, 의도 등 사물이 어떻게 나타나는지 이해하도록 권장한다.	Thornton (2010, 2019), O'Connor and Cavanagh (2016), Hawkins (2011, 2014, 2017, 2021), Hawkins & Turner (2020)
메타 시스템	조직은 전혀 사물이 아니다. 조직은 소통과 공동 행동의 과정일 뿐이다. 조직과 팀은 경계가 실재하지 않는 사회적 구성물이다.	팀코치는 '팀'과 경계를 더 넓은 역동적이고 소셜 네트워크의 사회적 구성 요소로 간주한다. 모든 관행, 프로세스, 철학은 가볍게 생각하면 도움이 될 수 있다.	Lawrence (2021a, 2021b)

Lawrence (2021b), p.60에서 각색함

맺음말

코칭, 관계적, 시스템적 접근 방식이 팀코칭의 기본이라는 것은 분명하다. 그렇지만 팀의 실제 업무(팀 과업/성과)와 팀 개발 여정에 관심을 기울이는 것도 중요하다.

15장. 팀코치들이 사용하는 프레임워크와 모델의 맥락과 사례

번역: 허영숙

개요

이 장에서는 출판된 자료를 바탕으로 팀코치들이 실제 코칭 현장에서 활용하는 다양한 프레임워크와 모델을 살펴본다. 우리의 목적은 접근 방식의 다양성을 강조함과 동시에, 팀코치가 다양한 프레임워크를 참조하고 이를 융합하여 자신만의 통합된 접근법을 개발하도록 장려하는 데 있다. 이를 통해 고객 팀과 조직의 문제를 그 순간마다 유연하게 다룰 수 있도록 돕고자 한다.

프레임워크와 모델의 맥락

다른 접근 방식들과 마찬가지로, 팀코칭에서 프레임워크와 모델(그리고 프로세스, 도구, 기법)의 활용에 대해서는 의견이 분분하다. 우리는 이러한 프레임워크와 모델이 적절하게 사용되면 유용하다고 본다. 그렇지만 이에 대한 과도한 경고는 강조를 위한 과장이나 일부 경우에는 경쟁적 입장을 반영한 것일 수 있다고 본다. 또 일부 비판은 프레임워크와 모델의 구성 요소에 과도하게 집중하는 한편, 그것을 만든 사람이 내세우는 근본적인 접근법이나 철학에는 충분한 주의를 기울이지 않는 경우도 있다.

프레임워크와 모델을 '적절하게' 사용한다는 것은 무엇을 의미할까? 요약하면, 프레임워크와 모델(및 접근 방식, 프로세스, 도구, 기법)은 결코 코칭의 본질이 되어서는 안 된다. 그것들은 언제나 팀코치의 작업을 지원하기 위한 보조수단일 뿐이다. 이상적으로는, 팀코칭 과정에서 프레임워크는 팀에게 거의 보이지 않을 정도로 배경에 머무르며, 팀코치는 특정 방법론에 집착하지 않고 그 순간에 도움이 되는 것을 유연하게 활용해야 한다. 헤이스팅스Hastings와 페닝톤Pennington(2019)은 팀코칭의 복잡성으로 인해 연구에 참여한 코치들이 "모두 절충적이고 특정한 것에 얽매이지 않는 접근 방식을 보고했으며, 핵심은 다양한 도구, 이론, 방법을 폭넓게 활용하고 유연하게 적용하는 능력이다."(p.183)라고 언급했다. 손톤Thornton(2016)은 개념적 프레임워크와 모델의 가치를 논의하면서 "언제 어디서나 늘 적합한 프레임워크나 모델은 아직 찾지 못했다."(p.122)라고 말했다. 로렌스Lawrence(2021a)는 메타 코치meta-coach라는 개념에 대해 "메타 코치는 모든 실천과 프로세스에 열려 있으며, 그 기반이 되는 철학을 가볍게 다룰 수 있어야 한다."라고 말하면서, 이 맥락에서 "모든 도구는 다 유용할 수 있다."(p.180)라고 언급했다.

프레임워크와 모델을 넘어서 팀코치로서의 존재 방식으로 나아가기

팀코칭 문헌에서는 팀코치 '**존재 방식**way of being'의 중요성에 관한 관심이 점점 커지고 있는 것을 환영한다. 위도우슨Widdowson과 바부어Barbour(2021)는 팀코칭의 "존재Being, 실행Doing, 지식Knowing" 팀코칭 모델을 제안했다. 이 프레임워크는 ICF 역량이 나오기 이전에 제시되었으며, ICF를 비롯한 여러 기관이 팀코치의 행동과 본질을 반영하는 데 참고할 수 있는 기준점이 되었다.

이 모델은 핵심 코칭 역량과 연관되는 여덟 가지 실행 요소와 아홉 가지 지식 영역을 제시한다. 실행과 지식은 모두 필요하지만, 이들이 강조한 것은 팀코치의 '**존재 방식**'이 반드시 갖춰져야 한다는 점이다. 그들은 '**존재 방식**'을 다음과 같이 4C로 설명한다(2021, p.8).

- 연결connection: 깊이 있게 연결될 수 있는 능력
- 자신감confidence: 취약성을 유지하면서도 자신감을 보여줄 수 있는 능력
- 용기courage: '그 순간'에 필요한 용기를 낼 수 있는 능력

- 지속continuing: 계속해서 배우고 성장하는 자세

이러한 측면은 이 책의 10장에서 더 깊이 다룬다.

호킨스Hawkins(2021)는 '수용력capacities'이라는 용어를 사용하여 **존재 방식**을 설명하며, 팀코치에게 중요한 열 가지 능력을 제안한다.

(1) 자기 인식과 팀 전체의 소리에 귀를 기울이는 것
(2) 자기 안에서 편안함을 유지하고 본질source에서 작업하는 것
(3) 파트너십 영역partnership zone에 머무는 것
(4) 적절한 리더십을 발휘하는 것
(5) 관계 형성 및 관여relationship engagement
(6) 다른 이들의 코칭 역량을 개발하는 것
(7) 차이를 넘나드는 작업 – 초문화적 교류transcultural engagement
(8) 생태적 인식과 참여ecological awareness and engagement
(9) 윤리적 성숙ethical maturity
(10) 인간성humanity과 겸손함humility이 포함된다. (pp.314-324)

존재 방식만으로 충분할 수 있을까?

그것이 중요하지만 '**존재 방식**'만으로는 결코 충분할 수 없다. 팀코치

가 이 점을 성찰할 수 있도록 위도우슨과 바부어(2021)는 팀코칭 개발의 "존재Being, 실행Doing, 지식Knowing" 모델을 제안했다([그림 15.1] 참조). 이들은 팀코치가 변혁적 수준transformational level에서 코칭하려면 '**존재 방식**'과 '**실행 방식 및 지식 기반**way of doing and knowing'을 모두 고려해야 한다고 제안한다. 또한 팀코치는 매 순간 개발적developing, 관계적relational, 전문적professional, 변혁적transformational 사분면 가운데 하나 이상의 위치에 있을 수 있으며, 팀코칭의 숙련도는 종착점이 없는 비선형적인 여정이라고 설명한다.

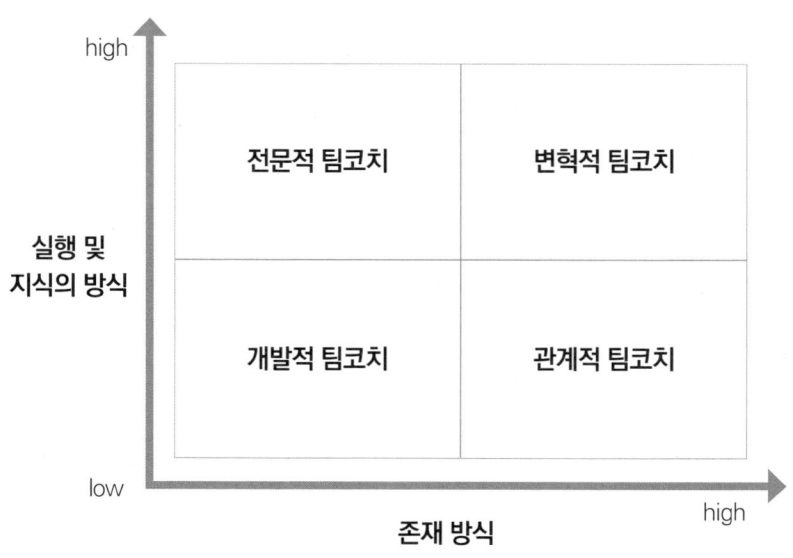

[그림 15.1] 팀코칭 개발의 '존재–실행–지식 모델'
위도우슨과 바부어(2021, p.39)에서 인용

팀코치 교육에 참여하면서 우리는 숙련된 일대일^{one-to-one} 코치들이 일대일 코칭에서는 통합적이거나 절충적인 접근법의 가치를 인식하면서도, 팀코칭에서는 불안으로 인해 프레임워크와 모델에 지나치게 집착하는 모습을 목격한다. 경험이 부족하거나 그룹 작업에 대한 불안감이 있으면 프레임워크에 의존하려는 경향이 생길 수 있다. 그러나 팀코치가 프레임워크를 내려놓으면 오히려 자신과 팀코칭의 본질을 더 깊이 연결할 수 있다. 우리의 경험에 따르면, 이미 일대일 코치로서의 여정을 거쳐 온 이들에게는 내려놓는 과정이 비교적 빠를 수 있다. 클러터벅(2020)은 이전에 메긴슨과 함께한 연구(Clutterbuck & Megginson, 2011)를 바탕으로 코칭 성숙도^{coaching maturity}의 네 단계를 제시했다. 이 모델은 일대일 코칭에 기반을 두며, 대부분 코치가 (1) 모델 기반 단계, (2) 프로세스 기반 단계, (3) 철학 또는 학문 기반 단계를 거쳐 결국 (4) 시스템적 통합^{systemic-eclectic} 단계로 이동한다고 제안한다. 시스템적 통합 단계는 가장 해방된 사고방식으로 묘사되며, 코치는 다양한 출처에서 수집한 도구 세트와 작업 방식을 스스로 통합하여 자기인식 기반의 맞춤형 **'존재 방식'**으로 고객과 함께 한다. 이 접근방식은 팀코칭에도 똑같이 적용할 수 있는 지침이며, 클러터벅과 메긴슨(2011)은 시스템적 통합 코치가 어떻게 작업해야 하는지에 관한 아이디어를 제안했다.

우리는 이러한 아이디어를 활용해 팀코치용 성찰 질문([표 15.1])을 구성했다.

[표 15.1] 성찰 질문

1. 이슈와 해결책이 어떤 방식으로든 스스로 드러나도록 내버려 두는 데 있어서 당신과 고객은 얼마나 주의 깊고 편안하게 이를 허용하고 있는가?
2. 어떤 기법이나 과정을 적용할 필요가 있는지 스스로에게 얼마나 자주 도전하며 질문하고 있는가?
3. 필요하다고 판단될 때 적합한 도구를 찾을 수 있다는 점에서 당신은 얼마나 자신 있고 침착한가?
4. 도구를 실제로 사용할 때 그것들이 얼마나 세심하고 매끄럽게 통합되는가?
5. 사용된 프레임워크, 모델, 기법의 기원과 철학적 배경에 대한 당신의 이해는 어느 정도인가?
6. 새로운 기법, 모델, 과정을 팀코칭 철학과 프레임워크에 어떻게, 그리고 어디에 적용할 수 있는지 파악하기 위해 실험과 성찰 학습을 얼마나 활용하고 있는가?
7. 새로운 기법, 모델, 과정에 접근할 때 자신의 필요가 아니라 고객의 필요에 기반을 두면서 접근하는 수준은 어느 정도인가?
8. 자신의 코칭 철학에 도전하고 새로운 접근 방식을 실험하는 파트너로 공동 팀코치나 수퍼바이저를 얼마나 적극적으로 활용하고 있는가?
9. 고객, 그들의 환경/맥락, 코칭 관계를 시스템적이고 전체론적으로 어느 정도까지 파악하고, 그에 따라 자신의 접근 방식에서 섬세함을 발휘하고 있는가?

팀코치가 사용하는 프레임워크와 모델 개요

다음 장들에서는 잘 알려진 다섯 가지 팀코칭 프레임워크/모델을 탐구한다. 각 모델의 철학적 배경을 설명하고, 모델의 개요를 살펴본 뒤, 프레임워크/모델이 어떻게 적용될 수 있는지 공유한다. 다양한 관점을 제공하기 위해 선정된 프레임워크/모델은 다음과 같다.

- '팀 엣지 창출Creating the Team Edge' 프레임워크(16장)
- 성공적인 팀 프랙티스의 다섯 가지 규율The Five Disciplines of Successful Team Practice(17장)
- PERILL 모델(18장)
- 팀 효과성 프레임워크의 여섯 가지 조건The Six Conditions for Team Effectiveness Framework(19장)
- 고성과 팀코칭 모델The High-Performance Team Coaching Model(20장)
- 팀들의 팀Team of Teams(21장)

16~21장에서 다루는 프레임워크/모델은 팀코치가 활용할 수 있는 자료의 일부이다. 이 장의 나머지 부분에서는 팀코치들이 탐색해 볼 수 있는 추가적인 팀코칭 프레임워크/모델/접근 방식을 간략하게 소개한다.

손톤Thornton (2016)

2016년에 출간된 책 『그룹 코칭과 팀코칭: 그룹의 비밀Group and team coaching: The secret life of groups』에서 손톤은 정신분석적 및 시스템 이론과 접근 방식을 강조하고 있으며, 이러한 이론과 접근 방식이 그룹, 팀, 그리고 전체 조직과 작업할 때 어떻게 도움이 되는지 설명한다.

프라이스^{Price}와 토예^{Toye} (2017)

3,000개 이상의 팀을 대상으로 한 연구를 통해 팀의 성과를 가속하는 16가지 동력 요인을 확인했다. 각 동력 요인은 META 프레임워크(동원^{Mobilize}, 실행^{Execute}, 변형^{Transform}, 민첩성^{Agility}) 가운데 하나와 연계된다. 또한 각 동력 요인마다 팀을 저해할 수 있는 저항 요인$^{drag\ factor}$이 존재한다. 연구 결과, 최고 **가속 단계**에서 작동하는 팀은 전체의 13%에 불과했다.

호이저^{Hauser} (2018)

세이프 쉬프팅$^{Shape\text{-}shifting}$ **모델**은 팀코치의 역할 행동을 네 가지로 구분한다. 여기에는 (1) 조언자^{advisor}, (2) 교육자^{educator}, (3) 촉매자^{catalyzer}, (4) 통합자^{assimilator}가 포함된다. 이 모델에 따르면 작업이 시작될 때 팀코치는 조언자 역할$^{advisor\ behaviors}$을 더 많이 보이게 되고, 중간 단계에서는 교육자와 촉매자 역할$^{educator\ and\ catalyzer\ behaviors}$을, 마지막 단계로 갈수록 통합자 역할$^{assimilator\ behaviors}$을 할 가능성이 크다고 본다.

리어리-조이스$^{Leary\text{-}Joyce}$와 라인스^{Lines} (2018)

시스템적 팀코치의 여섯 가지 렌즈는 팀코칭의 시스템적 속성을 강조하며, 팀코치가 팀을 최적으로 돕기 위해 다양한 접근 방식을 활용해야 함을 보여준다. 시스템적 팀코치가 고려해야 할 여섯 가지 렌즈는 (1) 개인individual, (2) 대인관계interpersonal, (3) 팀 역동team dynamics, (4) 팀 과제, 미션 및 의도team tasks, mission, and intent, (5) 이해관계자 접점stakeholder interfaces, (6) 더 넓은 시스템적 맥락wider systemic context이다.

산달Sandahl과 필립스Philips (2019)

훌륭한 팀을 위한 모델을 제안하며, 생산성을 극대화하기 위한 일곱 가지 핵심 요소와 효과적인 협업을 위한 일곱 가지 핵심 요소를 제시한다. 또한 다섯 가지 팀코칭 역량을 제안하는데, 여기에는 (1) 시스템 인식 능력, (2) 조율된 청취 능력 – 재조정된 경청, (3) 성찰적 관찰자 역할 능력 – 정교한 거울 역할 수행, (4) 적극적 존재 능력 – 음악에 맞춰 함께 춤추기, (5) 헌신 능력 – 불 속에서도 함께 서 있기 등이 포함된다.

우드스트라Woudstra (2021)

TCS 팀코칭 휠TCS Team Coaching Wheel 모델의 중심에는 팀코치의 철학(세계관, 원칙, 가치)과 태도(행동을 결정하는 만트라)가 자리한다. 그다음 층은 '존재, 자기 활용, 적극적 실험의 변혁적 메타 스킬transformational metaskills of presence, use of self and active experiments'로 설명되며 (p.131), 존재는 코치의 '독특한 **존재 방식**distinctive way of being'으로 정의된다(p.99). 세 번째 층은 다섯 개 클러스터로 구성된 팀코칭 역량과 관련이 있는데, 이는 (1) 기초 세우기^{Setting the Foundation}, (2) 관계 공동 창조^{Co-creating the Relationship}, (3) 효과적 의사소통 촉진^{Fostering Effective Communication}, (4) 시스템 및 역동성 다루기^{Working with Systems and Dynamics}, (5) 학습과 성장 촉진^{Facilitating Learning and Growth}이다. 휠의 가장 바깥쪽에는 프레임워크, 모델, 도구, 기법이 위치한다. 또한 우드스트라는 팀코치가 자신만의 팀코칭 여정 접근 방식을 취하도록 권장하면서, 일반적인 팀코칭 여정의 예시도 제시한다. 여기에는 초기 미팅, 팀 참여 회기, 팀 탐색, 팀 출범, 팀코칭, 실시간 액션 코칭, 최종 검토 회기가 포함된다. 이 단계 사이사이에는 일대일 코칭과 "진행/중단^{go/no-go}" 체크포인트가 여정에 포함될 수 있다.

우즈^{Woods} (2022)

팀 세일리언트^{Team Salient}**의 팀 개발 여섯 단계**를 제시하는데, 이는 (1) 방향 설정^{orienting}, (2) 해결^{resolving}, (3) 협업^{collaborating}, (4) 성취^{achieving}, (5) 탁월^{excelling}, (6) 방향 재설정^{reorienting}이다. 각 단계에는 팀이 달성해야 할 목표, 해당 단계에서 팀이 필요로 하는 사항에 대한 명확성, 팀코치와 리더, 팀을 지원하기 위한 실천 방안이 포함된다.

맺음말

이 장의 핵심 메시지는 팀코칭 프레임워크, 모델, 접근 방식이 도움이 되지만, 그것들이 곧 코칭 작업의 본질은 아니라는 것이다. 팀코치의 '존재 방식'이 무엇보다 중요하다. 이 장에서 요약한 형식으로 다룬 프레임워크, 모델, 접근법들은 16장부터 21장에서 상세히 다루고 있지만, 팀코칭에서 쓰이는 모든 내용을 포함하지는 않는다.

16장. '팀 엣지 창출' 프레임워크

번역: 허영숙

개요

이 장에서는 팀 엣지 창출Creating the Team Edge 모델과 접근 방식을 살펴보고, 이를 뒷받침하는 연구와 코칭 과제에서 팀과 함께 작업할 때 프로세스로 적용할 수 있는 방법을 다룬다.

팀 엣지 창출

"팀 엣지 창출" 모델은 루시 위도우슨Lucy Widdowson과 그녀의 동료들이 퍼포먼스 엣지 파트너스 유한회사Performance Edge Partners Limited에서 개발했다. 이 프레임워크는 일곱 가지 특성으로 구성된 팀 효과성 모델team effectiveness model과 제안된 팀코칭 로드맵team coaching roadmap(2018)으로 구성된다. 위도우슨Widdowson과 바부어Barbour(2021)는 이 프레임워크를 더욱 발전시키면서 특히 팀코치 '존재 방식way of being'의 중요성을 강조했다.

이 프레임워크의 기반이 된 연구는 '팀 엣지 창출' 모델을 사용한 다섯 개 팀에 대한 사례 연구였다(Widdowson, 2018). 연구 결과, 이 모델이 각 팀의 성과 향상에 기여한 방식은 다음과 같다.

- **팀 목적에 대한 정렬**
  - 각 팀은 팀 목적과 공동 목표에 합의했다. 팀 목적을 지원하기 위해 관련 행동 지표가 포함된 팀 가치를 결정하였고, 도전해야 할 팀 신념을 합의했으며, 현재 및 지향하는 팀 정체성을 설정했다.
- **심리적 안전감 개발**
  - 팀 구성원들이 서로의 존재에 대해 더 안전하게 느끼면서 더 개방적이고 솔직하게 대화할 수 있게 되었다. 팀 구성원들은 서로에게 의미 있는 피드백을 제공하고 취약성을 드러내는 데 더 익숙해졌다고 보고하였다.
- **팀 학습 향상**
  - 지식과 모범 사례를 공유하고, 잘 작동했던 점과 개선이 필요한 점을 함께 성찰하면서, 팀과 개인 모두에게 이득이 되었다.

또 이 연구는 팀코칭을 받은 팀과 직접적으로 연계되어 있거나 보고하는 팀들 또한 성과 향상을 경험했다고 보고하였다(Widdowson, 2018).

이 접근 방식은 프레임워크, 모델, 프로세스, 도구, 기법이 도움이 되지만, 팀코치의 '존재 방식'이 가장 중요하다는 점을 강조한다. 이 '존재 방식'은 다음 네 가지 항목으로 개념화할 수 있다(Widdowson & Barbour, 2021, 2021b).

- **연결**connection
  - 깊이 있게 현재에 집중하는 것에 초점을 맞추면서, 팀코치는 자신과 개별 팀 구성원, 팀 전체, 그리고 더 넓은 시스템과 얼마나 잘 연결되어 있는지를 지속적으로 인식하고 주의를 기울여야 한다.
- **자신감**confidence
  - 팀코치는 자신의 과거(즉, 스토리)에 내재한 성공과 실패를 포함하여 내면의 자신감을 개발해야 하며, 자만하지 않는 태도를 유지해야 한다.
- **용기**courage
  - 팀코치는 어려운 순간에도 자신과 팀과 함께 현재에 머무를 수 있어야 하며, 계획을 세우고 계획을 내려놓으며, 팀과 그 시스템을 위해 계산된 위험을 감수할 수 있어야 한다.
- **지속**continuing
  - 팀코치는 완성된 존재가 아니며, 지속적인 학습, 성찰적 실천, 팀코칭 수퍼비전을 향해 헌신해야 한다.

모델

'팀 엣지 창출' 모델은 팀 목적, 정체성, 가치와 신념, 인식, 관계, 작업 방식, 변혁의 일곱 가지 특성으로 구성된다([그림 16.1] 참조).

각 특성은 팀 효과성에 필수적인 요소로 간주된다. [표 16.1]은 각 요소를 설명한다.

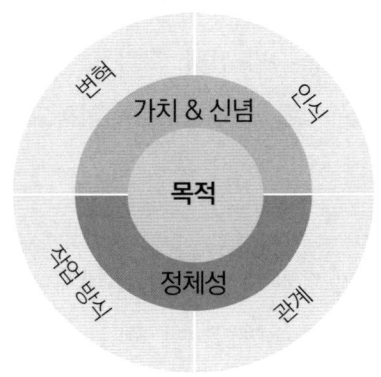

[그림 16.1] 팀 효과성을 위한 '팀 엣지 창출' 모델
출처: Widdowson(2018), Lucy Widdowson의 허가

팀코치를 위해 제안된 프로세스

위도우슨과 바부어(2021)는 팀코칭 프로세스가 어떻게 구성될 수 있는지를 제시하면서, 이것이 '우리가 최선의 실행으로 여기는 것을 보

[표 16.1] 팀 엣지 창출 모델의 일곱 가지 특성

목적	팀의 존재 이유에 관한 것이다. 팀 목적은 조직과 이해관계자를 위해 오직 함께 일함으로써만 달성할 수 있는 정신과 본질을 담고 있다. 팀 목적은 공동의 성과 목표가 수반될 때 비로소 실질적인 의미를 가진다.
정체성	팀은 자신만의 고유한 정체성(즉, 스토리)을 개발하기 위해 노력한다. 정체성은 팀을 하나로 묶어주며, 팀의 긍정적 사고방식, 에너지, 동기 부여를 지속해서 강화한다. 팀의 정체성은 팀 내부는 물론 외부에서도 인식되고 존중받을 수 있어야 한다.
가치와 신념	팀의 가치와 믿음은 옳고 그름에 대한 기준을 제공한다. 팀은 자신들이 원하는 문화와 이를 뒷받침하는 가치, 기준, 행동을 함께 탐색하고 합의한다. 팀은 합의된 행동을 정기적으로 검토하고 서로 그 이행을 책임지는 문화를 형성한다. 팀의 목적, 정체성, 가치를 믿는 것은 팀이 성과를 내기 위해 필수적이다.
인식	팀은 서로의 강점과 개인적 선호를 인식하고, 이를 팀의 이익을 위해 어떻게 활용할지 파악한다. 더 나아가, 팀은 외부 이해관계자들과의 상호작용 수준에 대해 자각하고 주의를 기울인다.
관계	팀은 상호 연결성을 높이고 신뢰, 지지, 이해를 쌓아간다. 팀 구성원들은 함께 시간을 들여 열린 대화와 솔직한 대화를 나눈다. 팀은 조직 내외부의 다른 팀 및 이해관계자와 적극적으로 소통하며 관계를 형성한다.
작업 방식	팀은 자신 있게 효과적인 결정을 내릴 수 있도록 최적의 시스템과 프로세스를 구축하는 데 시간을 투자한다. 팀은 의사소통과 회의의 효율성, 그리고 다른 팀 및 이해관계자와의 협업 수준을 지속적으로 점검한다.
변혁	팀은 현재 성과에 도전하면서도 미래에 초점을 맞추는 방법을 탐색한다. 팀은 다르게 사고하는 혁신적인 방식을 적용하며, 실수에서 배우는 학습 문화를 조성하고, 다양성을 존중하며, 포용을 실천하고, 팀의 웰빙에도 주의를 기울인다.

출처: Adapted from Widdowson (2018), Widdowson and Barbour (2021, 2021b)

여주는 예시일 뿐'이라고 밝혔다(p.46). 팀코칭 설계를 다룬 24장에서는 이들의 팀코칭 프로그램 예시가 자세히 제시된다([그림 24.1] 참조). 팀코치는 다음의 다섯 가지 주요 단계를 고려해야 한다.

1단계: 팀코칭 전 계약 체결

이 단계는 주요 이해관계자와 팀 리더와의 초기 계약 체결에 관한 것이다. 고려해야 할 주요 질문들은 다음과 같다.

Q. 이것이 실제 팀인가, 명목상의 팀인가?

Q. 지금까지 어떤 팀 개발 활동이 진행되었는가?

Q. 팀 리더와 관련 이해관계자들은 팀코칭에 관해 얼마나 알고 있는가?

Q. 팀 리더는 팀코칭 개념을 충분히 지지하고 있는가?

Q. 팀은 팀코칭받을 준비가 되어 있는가? (팀 구성, 맥락 등)

Q. 팀코칭이 적합하지 않다면, 팀코치가 팀을 지원할 다른 방법은 있는가? (예: 팀 리더 코칭)

Q. 이용 가능한 정보를 바탕으로, 팀코칭이 적절한 팀 개발 개입인가?

Q. 진행한다면, 제안된 작업의 목표는 무엇인가?

Q. 성공했는지 어떻게 알 수 있는가? (무엇이 성공의 기준인가?)

2단계: 탐색 인터뷰^{Discovery Interviews}, 팀 360도 진단, 팀 관찰

팀코칭 개입을 설계하기 전에 고려해야 할 주요 활동은 다음과 같다.

- **• 탐색 인터뷰**
  - 팀코치는 인터뷰에서 나온 의견이 팀코칭 여정을 공동 설계하는 데 활용되며, 요약 형식으로 팀과 공유되고, 특정 팀 구성원에게 귀속되지 않는다는 점을 설명한다. 팀 구성원 인터뷰가 우선순위지만, 조직 내부와 외부의 이해관계자와 대화하는 것도 도움이 된다. 인터뷰는 일반적으로 30분 정도로 진행되며, 팀 효과성(일곱 가지 특성 사용), 팀 리더의 역할, 팀의 맥락을 질문한다. 인터뷰는 다른 형태의 탐색보다 우선시된다. 인터뷰를 통해 얻은 정보와 통찰뿐만 아니라, 작업 동맹이 형성됨에 따라 팀코치가 심리적 안전을 구축하는 데도 도움이 된다. 특히 팀 구성원들은 제안된 팀코칭 여정에 대한 기대, 두려움, 우려를 표현할 수 있다.
  - 팀을 만나기 전에, 팀코치는 일반적으로 리더를 만나 요약 내용을 공유한다. 이 단계에서 팀코치는 팀 리더와 팀 전체의 신뢰를 유지해야 하며, 약속한 대로 기밀을 보장해야 한다. 팀 만남 전에 요약을 공유할지는 사례별로 결정해야 한다. 만남 전에 공유하는 경우, 팀 구성원 각자에게 몇 가지 질문을 개별적으로 성찰하도록 요청하는 것이 도움이 될 수 있다. 또는 팀이 함께 모였을 때 요약을 처음으로 공유할 수도 있다. 팀 360도 진단에도 동일한

결정과 접근 방식이 적용된다.

• 팀 360도 진단

- '팀 엣지 창출' 팀 360도 진단은 총 42개 질문으로 구성되며, 일
곱 가지 특성별로 팀 효과성 질문이 각 여섯 개씩 있다. 응답자는
팀의 강점, 개발 영역, 기타 '실행 아이디어'에 대한 직설적인 의
견을 추가할 수 있다. 최대 100명의 참여자가 네 그룹으로 나뉘
어 설문지를 작성할 수 있다. 익명성을 위해 각 그룹당 최소 세
명이 응답할 수 있는 것이 좋다.

- 네 그룹에는 다음이 포함된다.
  ° **팀 위임자들**commissioners – 이들은 예를 들어, 기업 전략을 결정
   하고 최종 예산을 승인할 수 있는 사람들로, 팀의 전반적인 방
   향을 알려준다. 팀 위임자가 한 명뿐이라면 익명성을 유지할
   수 없으므로 별도의 계약이 필요하다.
  ° **팀 구성원들** – 팀 구성원과 팀 리더
  ° **직속 보고자들** – 팀 구성원들의 직속 보고라인에 있는 직원들
  ° **이해관계자들** – 내부 및 외부 이해관계자(예: 동료, 다른 팀,
   고객)

• 팀 관찰

- 팀 관찰은 두 명 이상의 구성원 또는 전체 팀이 작업하는 모습을
관찰하는 것

- 팀 관찰은 팀코칭 여정 중 합의된 어느 시점에든 수행될 수 있다.

위도우슨과 바부어(2021)는 팀코칭 작업을 위해 성격 심리측정 personality psychometrics보다 탐색 인터뷰와 팀 진단을 우선시할 것을 제안했다. 탐색 단계에서 도움이 되는 다른 자료로는 KPI 보고서, 팀간 소통 문서, 직원 설문조사 결과, 이전 팀 개발 작업의 결과물 등이 있다.

3단계: 팀코칭 여정의 공동 설계

고려할 질문들:

- Q. 누가 공동 설계에 참여해야 하는가? (예: 팀 리더, 팀코치 또는 코치들)
- Q. 탐색 단계에서 드러난 주요 초점 영역은 무엇인가?
- Q. '팀들의 팀team of teams' 접근 방식을 고려한다면 누가 추가로 참여해야 하는가?
- Q. 팀에 가장 적합한 팀코칭 개입 방법은 무엇인가? (예: 대면, 화상, 일대일 코칭, 팀 관찰)
- Q. 이 여정의 일환으로, 팀코칭과는 별도로 다른 방식의 팀 지원방법은 무엇인가? (예: 팀 빌딩 이벤트, 코칭 스킬 교육, 기타 필요 영역에 대한 팀 훈련)
- Q. 팀코칭 효과는 어떻게 측정할 수 있는가?

Q. 팀 리더와 무엇을 공동 설계해야 하고, 팀 전체와 함께 설계해야 할 부분은 무엇인가?

Q. 첫 세션에서는 무엇을 다루게 되는가?

Q. 이번 팀코칭의 성공을 극대화하기 위해 어떤 물리적 또는 가상 공간이 필요한가?

위도우슨과 바부어(2021)는 리더의 일대일 코칭, 전체 팀 또는 선택된 팀 구성원을 대상으로 한 일대일 코칭이 작업에 도움이 되고 속도를 높일 수 있다고 말한다. 다만, 이를 위해서는 신중한 계약 체결이 필요하다고 언급한다.

4단계: 팀코칭 개입

고려할 질문들:

Q. 팀은 함께 있을 때와 따로 있을 때 코칭 여정에 대해 얼마나 주인의식을 가지고 있는가?

Q. 팀코치는 현재에 얼마나 집중하며, 계획에 유연하게 접근하고 있는가?

Q. 팀코치는 각 개입 전, 중, 후에 계약을 체결하고 있는가?

Q. 첫 워크숍 동안과 이후에, 지속해서 팀코칭 여정을 공동 설계하고 있는지를 어떻게 확인하는가?

5단계: 평가

고려할 질문들:

Q. 1단계에서 합의한 목표에 대해, 어떤 방식으로 평가하는 것이 가장 적절한가?

Q. 팀은 어떤 변화를 알아차리고 있는가?

Q. 팀에 속하지 않은 사람들은 어떤 변화를 알아차리고 있는가?

Q. 팀코치는 어떤 변화를 알아차리고 있는가?

Q. 추가적인 진단 인터뷰나 팀 360도 진단의 반복 시행이 평가에 어떻게 도움이 될 수 있을까? (예: 과정 중간 및 종료 시점에서)

맺음말

'팀 엣지 창출' 프레임워크는 무엇보다도 팀코치의 **'존재 방식'**을 중심에 둔다. 또 이 프레임워크는 연구 기반의 팀 효과성 모델과, 팀코치가 자신의 상황에 맞게 적용할 수 있는 팀코칭 프로세스 예시도 함께 제공한다.

17장. 성공적인 팀 프랙티스의 다섯 가지 규율

번역: 김현주

개요

이 장에서는 성공적인 팀 프랙티스의 다섯 가지 규율을 살펴보고, 팀코치들이 이를 어떻게 자신의 코칭 작업에 적용할 수 있을지를 탐색한다.

다섯 가지 규율

성공적인 팀 프랙티스를 위한 다섯 가지 규율은 피터 호킨스Peter Hawkins(2022)의 연구에 기반을 둔다. 호킨스는 피터스Peters와 카Carr(2003b), 해크먼Hackman(2002) 등의 연구에 영향을 받아 팀과 팀코칭에 관해 폭넓게 저술해 왔다. 그의 주요 저서로는 『리더십 팀코칭:

변혁적 팀 리더십 개발을 넘어Leadership Team Coaching: Developing Collective Transformational Leadership』(2021)과『리더십 팀코칭 프랙티스Leadership Team Coaching in Practice』(2022b)가 있다.

이러한 저서에서 발전해 온 핵심 주제들은 다음과 같다.

- 외부와 내부 관계에 관한 집중(Hawkins & Smith, 2006)
- 리더십 팀을 위한 시스테믹 팀코칭(Hawkins, 2011)
- 시스테믹 팀코칭에서 에코-시스테믹 팀코칭으로의 전환(Hawkins, 2017)
- 고성과 팀에서 고가치 창출팀으로의 이동(Hawkins, 2021)
- 단일팀을 넘어 팀 되어가기teaming와 팀들의 팀team of teams 접근 방식으로(Hawkins, 2022b)

팀코칭에 관하여 논의할 때, 팀 개발 분야의 저자들은 실제로 차이가 있기는 하지만 유사한 현상을 설명하기 위해 서로 다른 용어를 사용하곤 한다. 이점은 위도우슨Widdowson과 바부어Barbour(2021)에 의해서도 지적된 바 있다. 그런데도 호킨스가 사용하는 새로운 용어와 개념은 팀코치들이 변화하는 세계 속에서 자기 작업의 본질을 성찰할 수 있도록 돕는다.

호킨스의 작업은 모든 것이 서로 연결되어 있다는 인식에 바탕을 두고 있으며, 이는 팬데믹, 분쟁으로 인한 이주 흐름, 자연 세계에 관한 인간의 영향 등에서 분명히 드러난다. 생태-시스템적 접근은 팀코치들에게 팀이 전통적인 조직의 경계를 넘어서 생각할 수 있도록 지원하는 방법을 성찰하도록 도전한다. 마찬가지로, 고성과 팀에서 고가치 창출팀으로 강조점이 이동했다는 것은 팀코치들이 성과를 기계적으로 바라보는 시각을 넘어서서, 모든 이해관계자와 함께, 그리고 그들을 위해 지속 가능하고 유익한 가치를 공동 창출할 수 있도록 팀을 지원해야 함을 의미한다. 마지막으로, 단일팀을 넘어 팀 되어가기teaming와 팀들의 팀team of teams으로 초점을 확장하는 것은 팀코치들이 자신의 작업에 관해 더 넓은 관점에서 사고하도록 도전한다(21장 참조).

모델

성공적인 팀 프랙티스의 다섯 가지 규율(또는 가치 창출 팀의 다섯 가지 규율로도 불리는)은 다음의 다섯 가지 영역으로 구성된 팀 효과성 모델이다. 핵심 학습하기core learning, 위임하기commissioning, 명확화하기clarifying, 공동 창조하기co-creating, 연결하기connecting이다([그림 17.1] 참조).

이 모델은 외부에서 **내부를 바라보는**outside-in 관점과 **미래에서 현재를 되돌아보는**future-back 관점의 중요성을 강조한다. 효과적인 팀이 되기 위해서는 이 다섯 가지 규율 각각에 주의를 기울여야 하며, 이 모델은 비선형 구조로서 다섯 가지 규율이 서로 연결되어 지속적인 순환 과정을 이루고 있다.

다섯 가지 규율은 다음과 같다.

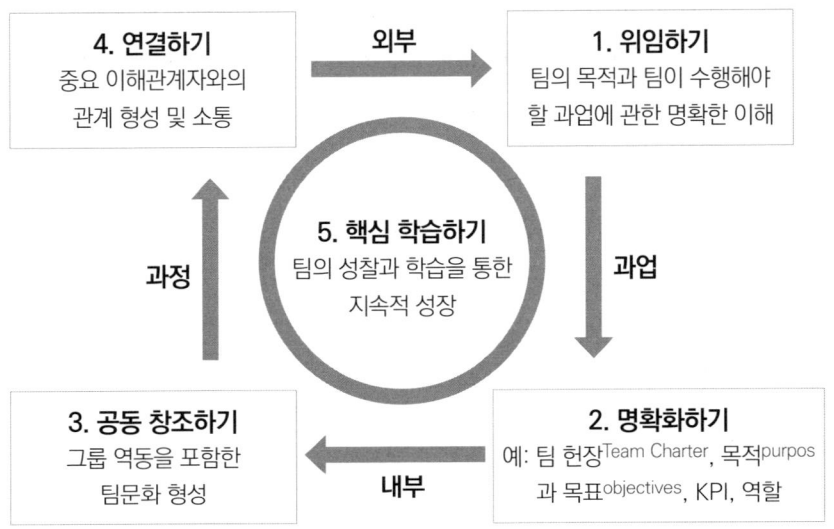

[그림 17.1] 성공적인 팀 프랙티스의 다섯 가지 규율
출처: Hawkins(2021, p.51)에서 수정 및 인용

위임하기: 과업task 중심/외부 지향적 초점

이 규율은 누가 팀을 만들었는지, 그리고 어떤 목적을 위해 만들었는 지를 다룬다. 이는 팀 외부에서 비롯되는 요소이다. 팀이 스스로 고려 해야 할 질문은 다음과 같다.

Q. 팀이 해결해야 할 도전 과제는 무엇인가요?

Q. 우리의 이해관계자는 누구이며, 그들이 우리에게 기대하는 것은 무엇인가요?

Q. 우리가 인식하지 못하고 있는 이해관계자는 누구인가요?

Q. 각 이해관계자가 설정한 성공 기준은 무엇인가요?

Q. 이 과업을 수행하기에 적합한 리더는 누구이며, 적합한 팀 구성 원은 누구인가요?

Q. 팀이 업무를 수행하는 데 필요한 지원support과 자원resources은 무엇인가요?

명확화하기: 과업 중심/ 내부 지향적inside focus 초점

팀에게 명확한 위임이 있는 것만으로는 충분하지 않다. 팀은 무엇을 함께 이루고자 하는지, 그리고 어떻게 공동 업무를 수행할 것인지를 명확히 해야 한다. 이 명확성은 팀 내부로부터 비롯된다. 팀이 스스로 고려해야 할 질문은 다음과 같다.

Q. 우리가 함께할 때, 따로 일하는 것보다 더 잘할 수 있는 일은 무엇인가요?

Q. 우리 팀의 목적purpose, 비전vision, 전략적 서사strategic narrative, 공동의 성과 목표collective performance goals, 과업objectives이 반영된 팀 헌장team charter에 관해 합의했나요?

Q. 함께 있을 때와 따로 있을 때의 행동을 이끌 팀 가치에 관해 합

의했나요?

Q. 합의된 업무 방식에 관해 우리는 얼마나 명확하게 이해하고 있나요?

Q. 팀의 업무에 집중하면서 동시에 각자의 기능적 업무는 어떻게 수행할 건가요?

Q. 팀과 팀 구성원은 조직과 얼마나 정렬되어aligned 있나요?

공동 창조하기: 과정 중심/내부 지향적 초점

공동 창조하기는 팀의 합의 사항이 단순한 문구에 그치지 않고 '살아 있는 것'이 되도록 하는 것이다. 명확화하기가 팀이 되고자 하는 모습과 하고자 하는 일에 관한 것이라면, 공동 창조하기는 팀이 그것을 얼마나 잘 실행하고 있는가에 관한 것이다. 팀코치가 활용할 수 있는 질문은 다음과 같다.

Q. '명확화하기' 단계에서 합의된 내용을 고려할 때, 팀은 스스로를 얼마나 잘 인식하고, 불필요한 흐름을 차단하며, 방향을 조정하고 있나요?

Q. 팀은 갈등을 공동으로 관리하는 데 얼마나 능숙한가요?

Q. 팀 회의는 얼마나 효과적이며, 어떤 가치를 창출하고 있나요?

Q. 팀 구성원 사이에 효과적인 협업이 가능할 만큼 신뢰가 충분히 형성되어 있나요?

연결하기connecting: 과정 중심/외부 지향적 초점

효과적인 팀이 되기 위해서는 외부 이해관계자들과의 연결이 잘되어야 한다. 팀이 스스로 고려해야 할 질문은 다음과 같다.

> Q. 팀은 최신의 이해관계자 지도stakeholder map를 보유하고 있나요?
> Q. 팀은 각 주요 이해관계자와 얼마나 잘 연결되어 있나요?
> Q. 팀 구성원들은 자신의 기능function만이 아니라 팀 전체를 대표하는 역할을 잘 수행하고 있나요?

핵심 학습하기core learning

핵심 학습하기는 이 모델의 중심에 위치한다. 팀이 스스로 고려해야 할 질문은 다음과 같다.

> Q. 우리는 무엇이 잘 작동하고, 무엇이 그렇지 않은지를 성찰하는데 시간을 충분하게 할애하고 있나요?
> Q. 팀은 개인 학습과 팀 학습을 얼마나 중요하게 생각하나요?
> Q. 팀은 현재의 맥락과 환경에 발맞춰 충분히 빠르게 학습하고 있나요?

팀코치에게 제안된 프로세스

다섯 가지 규율은 각각 독립적으로 존재하지 않는다. 호킨스의 연구 전반에서 시스템적 실천systemic practice과 팀코치 수퍼비전의 중요성이 일관되게 드러난다. 이러한 주제들은 14장과 28장에서 더 깊이 다루어진다.

우리는 팀코치 훈련생에게서 다음과 같은 질문을 반복적으로 받는다. "전형적인 팀코칭 여정은 무엇인가요?" 이에 관해 우리는 다음과 같은 주장에 동의한다. "전형적인 팀코칭 여정이라는 것은 존재하지 않는다. 모든 팀은 서로 다르고, 각기 다른 도전과 역동을 지니고 있기 때문에 팀에 따라 팀코칭 여정은 달라야 한다"(Hawkins, 2022b, p. 412). 그런데도 CID-CLEAR라는 팀코칭 프로세스 모델은 팀코치들이 각 여정을 설계할 때 유용한 프레임워크가 될 수 있다. 이 모델은 여덟 개의 항목으로 나누어져 있으나 선형적으로 적용되는 것은 아니며, 모든 팀코칭 여정이 다르다는 전제를 존중한다(Hawkins & Smith, 2006, 2013; Hawkins, 2011, 2014, 2017, 2021).

CID-CLEAR는 다음의 단계로 구성된다.

(C) Contracting 1: 1차 계약

(I) Inquiry: 탐색

(D) Discovery, Diagnosis, and Design: 발견, 진단, 설계

(C) Contracting 2: 2차 계약

(L) Listening: 경청

(E) Explore and Experiment: 탐색과 실험

(A) Action: 실행

(R) Review: 검토와 피드백

아래에서는 각 단계에 관해 설명한다.

1차 계약 contracting-1

이는 일반적으로 팀 개발 작업을 하기로 한 사람들(예: 팀 리더, HR 파트너, 팀 스폰서)과 나누는 초기 대화이다. 고려할 수 있는 질문은 다음과 같다.

Q. 이러한 초기 대화는 어떤 계기로 시작되었나요?

Q. 팀 개발 작업에 관해 이 팀은 어떤 경험이 있나요?

Q. 이 팀이 직면한 도전 과제는 무엇인가요?

Q. 현재와 미래의 이해관계자들은 이 팀에게 무엇을 기대하고 있나요?

Q. 이 팀이 '팀'으로 존재하는 목적은 무엇인가요?

Q. 팀코칭에 관한 이해 수준은 어느 정도인가요?

Q. 성공적인 결과는 어떻게 보이고, 어떻게 느껴지며, 어떤 소리로 들릴까요?

Q. 성공은 어떻게 측정할 수 있을까요?

탐색^{inquiry}

이 단계는 팀에 관한 데이터와 인상을 수집하는 단계이다. 이 과정에는 팀 구성원과 및 핵심 이해관계자들과의 일대일 반구조화 인터뷰, 팀 360도 피드백(예: Team Connect 360), 맞춤형 설문지, 기타 피드백 도구(예: 성격 심리측정 도구), 그리고 기존의 자료들(예: 이전에 진행한 팀 개발 활동 산출물, 직원 설문조사, 팀 성과에 관한 보고서) 등이 포함될 수 있다.

다음은 고려해야 할 주요 원칙들이다.

- 일대일 인터뷰는 단순한 데이터 수집을 넘어서, 관계를 형성하고 작업 동맹working alliance을 구축하는 데 도움을 준다.
- 수집된 모든 데이터는 특정팀 구성원에게 귀속되지 않아야 한다.¹⁾
- 과도한 탐색 도구를 사용하는 것은 팀에 부담을 줄 수 있으므로 주의해야 한다.

발견, 진단, 설계^{discovery, diagnosis & design}

이 단계에서 중요한 점은 "팀에 관해 확정적인 결론을 내리는 것이 아니라, 팀코칭의 초점이 될 수 있는 주제를 포함한 떠오르는 가설

---

1) [역자 주] 데이터가 어떤 개별 팀 구성원에게서 수집된 것인지를 식별할 수 없도록 익명성이 보장되어야 하며, 이는 팀코칭을 진행할 때 심리적 안전감과 신뢰를 형성하는 데 중요하다.

emerging hypotheses을 개발하는 것"이다(Hawkins, 2021, p. 92). 이 단계
는 다음 두 가지 하위 단계로 구성된다.

1. **공동 발견과 공동 진단**co-discovery and co-diagnosis

    팀 전체와의 만남을 통해 피드백에서 도출된 주요 사항을 이해할
    수 있도록 지원하는 과정이다. 팀코치는 팀이 판단 받는다는 느
    낌을 받지 않도록 사전 분위기를 조성하여, 팀이 호기심과 개방
    성을 가지고 접근하도록 돕는 역할을 해야 한다.

2. **코칭 여정의 공동 설계**co-designing the journey

    팀코치와 팀이 함께 팀코칭 여정의 큰 그림을 공동 설계하기 시
    작하는 단계이다.

2차 계약contracting-2

이 단계에서 팀코치와 팀은 다음의 두 가지 핵심 영역에 관해 계약한다.

1. **팀코칭 여정의 탐색**

    팀코치와 팀은 팀코칭 여정에 어떤 요소들이 포함될 수 있을지를
    함께 탐색한다(예: 워크숍, 팀코치의 팀 회의 참여, 이해관계자
    참여, 개인 코칭 등). 이때 팀코치가 전형적인 팀코칭 여정의 사
    례를 시각적으로 제시하면 도움이 된다.

2. 팀코치와 팀 간의 관계 계약

다음과 같은 항목들을 탐색할 수 있다.

(a) 실무적 사항practicalities(예: 장소location, 시간, 공간 구성place 등)

(b) 경계 설정(예: 정보 흐름에 관한 기밀 유지, 팀코치가 받는 수퍼비전 방식, 개별 코칭에 관한 기밀 유지 합의 등)

(c) 팀과 팀코치가 준수해야 할 윤리적 고려 사항

(d) 작업 동맹(예: 상호 기대, 지속적인 피드백, 팀코칭 여정 중 필요한 조정 등)

(e) 조직 전체와의 계약(예: 360도 피드백, 이해관계자 인터뷰 등)

경청listening

이 단계는 팀코치가 자신이 보고, 듣고, 느끼는 것을 경청하고 공유하는 것과 관련된다. 호킨스와 스미스Smith(2013)는 사실, 행동 패턴, 감정 패턴, 가정, 마인드 셋, 동기를 포착하고 참여하는 것의 중요성을 강조하였다.

탐색과 실험explore and experiment

지금까지 드러난 이슈들을 바탕으로, 팀코치는 팀이 새로운 방식들을 탐색하고 시도할 수 있도록 지원한다.

실행action

이 단계에서는 팀이 알아차림에서 실행으로 나아갈 수 있도록 지원한다. 여기에는 우선순위 설정, 계획 수립, 실행에 관한 약속이 포함된다. 팀이 새로운 행동을 사전 연습rehearse하는 것도 도움이 될 수 있다.

검토review

팀은 자체적인 검토 과정을 구축할 필요가 있다. 일반적인 검토 방법으로는 팀 회의 중 진행 상황을 논의하거나, 팀코치를 회의나 행사에 참여시키는 것이다. 성공을 결정하는 핵심 요소 가운데 하나는 팀 리더나 팀 구성원이 코치의 역할을 얼마나 잘 이어받아 수행하는가에 달려 있다.

맺음말

성공적인 팀 프랙티스의 다섯 가지 규율에 더해, 호킨스는 계속해서 팀코칭의 경계를 확장하고 있다.

18장. PERILL 모델

번역: 육현주

개요

이 장에서는 PERILL 모델(Clutterbuck, 2020)을 살펴본다. 먼저 데이비드 클러터벅Clutterbuck의 이전 연구에서 이 모델에 영향을 준 주요 아이디어들을 검토한 뒤, PERILL 모델 자체를 살펴보고 팀코치들이 작업 현장에서 어떻게 적용할 수 있을지 고찰할 것이다.

PERILL 모델

데이비드 클러터벅은 팀코칭 분야에서 영향력 있는 사상가로, 다음과 같이 기여했다.

- **팀코칭의 독특성**(Clutterbuck, 2007)

  『팀코치 되기Coaching the team at work』초판은 팀코칭에 관한 초기의 영향력 있는 저서이다. 퍼실리테이션은 팀 대화 관리에 초점을 맞추는 반면, 팀코칭은 팀이 스스로 대화를 관리할 수 있도록 지원하는 데 초점을 둔다고 주장했다. 이에 더해 팀빌딩이 지속 가능한 변화를 만드는 데 효과적인지에 대해 도전장을 내밀었다.

- **업무**task, **학습**learning, **관계**relationships**의 중요성**(Clutterbuck, 2007)

  고성과 팀은 업무, 관계, 팀 학습에 균형 있게 집중해야 하며, 어느 한 영역에 치우쳐서는 안 된다고 주장했다.

- **팀코칭은 전문적인 특성을 전제로 한다**(Clutterbuck, 2019).

  『팀코칭 이론과 실천The practitioner's Handbook of Team Coaching』은 팀코칭에 대한 포괄적인 개요를 제공한다. 팀코칭을 새롭게 부상하는 학문 분야라고 설명하며, 정의와 접근 방식에 차이가 있지만 기대할 만하고 긍정적이라고 했다. 이 책은 PERILL 모델도 소개한다.

- **복잡 적응 시스템과 PERILL 모델**(Clutterbuck, 2020)

  『팀코치 되기Coaching the team at work』2판에서는 팀코칭의 시스템적 성격을 강조하며, 팀을 다수의 상호작용 요소로 구성된 복잡 적응 시스템으로 보았다. 2판의 핵심은 PERILL 모델을 확장하여, 특히 리더십과 팀 리더의 역할을 강조한다.

- **실무를 통한 학습**(Clutterbuck et al., 2022)

  『팀코칭 사례 연구The team Coaching Casebook』에서는 팀코칭 정의에 대한 합의가 점점 많아지고 있으나, 복잡한 업무에 대한 다양한 접근법이 존재하며, 이는 강점으로 볼 수 있다고 사례 연구를 통해 생생히 드러냈다. 또 이 책은 표준화와 연구의 발전으로 팀코칭의 성숙도가 입증되고 있다고 말한다.

모델

PERILL 모델은 20년간의 연구와 팀 관찰을 바탕으로, 고성과 팀을 이루는 다섯 가지 기둥five pillars(핵심 요소)과 한 가지 조절 요인을 제시한다. 이 다섯 가지 핵심 요소는 다음과 같다: (P) 목적과 동기purpose and motivation, (E) 외부 접점 시스템, 프로세스, 구조externally-facing systems, processes, and structures, (R) 관계relationships, (I) 내부 접점 시스템, 프로세스, 구조internally-facing systems, processes, and structures, (L) 학습learning이다. 각 요소에서 팀은 좋은 성과를 낼 수도 있고, 나쁜 성과를 낼 수도 있으며, (L) 리더십은 조절 효과 역할로 간주한다(Clutterbuck, 2019, 2020). [그림 18.1]은 다섯 가지 기둥이 어떻게 상호작용하여 팀의 성과와 기능 장애에 영향을 미치는지 보여주는데, 리더의 자질과 행동 Leadership Quality Behaviors(LQB)은 이 요소들 사이를 조절하는 역할을 한다.

각 핵심 요소와 리더십 자질 행동 요소에 관한 설명은 다음과 같다.

리더십의 영향력 IMPACT OF LEADERSHIP	목적과 동기 Purpose and Motivation	외부 접점 시스템, 프로세스, 구조 Externally-facing systems, processes, and structures	관계 Relationships	내부 접점 시스템, 프로세스, 구조 Internally-facing systems, processes, and structures	학습 과정 Learning
목적과 동기 Purpose and Motivation	리더십의 영향력 IMPACT OF LEADERSHIP	팀과 이해관계자 간의 강한 가치 정렬	공유된 목적과 목표를 향해 열정적으로 협력하기	팀의 명확성과 공동 목표 달성에 집중하기	팀 학습의 이점에 대해 강력한 초점화
외부 접점 시스템, 프로세스, 구조 Externally-facing systems, processes, and structures	팀과 이해관계자 간의 가치 정렬	리더십의 영향력 IMPACT OF LEADERSHIP	팀과 이해관계자 간의 강한 가치 정렬	품질 문제에 시기 적절하고 효과적으로 대응	개선된 시스템 및 프로세스 사례
관계 Relationships	팀 구성원들이 각자의 의제만을 추구함	이해관계자들과의 협력 부족과 갈등 발생	리더십의 영향력 IMPACT OF LEADERSHIP	심리적 안전이 기반이 되어 열린 마음으로 솔직한 대화가 이루어짐	협력적인 학습 접근법
내부 접점 시스템, 프로세스, 구조 Internally-facing systems, processes, and structures	팀의 명확성 또는 공동 목표에 대한 집중도 한정	품질 문제가 제대로 식별되지 않았거나 효과적으로 처리되지 않음	솔직한 대화가 부족하고, 미처 말하지 않은 부분들이 지나치게 많음	리더십의 영향력 IMPACT OF LEADERSHIP	시스템, 프로세스 및 구조 개선을 지원하는 문화
학습 과정 Learning	팀 학습을 희생하면서 개인 학습에만 역점	시스템과 프로세스 개선 부족	학습에 대한 경쟁적인 접근 방식	변화에 저항하면서 현상 유지에 중점	리더십의 영향력 IMPACT OF LEADERSHIP

[그림 18.1] PERILL: 팀 성과와 기능 장애의 맥락
출처: Clutterbuck (2020, p.83)에서 각색

(P) 목적과 동기

팀의 목적은 팀이 존재하는 이유에 관한 것으로, 다음과 같은 질문이 도움이 된다.

Q. 이 팀은 왜 존재할까요?

(E) 외부 접점 시스템, 프로세스, 구조

팀이 외부 이해관계자들과 얼마나 효과적으로 협력하는지에 관한 것으로, 도움이 되는 질문은

Q. 팀은 각 외부 이해관계자와의 성과와 평판에 대해 어떻게 인지하고 있나요?

(R) 관계

관계는 팀 구성원들이 어떻게 함께 일하는가에 관한 것으로, 도움이 되는 질문은

Q. 팀 구성원들이 얼마나 서로 존중하며, 개방적이고 솔직하게 대화를 나누고 있으며, 심리적으로 안전하다고 느끼도록, 환경을 얼마나 잘 조성하고 있나요?

(I) 내부 접점 시스템, 프로세스, 구조

팀이 내부 프로세스를 어떻게 관리하는지에 관한 것으로, 도움이 되는 질문은

Q. 팀은 의사소통, 의사결정, 업무 흐름을 얼마나 효과적으로 관리하고 있나요?

(L) 학습

학습은 팀이 지속해서 배우고, 변화하는 환경에 대응하는 능력에 관한 것으로, 도움이 되는 질문은

Q. 팀은 성공과 실패에서 얼마나 효과적으로 성찰하고 배우고 있나요?

(L) 리더십

리더십은 각 요소에 대한 조절 요인으로 각각 영향을 미친다. 리더십은 단순히 리더 개인의 리더십일 뿐 아니라 팀 전체 집단 리더십에 관한 것이기도 하며, 이 둘은 모두 역동적인 시스템에 함께 존재한다. 도움이 되는 질문은

> Q. 리더가 팀이 목적을 달성하는 데 어떤 도움을 주나요? 아니면 어떻게 방해하나요?

팀코치를 위해 제안하는 프로세스

클러터벅(2020)은 팀코치와 팀이 함께 참여하는 일곱 개 주요 단계를 제시했다.

1. 준비 단계

이 단계는 팀과 팀의 시스템을 이해하는 데 중점을 두며, 다음을 포함할 수 있다.

(a) 인터뷰 – 각 팀 구성원, 팀과 팀 환경 맥락에 관해 인터뷰를 진행한다. PERILL 모델을 활용해 질문을 유도할 수 있다.

(b) 관찰 – 팀 회의나 두 명 이상의 팀 구성원 간 상호작용을 관찰한다. 팀코치 두 명이 함께하는 경우, 코치 한 명은 프로세스와 역동을, 다른 코치는 관계와 행동을 관찰하는 방식이 도움이 될 수

있다.

(c) 진단 – 이미 나와 있는 360도 다면 평가 도구나 자체 맞춤형 진단을 통해 팀코칭의 잠재적인 집중 영역을 파악한다. 중요한 점은 팀의 문제점을 지적하는 데 집중하는 것이 아니라 팀 강점에 주목하여, 강점을 활용해 약점을 개선하는 데 중요성을 강조한다. 진단을 과도하게 사용하면, 팀코칭에 대한 팀의 저항을 높일 수 있으니 주의해야 한다.

(d) 통합과 피드백 – 잠재적 데이터가 많으므로, 핵심 주제에 집중하는 것이 좋다. 팀이 세부 사항에 얽매여 방향감각을 잃어버리는 것을 방지한다. 이는 더 도전적인 이슈들을 논의하는 것을 피하는 방법일 수 있다.

팀 준비도 평가 – 모든 팀이 팀코칭 받기에 적합한 상태인 것은 아니다. 도움이 되는 질문들은

Q. 이 팀은 실제 팀인가요, 아니면 명목상의 팀인가요?

Q. 팀은 개방적이고 솔직한 대화를 포함하는 여정에 전념하고 있나요?

Q. 팀코칭 여정을 시작하기 전에 해결해야 할 이슈가 있나요?

2. 범위 설정 및 계약

'계약', 더 쉽게는 '합의agreements'라고 불리는 계약은 두 부분으로 구성된다.

첫째, 팀코칭에서 무엇에 집중할지에 관한 합의이다. 다만, 팀의

알아차림이 발전함에 따라 이 초점은 바뀔 수 있음을 인지하는 것이 중요하다. 도움이 되는 질문은 다음과 같다.

Q. 이 팀이 팀의 목적을 훨씬 더 효과적으로 달성하기 위해 무엇이 달라져야 할까요?

둘째, 서로 다른 당사자들different parties이 어떻게 작업할지에 대한 합의이다. 고려해야 할 것은, 코치와 리더, 코치와 팀, 코치와 스폰서, 리더와 팀, 팀 구성원 상호 간, 그리고 공동 팀코치 사이의 합의를 다 포함한다.

3. 프로세스 기법skills 개발

이 단계는 경청, 질문, 요약 기법, 침묵과 성찰의 시간 활용, 서로에게 도전하고 진정성 있는 피드백을 주고받는 역량을 개발하여 팀이 서로를 공동 코칭할 수 있도록 지원한다. 팀코치는 다음과 같은 질문을 던짐으로써, 프로세스에 대한 책임을 팀에게 이전하도록 도울 수 있다.

Q. 지금 이 방에서 일어나는 일에 대해 우리는 무엇을 발견하고 있습니까?

Q. 지금 이 순간 우리 자신에게 어떤 질문을 하는 것이 도움이 될까요?

궁극적으로, 이 작업의 목적은 팀이 스스로 이러한 질문을 하기 시작하도록 돕는 데 있다.

4. 팀코칭 대화conversation

대화는 반드시 가야 할 방향으로 흘러가야 한다. 팀코치가 팀 대화를 지원하기 위해 은연 중에 사용할 수 있는 구조는 다음과 같은 요소를 포함한다: (1) 회기 계약, (2) 회기의 전체 목표 설정, (3) 이슈 정의, (4) 맥락 파악, (5) 개인과 집단의 폭넓은 이해를 바탕으로 이슈 재정의, (6) 진전을 위해 필요한 개인 및 집단의 사고방식 변화에 대한 합의agreeing, (7) 앞으로 나아가기 위한 아이디어 탐색, (8) 다음 단계 결정, (9) 대화에서 얻은 학습을 바탕으로 재계약하기

5. 프로세스 검토

팀코칭 작업을 지속해서 검토하는 것은 필수적이다. 회기 종료 시점에 간단히 하거나 몇 차례 회기 진행 후에 좀 더 공식적으로 하거나, 팀코치와 팀이 어떻게 하면 작업을 더 효과적으로 만들 수 있는가에 초점을 맞춰야 한다. 팀이 스스로 성찰할 때 도움이 되는 질문은

> Q. 우리는 팀으로서 이 작업을 어떻게 하면 더 효과적으로 만들 수 있을까요?

6. 프로세스 이양transfer

팀코치에 대한 의존도를 줄이기 위해, 팀코치는 처음부터 자신은 결국 물러날 것이며, 작업이 지속 가능하려면 팀이 스스로 코칭하는 기술을 연습하고 학습해야 한다는 것을 팀과 계약해야 한다. 팀이 스스로에게 던져볼 도움이 되는 질문으로는

Q. 팀코치가 했던 것 가운데, 이제 우리가 하고 있는 것은 무엇인가?

Q. 팀코치가 여전히 하고 있는 일 중, 우리가 배워서 스스로 시작할 수 있는 것은 무엇인가?

7. 결과 검토

팀코치와 팀이 함께 팀코칭의 결과로 어떤 일이 일어났는지를 리뷰한다. 다음과 같은 질문이 도움이 될 수 있다.

Q. 처음에 합의했던 목표와 새롭게 도출한 목표에는 어떤 변화가 있나요?

Q. 우리는 팀의 미래의 성과를 돕기 위해 어떤 역량을 구축했나요?

맺음말

클러터벅이 팀코칭에 기여한 정도는 이 장에서 설명한 PERILL 모델을 훨씬 능가한다. 이는 『팀코치 되기Coaching the Team at Work』1판과 2판 사이의 변화에서도 분명히 드러난다. 그가 강조하는 팀 내 리더와 리더십의 역할은 팀코치들이 고려해야 할 매우 유용한 관점을 제공한다.

19장. 팀 효과성을 위한 여섯 가지 조건

번역: 김채식

개요

이 장에서는 해크먼Hackman과 웨이그먼Wageman의 팀 효과성 여섯 가지 조건에 관한 연구를 살펴보고 이 프레임워크를 팀코칭에 어떻게 활용할 수 있는지 알아본다.

팀 효과성을 위한 여섯 가지 조건

팀 효과성을 위한 여섯 가지 조건은 팀코칭 이론을 제안한 리차드 해크먼(1987, 2002)과 루스 웨이그먼(2001)이 협력한 결과이다(Hackman & Wageman, 2005a). 이 이론은 웨이그먼 등(2008), 해크먼(201 la), 웨이그먼Wageman과 로우Lowe(2019)에 의해 더욱 확장되었다.

몇 가지 중요한 주제는 다음과 같다.

- **코칭 효과에 영향을 미치는 팀 디자인**

  웨이그먼(2001)은 리더의 좋은 코칭이 잘 설계된 팀에는 어느 정도 도움이 되지만, 잘못 설계된 팀에는 별다른 영향을 미치지 않는다는 사실을 발견했다.

- **팀 효과성에 대한 입체적인 정의**

  팀 효과성에 관한 다른 연구에서 참고한 정의에서 해크먼(2002, 2011a)과 웨이그먼 등(2008)은 팀 효과성을 다음과 같이 표현했다.

  1. 팀의 산출물이 그것을 사용하는 사람들(예: 내부 또는 외부의 고객)의 요구를 충족하거나 초과하는 것이다.

  2. 팀 작업의 결과로 팀 역량이 증가한다.

  3. 팀은 구성원의 학습과 개인의 웰빙에 긍정적으로 기여한다.

- **팀코칭 이론**

  팀코칭 문헌에 가장 먼저 기여한 사람 가운데 한 명인 해크먼Hackman과 웨이그먼Wageman(2005a)은 세 가지 영역에 초점을 맞출 것을 제안한다.

  1. 기능 – 대인관계가 아닌 팀 업무 수행을 위한 코칭 기능에 중점을 둔다.

  2. 타이밍 – 게르식Gersick(1988, 1989)의 연구에서 영감을 얻은 것으로, 팀의 시작, 중간, 끝에는 각각 다른 코칭 활동이 필요하다.

3. 조건 - 그룹 설계와 업무 및 조직의 제약이 해결되지 않으면 팀코칭이 비효율적일 가능성이 크다.

• **조건에 집중**

해크먼Hackman(2002)의 다섯 가지 규율 모델은 궁극적으로 여섯 가지 조건으로 발전했다. 팀 효과성의 여섯 가지 조건은 (1) 실제 팀, (2) 설득력 있는 방향성, (3) 적합한 인재, (4) 견고한 팀 구조, (5) 지원적인 조직 환경, (6) 능숙한 팀코칭이다(Wageman et al., 2008). 조건에 초점을 맞춘 예로 갈등을 들 수 있는데, 이들은 근본적인 조건(또는 원인)을 해결하지 않으면 팀 갈등을 해결하기 위한 직접적인 노력이 낭비될 수 있다고 제안한다.

120개 이상의 고위 리더십 팀을 대상으로 한 웨이그먼 등(2008)의 연구에 따르면 21%만이 뛰어난 팀이라고 할 수 있는 것으로 나타났다. 특히 뛰어난 것으로 밝혀진 팀들은 여섯 가지 조건에서 훨씬 더 높은 점수를 받았으며, 이를 종합적으로 고려했을 때 팀 효과성의 차이를 60% 설명할 수 있었다. 해크먼(2011a)의 연구에 따르면 여섯 가지 조건이 팀 효과성 차이의 74%를 차지한다고 한다.

• **팀 진단 설문조사**Team Diagnostic Survey(TDS)

동료 검토를 거친 팀 진단 설문조사(Wageman et al., 2005)는 처음 시작된 이래로 계속 발전해 왔다. 이러한 발전의 한 예로, 최근의 반복 주기에 심리적 안전감psychological safety를 포함한 것은 "대인 관계에 초점을 맞춘 개입이 성과를 개선하지 못한다는 초기 가설에서 벗어나는 신호일 수 있다."라는 머피[Murphy]와 세이어[Sayer](2019)의 주장(p.77)을 들 수 있다.

모델The Model

처음 세 가지 조건은 **필수 요소**The Essentials로, 좋은 팀 성과를 위한 전제 조건으로 간주한다. 나머지 세 가지 조건은 **지원 요소**The Enablers로, 팀이 기본적인 필수 요소를 최대한 활용할 수 있도록 한다.

필수 요소

1. 실제 팀

연구 결과, 성과가 가장 저조한 팀은 팀 구성원이 명확하지 않고 불안정하며 상호 의존성이 거의 없었다(Wageman et al., 2008). 또한 안정적인 멤버십을 가진 팀은 새로운 팀 구성원과 이탈자가 지속해서 발생하는 팀보다 더 건강한 역동 관계를 유지하고 더 잘 형성되었다(Hackman, 2011a).

고려해야 할 몇 가지 질문

Q. 팀 구성원과 팀 구성원이 아닌 사람을 구분하는 명확한 경계가 있나요?

Q. 팀 구성원들이 효과적으로 함께 일하는 방법을 배울 수 있는

시간이 있나요?

Q. 팀이 상호 의존적인가요? 즉 공동으로 책임지는 작업을 완료하기 위해 자원, 정보 및 의사결정을 진정으로 공유해야 하나요?

Q. 업무에 팀이 필요한가요?

2. 설득력 있는 목적

팀의 고유한 목적, 조직의 목적과는 다른 팀 목적은 팀 구성원들의 방향성을 제시하고 참여를 유도하는 데 필수적이다. 팀의 목적은 도전적이고 결과 지향적이며 명확해야 한다. 팀 목적은 최종 상태에 관한 것일 수도 있지만, 팀의 실제 업무와 연결될 수 있어야 한다.

고려해야 할 몇 가지 질문

Q. 팀의 목적이 어느 정도 도전적이고 결과적이며 명확한가요?

Q. 다른 팀이 할 수 없는 이 팀만의 고유한 업무는 무엇인가요?

Q. 팀의 목적이 팀의 실제 업무와 얼마나 잘 연결되어 있나요?

3. 적합한 인재

웨이그먼Wageman 등(2008)은 리더십 팀에 대해 논의할 때 특히 팀을 물려받은 경우, 팀을 변화시키는 것은 반복적인 과정이 될 가능성이 크다는 점을 인식했다. 이들은 팀 이탈자를 보통 기술적으로는 유능하지만 공감 능력과 성실성 같은 인간적인 기술과 역량이 부족한 구성원이라고 설명한다. 이들은 성실성에 관해 논의할 때 이탈자는 공적으로는 한 가지 말을 하고 사적으로는 다른 말을 하는 경우가 많다고 지적한다.

고려해야 할 몇 가지 질문

Q. 각 팀 구성원이 기본적인 팀워크 기술과 협업에 대한 열망이 있나요?

Q. 팀이 목적을 달성하는 데 필요한 지식, 기술, 다양성 수준을 갖추고 있나요?

Q. 팀에 이탈자가 있는 경우, 신속하게 행동에 이의를 제기하고 이탈자의 자기 계발을 지원하거나 궁극적으로 필요한 경우 팀에서 제거하려는 의욕이 있나요?

지원 요소

4. 지원 구조

(1) 6~8명 이하의 적절한 팀 규모, (2) 함께 일할 때와 따로 일할 때 허용되는 행동과 허용되지 않는 행동에 관한 명시적인 행동 규범, (3) 팀이 함께 일하기에 합당한 실제 팀 작업에 대한 명확성 등, 세 가지 영역이 활성화 구조에 필요한 것으로 간주한다.

고려해야 할 몇 가지 질문

Q. 팀 규모가 너무 크다고 판단되면 어떻게 재구성할 수 있을까요?

Q. 팀이 함께 있을 때와 떨어져 있을 때 어떻게 합의된 규범을 유지할 수 있을까요?

5. 지원적인 조직 환경

팀은 조직적 맥락에서 운영되므로 효과적인 팀워크를 촉진하는 지원 시스템을 갖추는 것이 중요하다.

고려해야 할 몇 가지 질문

Q. 보상 시스템이 팀 성과를 어느 정도까지 장려하나요?

Q. 팀 구성원들이 지식, 기술 또는 경험의 격차에 대해 기술 지원이나 교육을 받을 수 있나요?

Q. 조직의 정보 시스템이 팀 업무를 얼마나 잘 지원하나요?

6. 능숙한 팀코칭

처음 다섯 가지 조건이 갖춰진다면 적절한 시기에 유능한 팀코칭을 통해 팀이 더욱 효과적으로 일할 수 있도록 지원할 수 있다. 웨이그먼 등(2008)의 연구에 따르면 '뛰어난 팀은 평범하거나 어려움을 겪는 팀보다 리더와 서로에게 훨씬 더 많은 코칭을 받았다'(p.160)라고 한다. 외부 팀코치 또는 외부 팀코치와 내부 팀코치의 조합도 팀코칭을 제공할 수 있다.

고려해야 할 몇 가지 질문

Q. 특정 팀과 팀 상황에 가장 적합한 팀코칭을 제공할 수 있는 사람은 누구인가요?

Q. 리더와 팀 구성원의 코칭 기술을 지원하는 교육에는 어떤 것이 있나요?

팀코치를 위한 제안 프로세스

적절한 시기에 팀을 이끌기: 팀 효과성의 여섯 가지 조건에 대한 프로세스를 고려할 때, 행동하기 가장 좋은 순간 찾기finding the best moments to act(Wageman et al., 2009)가 도움이 된다. 팀의 효과성에 가장 큰 영향을 미칠 수 있는 네 가지 시기는 (1) 팀 구성전, (2) 팀이 출범할 때, (3) 성과 기간의 중간 지점, (4) 팀의 성과 기간이 끝날 때로 강조되어 있다. 이러한 네 가지 영역은 팀 모델 성과 주기의 시작, 중간 지점, 끝 지점에서 적절하게 코칭하는 것이 중요하다고 강조한 팀코칭 이론(Hackman & Wageman, 2005a)의 연구 결과에 따라 뒷받침된다. 네 가지 영역 각각에 대해 살펴보겠다.

1. 팀 구성 전

팀을 구성하기 전에 리더는 임원이나 팀코치의 지원을 받아 팀 효과를 위한 여섯 가지 조건을 고려하여 고품질의 팀 디자인을 보장해야 한다. 팀 디자인의 중요성은 60-30-10 법칙(Hackman, 2011b; Wageman & Lowe, 2019)에서 강조하고 있다. 이 법칙에 따르면 팀의 궁극적인 성과를 고려할 때 조건 조성이 약 60%, 팀 출범의 질이 30%, 실시간 팀코칭이 10%를 차지한다.

새로운 CEO가 직속 보고자를 팀으로 잘못 간주하여 다음과 같은 질문을 탐구하는 경우를 예로 들어보자.

Q. 상위 리더 가운데 누가 기업 전체의 이익을 위해 협력할 의지

와 역량을 갖추고 있나요?

Q. 리더십 팀의 목적은 무엇인가요?

Q. 개인이 아닌 시니어 팀이 더 잘할 수 있는 대규모 사업에는 어떤 것이 있을까요?

팀 회의 전에 되도록 포괄적으로 조건을 검토해야 하지만, 팀 규범에 대한 합의와 같이 팀의 의견이 중요한 영역도 있다.

2. 팀 출범 시 동기부여 코칭

다음으로 중요한 영역은 팀 출범이다. 시작은 '팀의 구조적 틀에 생명을 불어넣는 동기부여 코칭 개입을 위한 특별한 기회'로 설명된다(Hackman & Wageman, 2005a, p.276). 팀 출범 시 코칭은 팀이 페이지 상의 이름에서 실제 결속력 있는 팀으로 나아갈 수 있도록 돕는 데 초점을 맞춰야 한다. 리더는 팀의 목적을 공유하여 팀이 피드백을 제공하고 필요한 경우 수정할 수 있도록 한다. 무엇보다도 팀은 함께 일하는 방식(팀 규범)을 합의하고 공동 작업을 향해 방향을 잡는다. 기존 팀의 경우, 팀 재출범을 통해 새로운 추진력을 불어넣을 수 있다.

3. 컨설팅(중간 지점에서의 코칭)

팀 성과 주기의 중간 지점에서는 팀이 업무 진행 상황을 살펴보고 외부 요구와 가용 자원에 더 잘 부합하도록 변경 사항을 결정할 수 있는 컨설팅 코칭의 기회를 제공한다.

4. 종료 지점에서의 교육 코칭

종료 단계에서는 팀이 성찰하고 배우는 시간을 갖는 데 초점을 맞춘 교육 코칭의 기회를 제공한다. 대부분 팀은 특별한 요청이 없는 한 이러한 검토에 시간을 할애하지 않을 가능성이 크다.

논의된 네 가지 영역은 구조화된 접근 방식을 암시하지만, 웨이그면Wageman 등(2009)은 코치가 시스템적인 힘을 감지하고 실시간으로 개입하여 가장 좋은 시기를 판단해야 한다고 강조한다.

맺음말

팀 효과를 위한 여섯 가지 조건은 팀코칭을 개발하기 위한 기본 요소이다. 특히 조건에 대한 강조와 팀이 팀코칭을 받을 준비가 되어 있는지 확인하는 것이 중요하다.

20장. 고성과 팀코칭(HPTC) 모델

번역: 고윤주

개요

이 장에서는 피터스Peters와 카Carr의 고성과 팀코칭 모델을 검토하고 이 모델을 팀코칭에 어떻게 활용할 수 있는지 살펴본다.

고성과 팀코칭High-Performance Team Coaching(HPTC) 모델

실무 연구자인 재클린 피터스 박사와 캐서린 카 박사(Carr & Peters, 2012)는 박사학위 논문을 바탕으로, 학술 논문(Carr & Peters, 2013: Carr & Peters, 2013a), 저서(Carr & Peters, 2013b; Carr & Peters, 2013c), 책의 장(Peters, 2019, 2022; Peters & Carr, 2019)을 통해 새로운 팀코칭 문헌에 크게 공헌했다.

그들의 연구에서 나온 주요 주제는 다음과 같다.

- **팀 작업 협약, 개인별 코칭, 팀 설계 및 구조의 중요성**(Carr & Peters, 2013)
- 팀 작업 협약 수립뿐만 아니라, 그들의 연구는 더 광범위한 팀코칭 개입의 하나로 개인, 동료, 팀 리더 코칭의 유용성을 강조한다. 그들의 연구에서 나온 또 다른 핵심 성과는 팀코치가 리더와 팀이 자신들의 팀 설계와 구조를 성찰하도록 지원하는 것의 중요성과 기회이다. 실제로 그들의 연구는 팀 설계나 구조 문제로 인해 실패할 가능성이 큰 팀코칭 과제를 맡지 말아야 한다는 점을 매우 명확히 하고 있다. 이러한 경우, 그들은 특히 리더를 위한 개인별 코칭의 장점을 옹호하여 팀 설계 및 구조 문제를 해결하는 것이 팀과의 광범위한 협력을 위한 잠재적 선행 조건임을 강조했다. 이러한 점에서 그들의 연구는 웨이그먼Wageman 등(2008)과 해크먼Hackman(2011a)의 영향을 받았으며 그 연구와 일치한다.
- **팀코칭 효과성**(Peters & Carr, 2013a; Peters & Carr, 2019)
- 그들 연구의 핵심 주제는 팀코칭 효과성에 초점이 맞춰져 있다. 피터스와 카(2019)는 팀코칭의 다양한 이점을 강조하면서도, 팀코칭의 효과성에 관한 17개의 학술/실증 연구를 비판하며 "팀코칭 결과에 대한 더 많은 증거가 필요하다."(p.115)라고 결론지었다. 그들은 팀코칭에 대한 논거를 강화하는 데 도움이 되는 더 객관적인 비즈니스 측정 지표보다는 사례 연구와 자기 보고에 지나

치게 의존하고 있다고 지적했다.

- **고성과 팀코칭 모델**(Carr & Peters, 2013)/**시스템**(Peters & Carr, 2013b)
- 그들의 연구에서 나온 또다른 결과물은 고성과 팀코칭 모델로, 이는 이 장의 나머지 부분에서 중점적으로 다룰 것이다.

모델

고성과 팀코칭 모델(Carr & Peters, 2013)은 시스템으로도 설명되며 (Peters & Carr, 2013b), 정부와 기업의 두 리더십 팀을 대상으로 수행한 박사과정 연구와 기존 문헌 검토를 통해 도출된 결과물이다. 이 모델은 다음과 같은 다섯 가지 핵심 요소로 구성된다.

1. 세 가지 팀 단계

게르식^{Gersick}(1988)의 단속 평형 모델^{punctuated-equilibrium model}은 팀이 함께 일하는 과정에서 시작, 중간, 종료를 자연스러운 단계로 강조한다. 고성과 팀코칭 모델은 이러한 모델의 영향을 받아 팀코칭이 팀 주기 중 세 시기에 가장 큰 영향을 미친다고 제시한다. 팀코칭이 시작 단계에서 가장 효과적이라고 명시하면서 그들은 새로운 시작에 초점을 맞춘 이벤트(예: 프로젝트 출범, 새로운 팀 구성원, 새로운 전략)을 만드는 것이 기존 팀과 작업할 때 도움이 될 수 있다고 제안한다. 중간 단계는 주로 검토 기회와 관련이 있으며, 종료 단계는 주로 학습 통합에 관한 것이다. 그들은 종료 단계가 반드시 팀이 공식적으로 종료된다는 것을 의미하지 않으며, 일종의 끝을 나타내는 자연스러운 이정표에 도달하는 것을 의미할 수 있다고 언급한다.

2. 세 가지 코칭 기능

코칭 기능은 다음과 같이 세 가지 코칭 단계와 일치한다. (1) 시작 단계에서는 정의 및 시작, (2) 중간 단계에서는 검토 및 재정렬, (3) 종료 단계에서는 통합. 그들은 시작 단계에서는 팀코칭이 더 자주 이루어지고, 중간 단계에서는 지속적인 개별 코칭이 이루어진다는 점에 주목했다.

3. 여섯 가지 팀코칭 구성 요소(단계)

단계라고도 하는 여섯 가지 구성 요소는 (1) 평가assessment, (2) 팀 설계를 위한 코칭coaching for team design, (3) 팀 출범team launch, (4) 개인별 코칭individual coaching, (5) 지속적인 팀코칭ongoing team coaching, (6) 학습 및 성과에 대한 검토review of learning and successes로 구성된다. 1~4단계는 주로 시작 단계(정의 및 시작), 5단계는 중간 단계(검토 및 재조정), 6단계는 종료 단계(통합)와 연관되어 있다. 6단계는 팀 단계와 코칭 기능에 정확히 일치하지 않는다. 예를 들어, 개별 코칭은 시작 단계(정의 및 시작)와 중간 단계(검토 및 재정렬) 기능이 될 수 있다. 또 이러한 단계는 팀 주기의 일부이지만 팀코치나 리더는 중간 단계에서 필요에 따라 언제든지 특정 단계를 다시 수행하기로 할 수 있다고 언급한다. 예를 들어, 평가 이후 기존 팀이 팀 재출범relaunch 할 필요가 있다고 결정할 수 있다.

4. 안전

모든 코칭의 근간이자 그들 모델의 핵심은 안전이다. 그들은 연구를 통해 팀코치가 심리적으로 안전한 공간을 조성하는 것이 중요하다는 점을 명확히 인식하고 있음을 확인했다.

5. 팀 효과성

그들의 연구는 (1) 결과물의 질quality of outputs, (2) 팀이 효과적으로 관계를 맺고 협력하는 능력capability of the team to relate and work together effectively, (3) 개인의 참여 수준level of individual engagement을 포함한 세 영역에서 팀 효과성 개선을 지적했다.

팀코치를 위한 제안 프로세스

이전 섹션에서 자세히 설명한 바와 같이, 고성과 팀코칭 모델(시스템)은 여섯 가지 구성 요소 또는 단계를 포함한다(Carr & Peters, 2013; Peters, 2019, 2022; Peters & Carr, 2013b).

각 단계에서 고려해야 할 핵심 영역들은 다음과 같다.

1단계: 사전 진단_{assessment}

팀코칭을 시작하기 전에 반드시 팀의 준비 상태를 파악해야 한다.

웨이그먼 등(2008)이 제시한 팀 효과성을 위한 조건들(19장 참고)은 팀의 준비 상태를 파악하는 데 도움을 줄 수 있다.

살펴볼 영역은 다음과 같다.

- 실제 팀인지 여부
- 설득력 있는 팀 목적의 존재 여부
- 팀이 목적 달성에 필요한 기술, 재능을 적절히 갖추고 있는지 여부
- 역할과 책임의 명확성을 포함하여 팀 구조가 얼마나 최적의 상태인지 여부
- 팀이 지원적인 조직 맥락(예: 정보, 시간, 자원)에 존재하는 정도

피터스와 카(2013b)의 **팀코칭 준비도 평가**Team Coaching Readiness Assessment(p.41)에서 탐색할 예시 질문들은 다음과 같다.

Q. 먼저 또는 별도로 다뤄져야 할 성과 문제가 있는 팀 구성원이 있습니까?

Q. 모든 팀 구성원이 성공을 위해 참여해야 하는 목표가 있습니까?

Q. 팀이 코칭에 참여하는 데 방해가 될 잠재적인 장애물이 있습니까? 있다면 무엇입니까?

또한 팀코치는 팀 평가를 돕기 위해 다음을 활용할 수 있다.

- 팀 구성원 인터뷰
- 팀 이해관계자 인터뷰
- 검증된 팀 평가 도구
- 무료 선별 도구 – 예를 들어, 개별 팀 수준에서 평가하는 고성과 관계(HPR) 및 팀 평가(Peters, 2015a)와 같은 도구가 있다. (https://app.assessmentgenerator.com/assessment/1913에서 제공)
- 팀코치가 설계한 온라인 설문조사
- 체크리스트 – 예를 들어, 팀코칭 준비도 평가(Peters & Carr, 2013b)

팀이 팀코칭을 받을 준비가 되었다면 다음 단계를 적용할 수 있다.

- 팀코칭 개요 소개 회기 – 이 회기에서 팀코치는 팀코칭이 무엇인지, 무엇이 포함되는지, 그리고 모든 사람이 어떻게 기여할 수 있는지에 관해 설명한다.
- 팀 평가에 대한 코칭 사전 보고 회의 – 팀코치는 익명으로 수집된 정보를 이 회의에서 발표한다. 팀은 이 정보를 활용하여 팀의 강점, 개발 영역, 도전 과제, 기회, 잠재적 집중 분야를 스스로 결정한다.

2단계: 팀 설계를 위한 코칭

팀 구조와 설계가 팀 기능의 60% 이상을 차지하기 때문에(Hackman, 2011a), 팀코칭을 진행할지는 신중하게 판단해야 할 문제다. 피터스와 카(2013b)는 "올바른 팀 설계 없이는 코칭이 성공할 가능성이 작다."라고 분명하게 언급한다(p.45). 이러한 경우 코치는 개별 코칭을 통해 팀 리더를 지원하여 적절한 조건을 조성할 수 있는지 확인할 수 있다고 제안한다.

3단계: 팀 출범

팀 출범 또는 재출범에 필요한 것으로 간주되는 활동은 다음과 같다.

- 충분한 시간 확보. 이상적으로는 외부에서 시간을 확보한다. 2~3일 정도 권장되며, 최소 하루가 필요하다.
- 평가 단계의 팀 결과물을 활용하여 팀 리더와 계획을 공동 수립한다.
- 팀이 현재 상태와 이상적인 미래에 대해 생각할 수 있는 안전한 성찰 공간을 마련한다.
- 팀의 효과성에 대한 이해와 공통된 용어를 개발한다. 예를 들어, 안전, 목적, 구조, 동료애, 회복, 성공/결과의 중요성(Peters, 2015b) 등이 있다.

- 팀의 비전, 목적, 가치, 업무 협약, 공동 목표, 성공 척도 등을 포함한 팀 헌장Team Charter에 합의할 수 있도록 팀을 지원한다.

4단계: 개인별 코칭

코칭은 리더가 자신의 팀 리더십 행동을 성찰하고 팀코칭 기술을 개발하도록 지원할 수 있다. 팀 구성원을 코칭하는 경우에는 팀 구성원들이 팀 목표에 부합하는 개인 목표를 개발할 수 있도록 코칭하는 것이 필수적이다.

5단계: 지속적인 팀코칭

지속적인 팀코칭 빈도는 팀의 필요에 따라 달라진다. 팀코치가 팀 회의에 참석하거나 특정 팀코칭 회기를 진행하는 것이 포함될 수 있다. 팀 헌장을 재검토하고 성찰하는 것은 지속적인 코칭에 필수적인 요소다. 또 다른 중요한 영역은 동료 코칭이다. 동료 코칭 동료들은 '상호 독립적인 목표를 달성할 수 있도록 서로에게 안전하고 신중하며 의미 있고 숙련된 지원'을 제공할 수 있다(Peters & Carr, 2013b, p.59). 팀 구성원들에게 동료 코칭을 지원하기 위한 코칭 기술에 관한 교육이 도움이 될 수 있다.

6단계: 학습 및 성공 검토Review Learning and Successes

이 단계에서는 팀이 팀코칭을 성찰하고, 중요하게는 추진력을 지속할 방법을 합의하도록 지원하는 것이다. 평가와 팀 및 이해관계자 인터뷰를 반복하는 것이 도움이 될 수 있다. 또한 동료 코칭과 팀 헌장이 팀의 발전을 지속하는 데 어떻게 도움이 될 수 있는지 생각해 볼 좋은 기회이기도 하다.

맺음말

높은 평가를 받은 박사과정 연구에 기반을 둔 고성과 팀코칭 모델은 프로세스 중심의 접근 방식을 제시하는 동시에 팀코치가 유연성을 발휘할 수 있도록 한다. 팀코치의 주요 역할에서 핵심으로 강조할 것은 팀이 팀코칭받을 준비가 되어 있지 않을 때, 리더를 대상으로 한 일대일 코칭one-to-one coaching이 중요하다는 점이다.

21장. 팀들의 팀: 조직 내 및 조직 교차 팀코칭

번역: 박정화

개요

이 장에서는 팀들의 팀team of teams과 팀 되어가기teaming 개념의 발전 과정을 검토하고, 팀코치는 이러한 아이디어를 실제로 어떻게 적용할 수 있는지 살펴본다.

팀코칭의 도전 과제

팀코칭의 필요성을 주장할 때, 때로는 임원 코칭에만 집중하는 위험이나 영웅적인 팀 리더에 대한 잘못된 믿음에 관해 듣게 된다. 오늘날 팀코칭이 성장하고 전문화되어가는데도, 의미 있는 변화를 끌어내기 위해 개별 팀의 힘에 지나치게 의존하는 것은 아닌가? 이 장에서는 그 작업이 시스템적 프랙티스에 깊이 근거를 두고 있는데도, 팀과 함께 일하기가 때때로 불충분하다고 주장한다. 우리는 팀코칭이, 조직이 더 잘 협력하는 방법에 관해 폭넓게 논의하는 데 기여할 수 있다고 믿는다. 첫째, 팀코칭은 자신과 대화를 시작해야 한다.

발표된 사례 연구(Clutterbuck et al., 2022; Hawkins, 2022), 우리 자신의 팀코칭 그리고 팀코칭 교육자로서 경험에 따르면, 대부분 팀코칭은 시스템적이지만 단일 팀을 지원하는 데 초점을 맞추고 있다. 피터스Peters와 카Carr(2019)는 팀코칭의 이점을 설명하는 17개 연구를 검토하며, 팀코칭의 영향력에 대한 더 강력한 증거를 요구했다. 팀코칭의 효과성에 대한 연구가 지속해서 등장하면서, 우리는 현재까지의 경험을 바탕으로 팀코칭이 완전한 팀을 넘어 '팀들의 팀team of teams' 또는 '팀 네트워크network of teams' 접근 방식으로 확장될 때, 가장 의미 있는 가치를 입증할 수 있음을 확신한다.

이 장에서는 팀코치들이 자기 업무와 그 잠재적 영향력에 대해 더 넓게 고민해 보기를 희망한다. 이 주제를 탐구하기 위해, 새로운 접근 방식을 제시하는 다양한 관점을 논의한다. 제시된 생각들이 서로 다를 수 있지만, 팀코치들은 공통된 요소를 찾아내고 이 새로운 작업에 접근하는 자신만의 독특한 방법을 발견해 보기를 권장한다.

팀 되어가기 및 팀 네트워크

책 『**팀 되어가기**Teaming』에서 에드먼슨Edmondson(2012)은 '공통된 목표를 추구하기 위해 협력하는 안정적이고 고정된 사람들의 집단'으로 정의된 팀team(p.13)은 더는 충분하지 않다고 주장했다. 그 대신 '팀 되어가기teaming'가 필요하다고 강조하며, 이는 '동적인 활동으로, 경계가 명확하고 정적인 실체가 아닌 것'으로 설명된다. 이는 "효과적인 팀의 설계나 구조가 아닌, 팀워크의 마인드셋과 프랙티스에 크게 좌우된다."라고 말한다(Edmondson, 2012, p.13).

효과적인 팀 되어가기를 위한 네 가지 핵심 요소는 (1) 적극적인 의견 표현, (2) 협력적 마인드셋, (3) 실험과 시도, 그리고 (4) 지속적인 성찰이다. 또 팀 되어가기를 지원하기 위한 네 가지 리더십 행동은 (1) 학습 기회로서 업무 구조화, (2) 심리적으로 안전한 환경 만들기, (3) 실패에서 배우는 방법 학습하기, (4) 팀이 직업적 및 문화적 경계를 넘어 협력하도록 지원하기이다. 14장부터 20장에서 논의된 팀코칭 프레임워크, 모델, 접근 방식에서 팀 되어가기의 기반이 되는 개념들이 전반적으로 명확하게 드러난다.

팀 되어가기 외에도, 에드먼슨과 공동 저자들은 논문 「No Team is an Island: How Leaders Shape Networked Ecosystems for Team Success」(Carboni et al., 2021)에서 다중적인 보고 라인과 중복 팀들의 현실을 설명한다. 이들이 구조적 현실로 설명하는 것과 일치하도록, '팀 구성원 사이의 관계와 팀 구성원과 외부 이해관계자 사이의 관계를 관리하는 데 초점을 전환하는 것'(p.6) 대신, 팀빌딩과 이해관계자 매핑 연습에 집중하기를 제안한다. 우리는 완전한 팀, 팀의 네트워크(팀들의 팀), 그리고 팀 되어가기 개념 모두 필수적이라고 주장한다.

팀코치들을 위한 성찰 질문:

Q1. 나는 팀의 완전성을 초점화 단위unit of focus로 지나치게 엄격하게 고수하고 있는 부분은 어디인가?

Q2. 완전한 팀과 작업할 때조차 팀 되어가기teaming에서 나온 어떤 아이디어가 내 팀코칭 프랙티스를 더욱 발전시킬 수 있는가?

Q3. 팀이 이론적인 이해관계자 매핑 연습에서 벗어나, 조직 내외의 관계를 적극적으로 관리하는 방향으로 전환하도록 어떻게 지원할 수 있는가?

팀들의 팀

드레이튼Drayton(2013)은 논문 「A Team of Teams World」에서 전통적인 계층 구조 조직은 가속화하는 속도로 실패할 것이라고 주장한다. 이러한 조직적 실패는 2003년 이라크 합동 특수 작전 부대 지휘권을 맡은 스탠리 맥크리스털 장군General Stanley McChrystal이 지휘를 맡았을 때 명확히 드러났다. 세계 최고의 군대 가운데 일부, 특히 팀의 모범 사례(예: SEAL 팀)를 포함해 구성된 부대가 알카에다al-Qaeda와의 전투에서 패배했다. 책 『팀들의 팀Team of Teams』(역자주: 국내에서는 [팀 오브 팀즈]라는 제목으로 출간)는 100년간의 전통적인 지혜를 버리는 변화를 설명하며, 이 변화를 전술이나 기술보다는 조직 구조와 문화에 더 초점을 맞춘 변화라고 언급했다(McChrystal et al., 2015). 이 변화의 핵심은 엘리트 팀 간의 인터페이스 실패를 해결하는 데 있었다. 이 과정을 논의하며 맥크리스틸McChrystal 등(2015)과 푸셀Fussell, 굿이어Goodyear(2017)는 네 가지 핵심 요인을 강조했다.

1. **팀 간의 신뢰 구축**Developing Trust between Teams – 최고의 팀 내에서는 신뢰가 강했지만, 이러한 팀들 간의 신뢰는 때때로 부족했다. 이를 개선하기 위해 취한 조치 가운데 하나는 대표자representation 배치였다. 협업 능력이 뛰어난 대표자가 일정 기간 다른 팀에 배치되었다. 이 조치로 이해와 존중이 증가했을 뿐만 아니라, 태스크포스 전체에 걸쳐 강한 유대감과 관계가 형성되었다. 이 이니셔티브는 외부 파트너 조직(예: 외부 계약업체)에도 확대되었다.

2. **공통된 목적 의식**A Sense of Common Purpose – 이들은 관점을 "부족 같은 소규모 팀의 시각에서 새로운 높은 목적과 소명의식(Fussell & Goodyear, 2017, p.19)으로 진화시켰다."라고 설명한다. 태스크포스에서는 논의의 초점이 '승리'에 관한 이야기에서 '승리를 위해 필요한 변화'로 전환되었다.

3. **공유 의식 개발**Developing a Shared Consciousness – 이는 팀들이 서로 공유된 문제에 대한 이해가 일치되고, 실시간 정보를 서로 공유하며, 그리고 앞으로 나아갈 방향에 대한 조율된 상태로 이동하는

것을 의미한다. 맥크리스털 등(2015)은 이를 '우리 부대와 파트너 부대 전체에 걸쳐 극도의 투명성을 채택하는 것'이라고 설명한다(p.163). 이들은 이 과정의 정점에서는 수천 명이 비디오 회의에 참여했으며, 스탠리 맥크리스털 장군을 포함한 고위 리더들이 참석했고, 계급에 관계없이 누구나 의견을 공유할 수 있었다고 설명한다.

4. **실행 권한 강화**Empowering Execution – 태스크포스는 여전히 너무 느렸다. 이를 해결하기 위해 고위 지도자들은 업무의 민감성을 고려해 현명하게 권한을 하향 분배했다. 중요한 점은 더 빠르고 품질이 높은 의사결정의 결과를 설명했다는 데 있다.

팀코치들을 위한 성찰 질문

Q1. 조직 내외부의 팀 간 신뢰 구축을 가장 효과적으로 촉진하고 지원할 수 있는 방법은 무엇인가요?

Q2. 팀들이 조직의 목적과 목표가 조직 내·외부의 협력을 얼마나 잘 장려하는지 성찰하도록 지원하는 방법은 무엇인가요?

Q3. 여러 팀이 서로의 문제와 잠재적인 해결 방안에 대해 서로 이해를 발전시키도록 가장 효과적으로 지원하는 방법은 무엇인가요?

Q4. 리더들이 자율성을 부여하는 방식이 얼마나 효과적인지 성찰하도록 지원하고, 개선을 위해 무엇을 할 수 있는지 탐구하도록 지원하는 방법은 무엇인가요?

팀들의 팀과 애자일 마인드셋 조직

위도우슨Widdowson과 바부어Barbour(2021)는 더 분산된 조직에서 그들이 '팀들의 팀과 애자일 마인드셋 조직'이라고 설명하는 방향으로의 전환을 제시했다([그림 21.1] 참조). 그들은 "이 전환 경로와 속도에 일관성이 거의 없지만, 조직은 변화하고 있다."라고 지적하며, "사실 대부분 조직은 그 중간 어딘가에 존재한다."라고 덧붙였다(p.195). 아마도 중간 지점이 원하는 목적지일 수 있다. 이 관점을 뒷받침하며, 이라크 합동 특수 작전 태스크포스를 하이브리드 구조로 설명할 때 퍼셀Fussell과 굿이어Goodyear(2017)는 "이 하이브리드 구조는 네트워크에서 발견되는 비공식적 관계가 제공하는 속도와 정보 공유 능력을 활용하면서, 관료제의 효율성, 신뢰성, 예측 가능성을 유지했다"(p.45).

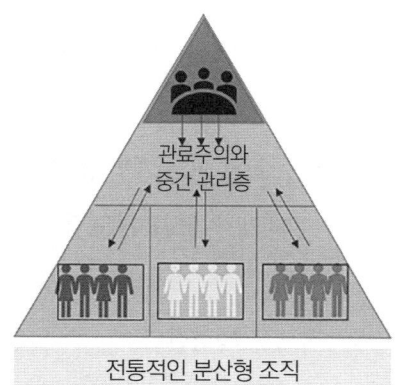
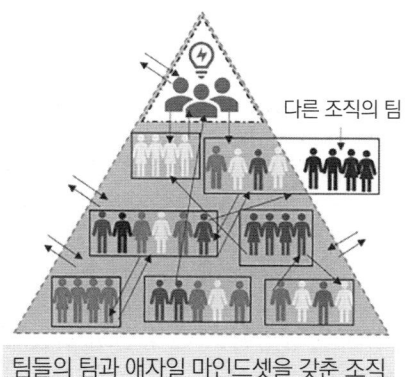

[그림 21.1] 전통적인 분산형 조직, 팀들의 팀
그리고 애자일 마인드셋 조직의 일러스트레이션illustration
(출처: Widdowson & Barbour, 2021, p.195 – 허가 하에 재인용)

애자일 마인드셋을 지원하기 위해 위도우슨과 바부어(2021)는 애자일 선언문The Agile Manifesto(2001)에 제시된 애자일 가치를 유용한 것으로 강조했다. '소프트웨어'를 '제품'으로 대체하면 다음과 같다. (1) 프로세스와 도구보다 개인과 상호작용, (2) 포괄적인 문서화보다 작동하는 제품, (3) 계약 협상보다 고객 협업, (4) 계획을 따르기보다 변화에 대응하기. 크롤Kroll과 쉐아Shea(2018)는 애자일 가치의 중요성을 강조하며, 우수한 성과를 내는 팀은 단순히 '애자일을 실천하는 것doing agile'(예: 칸반Kanban이나 스크럼Scrum과 같은 애자일 방법론)이 아니라 '애자일하게 행동하는 것performed better were being agile'이었다고 보고했다.

조직이 '팀들의 팀'과 '애자일 마인드셋'을 갖춘 조직으로 전환하기 위해 준수해야 할 12가지 원칙은 다음과 같다(Widdowson & Barbour, 2021에서 수정 및 보완).

1. 조직과 팀 수준에서 내부와 외부 협력을 우선시하고 보상하는 목적, 비전, 가치관(행동 기준)을 갖추고 있다.
2. 코칭, 멘토링, 팀코칭, 팀 중심 리더십 개발, 프로세스 개발 교육, 협업 및 관계 관련 교육을 통해 모든 직원에게 역량을 의도적으로 육성한다.
3. 다양성을 핵심 강점으로 인정하고 적극적으로 육성한다.
4. 개인, 팀, 조직 수준에서 직원 참여를 극대화하는 접근 방식과 기술을 수용한다.
5. 필요에 따라 다양한 유형의 팀(예: 완전한 리더십 팀, 완전한 기

능별 팀, 기능 간 팀, 프로젝트 팀, 자기 주도형 팀, 애자일 팀, 신속히 구성되고 해체되는 팀 – 즉, 내부 팀 구성, 다[※] 조직 팀 구성)의 이점을 이해하고 장려한다.

6. 성찰과 학습을 우선시하며, 이는 자기 주도적 피드백, 동료 피드백, 조직 피드백, 외부 파트너 피드백을 통해 가장 잘 나타난다.

7. 동료들이 자신의 경력 개발과 성장을 주도하도록 장려하고 기회를 제공한다.

8. 장기적이고 반복적인 접근 방식을 수용하는 계획, 혁신, 비즈니스 개선 프로세스를 수립한다.

9. 조직 내 및 파트너와의 시간에 민감한 정보 흐름을 창출하여 의사결정과 실행을 지원한다.

10. 모든 직원에게 권한 부여를 장려하며 조직의 전략적 의도와 일치하고 고객 대응력을 극대화하는 의사결정 기준을 수립한다.

11. 고객 및 기타 이해관계자를 가치 있는 파트너로 인식하고 각 관계를 적극적으로 관리한다.

12. 미래의 파트너로 기술을 수용한다(예: 협업 플랫폼, AI).

팀코치들을 위한 조직 설계 성찰 지원 연습

각 원칙을 설명하고 팀 구성원들에게 다음 사항을 성찰하고 토론하도록 요청한다.

Q. 원하는 미래 상태를 고려할 때, 해당 진술문은 얼마나 관련성이 있나요?

Q. 현재 얼마나 잘하고 있나요? (1 = 매우 부족함, 10 = 매우 우수함)

Q. 더 나은 모습은 어떻게 되나요? (1 = 매우 부족함, 10 = 매우 우수함)

Q. 이 분야를 개선했을 때 이점은 무엇인가요?

Q. 이를 향해 어떻게 나아갈 수 있나요?

Q. 진전을 방해할 수 있는 요소는 무엇이며, 이를 극복하는 방법은 무엇인가요?

Q. 진행 상황을 어떻게 측정할 수 있나요?

일부 조직에서는 전통적인 계층 구조와 '팀들의 팀과 애자일 마인드셋' 구조 사이에서 운영되는 것이 충분하지 않을 수 있다. 더 근본적인 변화를 탐구하려는 경우, 라루Laloux(2014)의 책,『조직의 재창조 Reinventing Organisations』에서 필요시 코치로 지원되는 자기 조직화 팀을 중심으로 구조화된 조직의 잠재력을 설명한 내용을 참고한다.

'팀 되어가기'와 '팀들의 팀' 문화 조성

호킨스Hawkins(2022)는 **팀 되어가기**와 **팀들의 팀** 문화 구축을 위한 로드맵으로 다음과 같이 7단계를 제시한다.

1. 외부 팀코치를 파트너로 인식하고, 공급업체가 아닌 협력자로 선정한다.
2. 경험이 풍부한 팀코치의 지원과 수퍼비전을 받으며 내부 팀코치를 양성한다.
3. 팀코칭을 핵심으로 한 리더십 개발을 통해 리더들이 자신의 리더십 팀을 코칭할 수 있도록 양성한다.
4. 관리자들을 교육하여 팀을 개발하도록 지원하며, 기술을 활용해 규모를 확장하고 일관성을 유지한다.
5. 팀 활동에서 조직 학습을 시스템적으로 수집해 기업 문화를 파악한다.
6. 목적 지향적이며, 정보의 자유로운 흐름을 기반으로 한 '팀들의 팀' 코칭을 실시한다. 이는 리더들이 모델로 삼고 학습조직을 통해 식별된 문제를 해결한다.
7. 팀 되어가기와 파트너십이 모든 이해관계자와의 비즈니스 방식이 된다.

이 접근 방식의 예상 결과에는 (1) 팀코칭 제공량 증가, (2) 효과적인 팀, (3) 조직 효율성 향상, (4) 모든 이해관계자와의 파트너십을 통한 가치 창출이 포함된다.

팀코치를 위한 성찰 질문

조직 내에서 **팀 되어가기**와 **팀들의 팀** 접근 방식을 개발하기 위해 다음과 같이 질문한다.

Q1. 이러한 접근 방식이 필요한 이유에 대한 팀코치의 설득력 있는 이야기는 무엇인가요?

Q2. 이 작업은 팀코치로서 당신에게 어떤 개발 분야를 강조하나요?

Q3. 협력해야 할 대상은 누구인가요?

Q4. 이 로드맵을 조직과 함께 공동으로 창조하는 데 어떻게 영감으로 활용할 수 있나요?

시스템적 단계에서 메타-시스템적 단계로 넘어가기

14장에서 논의한 바와 같이, 로렌스Lawrence(2021a, 2021b)는 시스템적 사고를 이해하는 다섯 가지 범주를 제시한다. 이는 (1) 첫 번째 단계의 선형적 사고, (2) 첫 번째 단계의 비선형적 사고, (3) 두 번째 단계의 사고, (4) 복잡 적응 시스템, (5) 메타-시스템적 사고이다(각각의 설명은 14장 [표 14.2]를 참조한다).

로렌스(2021a)는 다섯 가지 범주 가운데 하나 또는 여러 개에 과도하게 동일시하는 것을 경계하며, "접근할 수 있는 사고 방식이 많을수록 유용해질 가능성이 크다."라는 점을 강조한다(p.10). 그런데도 조직 수준 이상에서 일하는 것을 고려할 때, 메타-시스템적 사고가 팀코치에게 고려하도록 요구하는 중요한 영역이 있다. 이는 다음과 같다.

- **팀을 상상 속의 구성체로 보기 – 사회적 구성체**social construct
- 메타–알아차림 팀코치는 팀을 하나의 단위a unit로 보는 것이 때로는 복잡성을 단순화하는 데 도움이 될 수 있음을 인정하지만, 팀 구성원이 조직 내외부의 다른 사람들과 지속해서 대화dialogue하고 있음을 안다. 그들은 "팀이나 조직에는 내부나 외부라는 것이 없다."라는 입장을 중시한다(Lawrence, 2021b, p.88).
- **다른 개인과 팀 개발 관점을 중시하기**
- 팀코치는 일의 본질인 인간 협업human collaboration에 개방적이어야 한다. 팀코칭이 자신들이 무엇인지, 무엇이 아닌지를 설명하려 할 때, 다른 영역을 배제하지 않도록 주의해야 한다. 그 대신 메타-시스템적 관점은 개방성, 호기심, 조직이 더 효과적으로 되도록 지원하는 모든 것과 협력하도록 요구한다. "팀코칭 문헌에 아직 나타나지 않은 관점도 포함된다."(Lawrence, 2021b, p.75)
- **조직이나 심지어 사회 수준에서 팀을 넘어 작업하기**
- 메타-시스템적 수준에서 운영되면 팀코치가 타인의 협업과 팀 되어가기를 지원하는 데 초점을 맞출 수 있다. 이는 작업에 교육적 요소를 도입하거나 조직 수준에서 노력을 집중하기로 결정하는 것을 포함할 수 있다.

팀코치들을 위한 성찰 질문

Q. 당신과 당신의 작업에서 '시스템적'이라는 개념이 무엇을 의미하는지 당신 개인 의견은 무엇인가요?

Q. '방에 누가 더 있어야 하는지'를 비유적으로나 물리적으로 계속 질문하는 방법은 무엇인가요?

다음 단계는 무엇인가?

다양한 관점 읽기는 어떤 팀코치라도 압도할 수 있으며, 다음과 같은 질문을 던지게 만든다. "이는 내가 참여하고 싶은 것인가? 그렇다면 어디서부터 시작해야 하는가?" 다음 섹션에서는 이러한 일반적인 장애물과 각각에 대한 우리의 생각을 정리했다.

1. "물론, 문화 변화는 팀코칭의 단독 책임일 수는 없을 것입니다." 이 말은 맞지만, 팀코칭은 조직개발 등 다른 분야와 협력하여 조직의 미래를 고민하는 데 적합한 위치에 있다.

2. "한 팀이 팀코칭 여정에 동의하는 것도 시간, 예산 등 여러 이유로 어렵습니다. 하물며 여러 팀은 더 말할 나위도 없죠." 우리 경험상, 한 팀과만 작업할 때의 잠재적 한계를 공유하면, 때때로 다음과 같은 질문이 제기된다. "이 문제를 어떻게 접근하겠는가?" 대화의 결과는 조직 수준에서 작업하는 것을 의미하지 않을 수 있지만, 여러 팀과 협력하는 것으로 이어질 수 있다.

3. "이런 대화를 시작할 자신감이 없는데, 하물며 이 작업에 참여하기는 더 어렵습니다." 팀코칭은 그 중심에서at its heart 관계relationships와 협업collaboration에 관한 것이다. 팀코치들은 다른 사람들과 함께 탐구하고 협력하며 자신감을 찾아가도록 권장한다.

4. "이 주제에 관해 쓰인 것이 거의 없는 것 같습니다. 어디서 더 배울 수 있을까요?" 프랙티셔너의 글, 연구 그리고 이론이 발전하는 동안, 지금까지 작성되고 논의된 내용을 탐구한다. 다른 사람들과 공동 창조를 통해 배우고, 자기 작업에 대해 수퍼비전을 받는다. 가르침을 기다리기보다는 이 발전 중인 분야에서 선구자가 된다.

맺음말

우리는 이 팀들의 팀 – 조직 내외의 팀코칭에 대한 탐구가 팀코치들이 현재의 실천 방식을 재고하고 미래에 요구될 수 있는 것을 고민하는 데 영감을 주고 지원을 제공할 것으로 믿는다. 연구 문헌이 발전하는 동안, 우리는 팀코치들이 선구자로서 용기, 창의성, 협업의 정신으로 실천하며, 모두 함께 더 나은 미래를 구축하기 위해 노력해 주기를 장려한다.

PART IV

22장. 팀코칭을 위한 코칭 도구 활용

번역: 육현주

개요

코칭 도구는 코치들에게 유용한 자원으로, 팀코칭 세션에서 유용한 구조를 제공할 수 있다. 그렇지만 팀코치는 팀의 요구에 맞게 유연하게 대응할 수 있도록 좀 더 폭넓은 도구를 갖추고 있어야 한다. 이 장에서는 팀코칭 세션에서 도구가 하는 역할과 가치를 탐구한다. 그다음에 팀코칭 과제에서 사용해 본, 검증된 도구들을 공유할 것이다.

팀코칭에서 코칭 도구의 가치

우리는 경험 많은 팀코치로서 근거 기반의 다양한 접근 방식을 믿는다. 이는 우리가 함께 일하는 리더와 팀을 지원하기 위해 다양한 도구,

기법, 모델, 그리고 연습 방법을 작업 현장에 통합하려 한다는 뜻이다. 일부 도구는 우리가 직접 개발한 것이지만, 대부분은 20년 넘게 코칭하면서 배운 강의, 책, 그리고 대화에서 가져온 것들이다. 많은 경우 원래 출처조차 기억하지 못하기도 한다.

우리의 목표는 이런 도구들을 저마다 '개인 통합 코칭 모델'이라 부르는 체계에 녹여내는 것이다. 대부분 코치가 이와 같은 접근 방식을 발전시켜 왔는데, 이는 단순히 "나는 인지행동 코치이다." 또는 "인간 중심과 게슈탈트 접근을 쓴다."라는 식의 단순한 일차원적 또는 이차원적 분류label를 넘어, 수년간의 경험과 훈련이 정교하게 통합된 코칭 방식을 클라이언트에게 설명하는 방법이다(예시는 Passmore, 2021 참고).

이 도구들은 동일한 범주에 속하며, 여러 접근법에서 가져온 것으로, 더 더 넓은 접근 방식에 통합할 수 있다. 이는 클라이언트가 매끄럽게 경험하도록 하는 것을 목표로 한다.

다음 도구들은 당신이 자신의 전문적 역량, 선호도, 호기심을 고려하여 더 넓은 코칭 현장에 맞게 적용하고 통합할 수 있도록 제시한 것이다. 어떤 도구를 언제 사용할지 선택할 때는, 함께 일하는 팀과 상황을 깊이 있게 고려해야 한다.

도구가 고객과의 강력한 관계, 자기 작업에 대한 확실한 근거 기반, 그리고 팀과 그들이 탐색하는 맥락이나 과제에 적합한 도구 선택을 대체하는 것은 아니라는 점을 기억해야 한다.

어떤 도구를 사용할지 결정할 때 다음 질문들을 반영하는 것이 도움이 될 것이다.

Q. 나는 이 팀과 신뢰 관계를 잘 형성했는가?

Q. 이 회기에서 합의한 시간 내에 이 도구를 사용할 시간이 충분한가, 그리고 우리가 달성해야 할 다른 목표들은 무엇인가?

Q. 팀 전원이 이 도구 사용에 동의했는가?

Q. 팀 구성원들이 도구와 자신들이 해야 할 일을 충분히 이해하고 있는가?

Q. 고객이든 나 자신이든, 또는 도구 자체든 '실패할' 수도 있다는 방식으로(이를 실현하는 방법으로 도구를 '실험'으로 소개한다) 이 도구를 적절히 배치하고 있는가?

Q. 이 도구가 단기적인 이점뿐 아니라 팀코칭 회기 이후에도 프로세스에 대해 더 깊은 성찰을 장려하도록 배치했는가?

팀코칭 도구

도구 1: 움푹 팬 구멍potholes과 울타리Hedges

울타리와 움푹 팬 구멍은 프로젝트에서 발생할 수 있는 위험을 비유적으로 표현한 도구이다. 울타리는 분명하게 관찰되는 위험으로, 이미 알려져 있어 계획할 수 있다. 반면 움푹 팬 구멍은 예측하지 못한 위험으로, 계획하지 않으면 프로젝트가 탈선할 수 있다.

팀과 함께 작업할 때 보통 먼저 '움푹 팬 구멍과 울타리'라는 비유에 관해 설명하는 것으로 시작한다. 그다음 팀이 울타리(예상되는 위험)를 목록으로 작성하고, 이어서 이러한 위험을 완화하거나 관리할 계획을 세우도록 권한다. 그다음, 움푹 팬 구멍(예측하지 못한 위험)으로 넘어가 이전에 예측하지 못한 위험들을 고려해보도록 한다. 예상되는 위험은 쉽게 떠오르지만, 이 예측하지 못한 위험은 팀이 더 넓고 창의적으로 사고할 수 있도록 도전하고 자극한다. 마지막으로 저마다 위험을 완화하고 관리할 계획을 세운다.

도구 2: 문장coat of arms

문장紋章 기법은 팀이나 조직의 가치를 탐구하는 좋은 방법이다. 문장은 보통 방패나 깃발에 표시하는, 가문의 세습 상징으로, 중세 시대에 가문을 대표하는 데 사용했는데 서유럽 대부분 귀족 가문에서 널리 채택했다. 각 문장은 가문의 핵심적인 속성이나 특징을 나타낸다.

이 도구는 각 팀 구성원에게 자신의 개인 문장을 만들게 한 다음, 팀 구성원들에게 자신의 문장을 설명하도록 하는 방식이다. 이 예시로 팀 구성원들에게 팀을 위한 문장을 만들어보도록 확장하여 초대할 수도 있다.

특히 새롭게 결성된 팀이거나 방향 전환을 모색할 때 매우 유용한 도구로, 가치에 집중함으로써 각 팀 구성원이 중요하게 생각하는 것과 그들이 행동하는 데 기준이 되는 것을 더 깊이 있게 대화할 수 있는 기회를 제공한다.

도구 3: 디즈니 모델Disney model

이 기법은 로버트 딜츠(Robert Dilts, 1995)가 개발했다. 팀 구성원들이 세 가지 서로 다른 관점: 꿈꾸는 사람dreamer, 비평가critic, 현실주의자realist를 채택하도록 함으로써 더 창의적인 사고를 하도록 촉진한다. 이 모델은 다양한 맥락에서 활용할 수 있다. 이 모델은 순차적으로 진행하는데, 먼저 팀 구성원들이 '꿈꾸는 사람' 또는 비전 제시자의 역할을 맡도록 초대한다. 이 단계에서 팀 구성원은 현실성이나 실행 가능성을 고려하지 않고, 가능한 모든 비전을 자유롭게 만들어내는 데 집중한다. 월트 디즈니는, 미래형 테마파크Epcot에 대한 그의 비전을 반영했다.

창의적 아이디어가 다 나온 후, 팀은 두 번째 단계인 '현실주의자' 역할로 넘어간다. 이 비전을 어떻게 구상 단계의 환상에서 현실로 전환할 수 있을까? 실행 계획, 필요한 자원과 시간 소요 등을 구체적으로 고려한다.

마지막 단계에서는 팀 구성원들이 '비평가 친구' 역할을 하도록 초대한다. 이 역할은 아이디어를 평가하고, 장애물이나 한계점, 약점을 면밀히 검토하는 것을 목표로 한다.

도구 4: 컨스텔레이션constellations

컨스텔레이션 기법은 독일의 심리치료사 베르트 헬링거Bert Hellinger 가 가족 시스템에 적용하기 위해 처음 개발한 방법이다(Hellinger, 2003). 이 기법은 팀과 함께 하기에 효과적인데, 조약돌pebbles, 레고 캐릭터Lego characters, 체스 말chess pieces 등을 활용한다. 팀 구성원 각자 체스 말이나 조약돌을 사용해 자신의 현재 상황을 공간에 표현하도록 초대한다. 말이나 조약돌 각각은 그 시스템 내의 한 사람을 나타낸다.

코치는 팀과 함께 팀 구성원들이 체스 말을 어디에 놓았는지 탐색하며, 그 위치가 무엇을 의미하는지, 그리고 다른 팀 구성원들과 어떤 관계인지 파악한다. 그런 다음, 팀 구성원은 이상적이거나 원하는 관계를 나타내기 위해 체스 말을 물리적으로 새로운 위치로 옮긴다. 코치는 다시 무엇이 옮기는 것을 방해하는지, 또 관계자들은 어떻게 변화시키면 새로운 위치(관계)가 성립할 수 있을지 탐색하게 한다.

각 단계에서 팀 구성원은 자신이 만든 지도를 사진으로 기록하고, 2명 또는 3명씩 모여서 이상적인 관계를 방해하는 관계와 장벽에 관해 기록하거나 토론할 수 있다.

도구 5: 빈 의자 기법empty chair

이 기법은 게슈탈트 치료에서 유래했지만 다양한 접근법으로 사용한다. 일대일로도, 팀 세션에서도 활용할 수 있다. 팀 구성원 한 명이 현재 참여하지 않았지만 관계가 어렵고 도전적인 관계를 맺고 있는 이해관계자와 대화를 나누도록 초대한다. 팀 구성원은 빈 의자 앞에 앉아 그 이해관계자를 묘사하고, 마치 그 사람이 실제로 앞에 있는 것처럼 대화한다. 이후 그 의자로 옮겨 앉아 상대방인 척 행동하며 응답하는 모습을 연기할 수도 있다. 마지막으로, 팀 구성원은 두 의자에서 떨어져 방 한쪽으로 이동해 먼저 혼자 생각해본 후, 팀과 함께 대화에 대한 관점을 공유하고, 그 관계에 대한 접근 방식을 어떻게 조정할 수 있을지 의견을 나눈다.

도구 6: 여섯 가지 사고 모자 six thinking hats

이 기법은 에드워드 드 보노(Edward de Bono, 1985)가 개발한 것으로, 여러 가지 다른 각도나 관점에서 선택지를 평가하는 데 사용한다. 대부분 팀은 한두 가지 사고방식(모자)에 치우쳐 있다. 이 기법을 사용하면 더 균형 잡힌 시각을 얻을 수 있다. 팀 구성원들은 각각 다른 모자를 한 번에 하나씩 쓰고 선택지를 분석하도록 초대한다.

이 기법은 코치가 다른 팀 구성원들에게 특정 모자나 관점을 쓰도록 요청하기 전에, 아이디어나 선택지를 명확히 하는 것으로 시작할 수 있다. 코치가 여섯 가지 색깔의 모자를 준비해 두면 더욱 재미있게 진행할 수 있다.

대부분 이 개념을 이미 알고 있겠지만, 코치는 팀 구성원들에게 각모자의 색상이 무엇을 의미하는지 다시 상기시켜 주는 것이 좋다:

1. 흰 모자white hat: 사실 – 이용 가능한 데이터는 무엇인가? 과거의 추세는 어떠한가?

2. 빨간 모자red hat: 감정 – 직관이나 감정은 어떤가? 내 감정과 직감은? 다른 사람들은 어떻게 반응할까? 그룹 활동에서는 각자가 종이에 적어 투표할 수 있다.

3. 검은 모자black hat: 위험 – 왜 이것이 좋은 선택이 아닐 수 있는가? 무엇이 잘못될 수 있을까? 왜 신중을 기해야 할까?(위험과 어려움)

4. 노란 모자yellow hat: 긍정적인 측면 – 긍정적인 면, 낙관적인 결과, 강점, 가치, 이점은 무엇인가?

5. 초록 모자green hat: 기회 – 창의적인 해결책, 브레인스토밍. 비판 없이 자유롭게 생각하기. 가능성, 대안, 새로운 아이디어는 무엇인가? 새로운 삶

6. 파란 모자blue hat: 계획 – 프로세스 통제 및 미래에 대해 더 깊이 사고하기

도구 7: 가장 파티fancy-dress party

누구든 특별한 행사나 재미있는 파티를 위해 분장하는 것을 좋아한다. 그럴 때 우리는 우주 탐험가, 아기, 또는 다른 나라 사람 등 다른 사람의 정체성을 잠시 맡아볼 수 있다. 이런 분장 놀이를 통해 다양한 역할을 시험해 보고, 이러한 것이 우리의 관계에 어떤 영향을 미칠지 생각해볼 수 있다. 이 도구는 상상 속의 가장 파티를 중심으로 진행된

다. 많은 코칭 도구처럼, 이 도구는 단 하나의 질문에서 시작한다. "만약 가장 파티에 간다면, 어떤 옷을 입고 (또는 어떤 인물이 되어) 갈 것이며, 팀에서는 누구와 함께 갈 것인가(그 사람은 어떤 분장을 할 것인가)?" 팀 구성원들은 각자 답변을 작성한 후 서로 공유한다.

코치는 공유된 이야기로 두 사람 사이의 관계와 그들이 선택한 캐릭터가 무엇을 의미하는지 탐색할 수 있다.

이 도구는 팀코칭의 하나로 일대일로 활용하거나, 팀코칭 세션에서 팀 구성원들이 자신의 분장 계획을 공유하는 방식으로도 사용할 수 있다.

도구 8: 블롭 트리 Blob Tree

'블롭 트리'는 핍 윌슨Pip Wilson이 아이들의 감정 상태를 탐색하기 위해 개발한 도구이다(Wilson, 2018). 팀코칭에서는 팀 내에서 팀 구성원들이 서로 어떤 관계에 있는지 가볍고 재미있게 자기 인식과 팀 인식을 높이는 방법으로 사용한다

코치는 그림(참고: Wilson, 2018)을 보여주고, 각자 캐릭터(나무에 있는 각 캐릭터는 번호가 있음)를 선택하게 한 뒤, 자신이 왜 그 자리에 있다고 생각하는지 설명하도록 요청한다.

이 연습을 확장하여, 참가자가 지금 위치에서 어디로 이동하고 싶은지, 그리고 팀 내에서 누가 그 이동을 도와줄 수 있을지에 대해 이야기할 수도 있다.

인터넷상에는 다양한 버전의 블롭 트리가 있으며, 코치는 자신의 고객과 상황에 가장 적합한 버전을 택해 사용할 수 있다.

도구 9: 7세대 사고seventh-generation thinking

대부분 사람은 세계가 지금 존재적 위기에 직면해 있다는 것을 인정한다. 지구의 기후가 전례 없이 빠르게 변하는 것을 우리가 목격하고 있다는 사실이 그 증거다. 지구의 기후는 수십억 년의 역사 동안 여러 차례 냉각과 온난화를 반복해 왔다. 그렇지만 이번에는 수세기 동안 점진적으로 일어난 것이 아니라 수십 년에 걸쳐 급격하게 일어나고 있는 것이 다르다. 또한 이로 인해 해수면이 상승하여 저지대가 파괴되고, 온도가 상승함에 따라 식량 생산이 위협받으며, 지구 전역의 생태계도 영향을 받아 이미 많은 취약한 종의 생존이 위태로워지고 있다. 게다가 인류는 희토류나 희귀금속 같은 한정된 자원을 지속 불가능한 속도로 소비하고 있다. 요컨대, 우리는 지금과 같은 방식으로는 앞으로 천 년을 더 이어갈 수 없다. 우리는 변화가 필요하다.

지구상의 부를 가장 많이 통제하고, 한정 자원을 가장 많이 사용하는 주체는 바로 우리가 코칭하는 기업들이다. 이런 이유로 지속 가능성의 개념을 도입하지 않는다면 이는 직무 유기나 다름없다. 우리가 마치 200년 전 미국의 면화 농가나 영국의 해운 회사들과 일하던 코치였다면, 노예 무역에 대해 언급하지 않은 것과 마찬가지다.

7세대 사고는 원주민 공동체로부터 비롯된 개념으로, 개인과 팀이 긴 안목을 가지도록 격려한다. 여기서 말하는 '장기적'이란 15~25년 (약 한 세대)을 의미하는 것이 아니라, 약 200년이나 약 7세대를 의미한다.

예를 들어, 편집 팀 가운데 한 명의 딸이 태어났을 때 그들의 정원에 나무를 심었다. 10년이 지나서 무릎 높이였던 작은 나무가 6미터(20피트)로 자랐고, 10년 후에는 9미터(30피트)가 될 것이다. 그리고 60년이 지나면 그 나무 그늘 아래서 그녀의 자녀들이 놀게 될 것이다. 더 나아가 어쩌면 100년 후, 당신과 내가 세상을 떠나 잊힌 뒤에도 그 나무는, 위대하고 위대한 당신과 내 후손들이 그 장엄한 나무에 걸려있는 그네에 놀러 와 그네를 타며 놀 수 있도록 공간을 내어줘 그늘을 드리울 것이다.

본질적으로 오늘 우리가 내리는 결정과 행동은 긴 그늘을 드리운다. 그래서 팀 구성원들에게 현재 투자자뿐 아니라 미래 세대가 그들의 행동을 어떻게 볼지 생각해 보도록 초대한다. 7세대 사고는 현재의 리더들이 자신들의 조직과 이 지구의 관리자로서 미래 세대를 위해, 소유자가 아닌 '수호자'로서, 한정된 자원과 이 지구에서 함께 살아가는 수십억의 생명체를 존중하면서 살아가고 일할 것을 촉구한다.

이로쿼이족Iroquois의 말처럼 **"모든 논의에서… 전체 사람의 복지를 위해 보고 듣고, 과거와 현재뿐 아니라, 심지어 아직 땅속에 얼굴을 묻고 있는 미래 세대, 즉 아직 태어나지 않은 이들까지도 염두에 두어야 한다."**

도구 10: 닐의 수레바퀴_{Neil's Wheel}

닐 스코튼_{Neil Scotton}이 개발한 닐의 수레바퀴는 사람들이 '더 쉽고 한결같이, 깊고, 영감 가득한 변화를 이끄는 대화를 열어갈 수 있도록' 고안된 도구이다(Scotton, 2020).

팀코치는 다음과 같은 상황에서 이 도구를 활용할 수 있다.

- 새로운 팀의 초기 단계에서 작업할 때
- 의미, 목적, 변화를 만드는 방법 등을 탐색하고 싶을 때
- 팀 문화, 목표, 우선순위, 팀 정체성 등과 관련한 정렬과 명확성이 필요할 때
- 갈등 이후 신뢰를 다시 구축해야 할 때
- 팀 외부에서 일어나는 일과 팀에게 중요한 일을 연결해야 할 때

출처: neilswheel.org, © Neil Scotton, 2020
(Neil Scotton의 허가를 받아 사용)

닐의 수레바퀴를 사용하는 방법은 하나로 정해져 있지 않다. 팀코치는 바퀴 그림을 공유하고, 팀이 각 구간을 어떻게 탐색하는지, 어떤 말을 하는지, 어떤 구간에 끌리고 어떤 구간을 피하는지를 관찰한다.

일곱 개 구간에는 이름이 붙여져 있고 하나는 비어 있다. 팀은 자신들의 바퀴/시스템에서 빠진 부분에 무엇을 넣을지 직접 결정한다. 각 구간은 개별적으로 탐색할 수 있고, 다른 구간과 결합하거나 모든 구간을 함께 탐색할 수도 있다. 팀은 한 세션에서 모든 구간을 살펴볼 수도 있고, 각 구간을 여러 세션에 나눠 탐구할 수도 있다. 팀 구성원들은 함께 바퀴를 '점수화'할 수도 있고, 개인별로 점수를 매긴 다음 그 점수를 비교하며 유사점과 차이점에 대해 더 깊이 성찰할 수도 있다. 또 다른 활용법은 구간을 세분화하여 더 작은 하위 구간으로 나누거나 각 구간의 중요도를 탐색하는 방법도 있다.

팀코치가 팀에게 던질 수 있는 몇 가지 질문은 다음과 같다.

Q. 탐색하기를 피하는 구간이 있나요?

Q. 가장 끌리는 구간은 무엇인가요?

Q. 각 구간에는 무엇이 포함되어 있나요?

Q. 모든 구간을 함께 놓았을 때 어떤 느낌인가요?

Q. 구간을 하나씩 탐색하면서 자신과 서로에게 어떤 질문을 하고 싶은가요?

Q. 어떤 생각이나 감정 또는 새로운 아이디어가 떠오르나요?

Q. 팀에게 떠오르는 질문은 무엇인가요?

닐의 수레바퀴는 단순하고 무료인 도구로, 두 가지 주요 장점을 갖췄다. 첫째, 중립적이라서, 코치가 팀의 사고를 주도하지 않고 팀이 자율적으로 탐색하게 만든다. 둘째, 각 구간에 대해 팀의 다양한 관점을 열 수 있다.

맺음말

이 장에서는 도구가 팀코치에게 어떻게 유용하게 쓰일 수 있는지 설명하고, 우리가 실제로 사용하는 코칭 도구와 기법 일부를 간략히 소개했다. 팀과 개인 코칭 도구 모음 등 자세한 정보는 여기에서 확인할 수 있으니 독자들은 이 자료들을 참고하기 바란다(Passmore et al., 2021, 2022, 2023).

PART V

23장. 팀코칭 비즈니스 개발하기

번역: 정혜선

개요

이 장에서는 내부 코치이든 외부 코치이든 팀코치로서 팀코칭 비즈니스를 어떻게 개발할 수 있는지에 관해 다룬다. 이 장에서는 팀코칭 비즈니스 개발을 위한 다섯 가지 기본 원칙과 12단계 비즈니스 개발 프로세스를 소개한다. 대부분 내부 코치와 외부 코치를 구분하지 않고 설명할 것이며, 그 이유는 이들 원칙과 단계가 두 영역 모두에 적용될 수 있기 때문이다.

다섯 가지 기본 원칙

원칙 1: 비즈니스 개발 재구성하기

많은 사람은 고도로 훈련된 영업사원이 다정하게 다가와서 우리 이름을 재차 부르며 거절하기 어려운 멋진 질문을 던지는 상황을 달가워하지 않는다. 예를 들어, 소득 보장 보험을 판매하는 사람이 "일을 할 수 없게 된다면 무엇을 할 수 없게 되는 것이 아쉬울까요?"라고 묻는 상황을 상상해보자. 잠재 클라이언트는 솔직하게 대답하고 잠시 말을 멈춘다. 그러면 영업사원은 부드럽게 "또 생각나는 점이 있으신가요?"라고 질문한다. 잠재 고객은 자신이 더는 할 수 없게 될 소중한 것들에 관해 계속 이야기하다 보면, 자연스럽게 소득보장 보험의 장점에 관해 생각하게 된다. 만약 이 보험 영업사원이 진정성이 있고 선한 의도를 가진 사람이라고 여겨진다면, 잠재 고객이 자신의 고민을 많이 털어놓을수록 보험이 판매될 가능성은 더욱 커진다.

여기서 "이게 뭐가 문제죠?"라고 물을 수도 있다. 그 대답은, 만약 그 잠재 고객이 더는 일을 할 수 없게 될 경우에 대해 우려하고 있고, 추천을 통해 그 보험 영업사원을 만나게 되었으며, 본인에게 필요한 점이 무엇인지 알아보는 데 도움이 필요하다면, 그 상황에서는 아무런 문제가 없다는 점이다.

판매하거나 누군가에게 영향을 주는 일은 우리 일상 속에 늘 있는 일이다. 훌륭한 제품을 가진 유능한 영업사원은 우리가 복잡한 세상을 헤쳐 나가는 데 매우 유용한 존재가 될 수 있다. 안타깝게도, 일부 비양심적인 영업사원들이 때로는 필요하지도 않은 상품을 억지로 판매하면서 영업이나 비즈니스 개발이 부정적인 이미지를 얻게 되기도 한다. 예를 들어, 코칭 경험이 전혀 보이지 않는 누군가가 소셜 미디어 플랫폼에서 다음과 같은 메시지를 보내는 경우가 있다. "여기서 보여

주신 멋진 활동을 봤습니다. 간단한 여섯 단계 계획으로 코칭 비즈니스를 열 배 키워보는 것에 관해 어떻게 생각하시는지 알고 싶습니다."

그렇게 쉽기만 하다면 얼마나 좋을까?

다행히도 팀코칭에서는 단순한 판매나 비즈니스 개발이라는 개념을 넘어서 나아갈 기회가 있다. 판매나 비즈니스 개발 대신, 우리는 파트너십 기회를 탐색하는 일을 선호한다. 이는 서로 동등한 입장에서 나누는 대화이며, 그 파트너십이 추구할 가치가 있는지를 함께 알아보는 과정이다. 클라이언트는 팀코치의 지원을 받아 어떻게 하면 팀을 가장 잘 발전시킬 수 있을지 탐색하고, 팀코치 역시 같은 질문에 호기심을 느끼며 대화를 이어간다.

팀코치를 위한 성찰 질문

Q. 아직 하지 않았다면, 비즈니스 개발에 관한 관점을 어떻게 새롭게 바꿀 수 있을까?

원칙 2: 프로세스보다 인간적 연결이 먼저

위도우슨Widdowson과 바부어Barbour(2021)는 팀에 대해 논의하면서, 중요한 마감 기한이 임박했더라도 '일보다 연결이 먼저'라는 점의 중요성을 강조한다. 교육 전문가들 역시 '교정에 앞서 관계 형성이 먼저'라고 말한다. 이와 마찬가지로, 팀코칭 비즈니스를 개발할 때도 '비즈니스 개발보다 연결이 먼저'라는 개념이 똑같이 적용된다.

영업 교육에서는 사람은 사람에게 끌린다 또는 항상 연결하라와 같은 문구들이 흔히 사용된다. 그렇다면 훌륭한 연결이란 과연 어떤 모습일까? 노크로스Norcross(2010)는 성공적인 치료 결과와 가장 강한 상관관계를 보이는 관계 요소들을 정리한 바 있다. 이 요소들을 비즈니스 개발 맥락에 맞게 확장해 보면, 다음과 같은 점들을 성찰해 보는 것이 도움이 된다.

- **공감하는 태도**: 클라이언트의 세계에 몰입하고, 그들의 경험을 어느 정도 이해하고 공감하는 모습을 보여주는 일이다.
- **처음부터 공동의 목적을 논의하기**: "함께 일하는 것이 괜찮으시다면, 지속적인 변화를 만들어낼 수 있는 파트너십을 함께 만들어가면 좋겠습니다."와 같은 언어를 사용하는 일이다.
- **긍정적인 존중의 태도**: 판단하지 않고 관찰한다는 뜻이다. 클라이언트의 세계가 잘못된 것이 아니라, 단지 다를 뿐이라고 받아들인다. 따뜻한 호기심을 가지는 태도이다.
- **적절한 자기 개방을 통한 진정성 있는 태도**: 있는 그대로의 자신을 그대로 드러내는 점을 편안해 한다는 뜻이다. 자신의 걱정, 두려움, 희망을 나누는 일이다. 드문 형태의 솔직함이다. 예를 들어, 잠재 고객에게 "우리가 이야기하고 있는 모든 점 가운데서 제가 가장 우려하는 부분은, 이와 같은 유형의 작업이 단기적인 사고방식 때문에 영향력을 잃는 경우가 많다는 점입니다. 저는 지속적인 변화를 만들기 위한 파트너십에만 관심이 있습니다."라고 말하는 일이다.

팀코치를 위한 성찰 질문

Q. 내가 연결하는데 있어서 내 강점은 무엇이며, 개발이 필요한 영역은 무엇인가?

원칙 3: 코치가 비즈니스 개발에 타고나야 하는 이유

코치가 비즈니스 개발에 뛰어날 수밖에 없는 몇 가지 이유가 있다. 이는 다음과 같은 코치의 특성과 관련이 있다.

- 많은 경우, 도움을 주고 변화를 만들고 싶은 열망 때문에 코칭에 끌리기 때문이다.
- 일보다 케미스트리(연결)가 더 중요하다는 점에 관해 훈련받기 때문이다.
- 자기 일에서 깊이 경청하고, 알아차림을 일깨우는 질문을 하기 때문이다.
- 말 너머의 이야기를 듣고, 패턴을 탐색하며, 가설을 세우기 때문이다.
- 클라이언트가 성장하고 자신의 여정을 주도해 나가는 모습을 자연스럽게 지지하기 때문이다.

팀코치 교육에서 비즈니스 개발 시뮬레이션을 진행하면서, 팀코치들이 자신에게 필요한 역량이 이미 갖춰져 있다는 사실을 스스로 깨달는 장면을 주기적으로 목격하곤 한다. 대개 부족한 점은 자신감이다.

팀코치를 위한 성찰 질문

Q. 나는 비즈니스 개발에 뛰어난 역량이 있다고 믿는가? 그렇지 않다면, 그렇게 생각하지 못하게 막는 것은 무엇인가?

원칙 4: 팀코칭 비즈니스 모델 결정하기

팀코치가 선택해야 할 비즈니스 모델에는 여러 가지가 있다.

조직의 직원으로 근무하는 경우 선택지는 다음과 같다.

- 다른 업무를 수행하면서 팀코칭을 병행하기
- 전담 사내 팀코치로 근무하기. 이 경우에는 다른 사람을 교육하거나, 수퍼비전을 제공하거나, 외부 파트너와 협력하는 일이 포함될 수 있다.
- 사내에서 근무하면서 자신의 팀코칭 프랙티스를 개발하고, 궁극적으로 외부 코치로 활동하기

외부 팀코치로 활동하는 경우 선택지는 다음과 같다.

- 팀코칭에 집중하는 비즈니스 개발하기
- 팀코칭 비즈니스의 협력 코치associate로 활동하기
- 기존의 코칭 비즈니스 안에서 팀코칭 프랙티스 개발하기

우리 경험에 비추어 볼 때, 팀코치는 위에 언급된 모델 가운데 하나이상 모델에 동시에 관여하는 경우가 더 많다. 외부 팀코치에게 근본적인 선택은 지속 가능한 비즈니스를 개발하기 위한 투자와 협력 코치로 활동하기 사이의 균형을 맞추는 일이다. 또한 팀코칭 분야가 성장함에 따라, 현재 프랙티스 중인 많은 팀코치가 팀코칭 교육, 수퍼비전, 또는 연구에도 함께 참여하고 있다.

팀코치를 위한 성찰 질문

> Q. 팀코치로서 나에게 가장 적합한 경력 개발 여정을 탐색하려
> 면 누구와 이야기해보는 것이 좋을까? (예: 내 네트워크, 수퍼
> 바이저, 코치, 팀코칭 전문 비즈니스 기업, 현 직장 고용주, 잠
> 재적 고용주 등)

원칙 5: 팀코칭 브랜드 개발하기

비즈니스 모델이 무엇이든, 자신만의 팀코칭 브랜드를 개발하는 것은 필수적이다. 브랜드란 사실상 하나의 이야기이자, 본질이고, 개성이고, 그리고 사람들을 끌어당기거나 밀어내는 행동들의 집합이다. 브랜드는 자신이 누구를 대상으로 하는지를 알고, 그 클라이언트와 대화를 이어가는 방법을 안다. 잠재 클라이언트가 누구이든, 그들의 의식 속에 들어갈 방법을 꼭 찾아야 한다. 어떤 팀코치들은 틈새 시장niche market을 목표로 삼는 반면, 어떤 코치들은 더 넓은 접근 방식을 취한다. 우리는 두 가지 방식 모두 효과가 있는 모습을 봐왔다.

세상에 자신의 이야기를 알리기 전에, 먼저 자신이 어떤 코치인지를 이해하는 일이 중요하다. 바흐키로바Bachkirova(2021)는 이것을 다음과 같이 세 가지 수준level에서 살펴볼 것을 제안한다.

수준 1. 자기 점검 Self-inventory. 자신의 능력capabilities, 자격qualifications, 지속적인 개발에 관한 헌신commitment을 솔직하게 평가하는 일이다.

수준 2. 도구로서의 자기 Self as an instrument. 원칙 2에서 논의된 내용과 같이 타인과 연결되는 것이 중요하다. 코치가 자신이야말로 이 일에서 가장 중요한 도구라는 사실을 깨닫게 되면, 새로운 수준의 이해에 도달하게 된다. 이러한 사고는 팀코치의 '**존재 방식**'이 핵심이라는 우리의 강조점과 맥을 같이 한다.

수준 3. 완전한 전문적 자기 Fully professional self. "이 새로운 수준에서 코치들은 자신을 클라이언트와 함께하는 복잡한 역동적 시스템complex dynamic system의 일부인 도구로만 보는 것이 아니라, 그들이 코칭할 때 작용하는 훨씬 더 넓은 사회적 관계망의 일부로서 자신을 바라본다."(Bachkirova, 2021, p.43) 수준 3에서 중요하게 다루는 핵심 영역에는 공동 실험, 협업, 창의성, 이슈를 다룰 때의 회복탄력성, 성공의 기준이 명확하지 않을 수도 있다는 점을 편안하게 받아들이기, 사려 깊은 철학을 갖고 무심코 다른 사람을 따르지 않기, 자신의 목적을 알고, 따르는 프로세스를 명확히 하며, 그리고 좋은 수퍼비전을 받는 것 등이 포함된다.

팀코치를 위한 성찰 질문

Q. 팀코치로서 내가 세상에 가져다주는 고유한 가치는 무엇이며, 이것을 내가 함께하고자 하는 사람들에게 어떻게 용기 있게 전달할 수 있을까?

12단계 비즈니스 개발 프로세스

다음에 제안하는 비즈니스 개발 프로세스는 순차적으로 제시되지만, 실제로는 훨씬 더 복잡하고 유연하다. 상황에 따라 단계의 순서가 바뀔 수 있으며, 또한 반복될 수도 있다.

1단계: 자신을 진열대에 세우기 Putting Yourself in the Shop Window

내부에서 일하는 경우, 이것은 다음을 의미할 수 있다.

- 팀코칭이 가져올 변화를 적극적으로 알리기
- 성공적인 사례 연구를 구축하기
- 자신의 일을 지지해 줄 홍보대사 만들기
- 의사결정권자들과 직접 만날 기회 확보하기

외부에서 일하는 경우, 이것은 다음을 의미할 수 있다.

- 소셜 미디어에서 존재감 키우기(예: 링크드인)
- 웹사이트 제작하기(자주 사용하지 않더라도 제작 과정에서 방향이 명확해짐)
- 사례 연구를 개발하고, 추천서를 요청하며, 소개나 추천을 부탁하기
- 네트워킹, 강연, 집필 기회 찾기

내부에서 일하든 외부에서 일하든, 자신의 브랜드 스토리를 전하는 데에는 용기가 필요하다. 예를 들어, 링크드인에 올린 짧은 영상이 일반 게시물보다 훨씬 더 많은 사람들에게 보인다는 점은 잘 알려진 사실이다. 그런데도 많은 팀코치가 카메라 앞에서 이야기하는 불편함을 피하려 한다. 자신의 브랜드를 개발하는 일은 곧 **불편함에 익숙해지는** 점을 의미한다.

2단계: 잠재 클라이언트와 연결하기

자신을 진열대에 세우면, 클라이언트와 연결될 수 있는 기회가 생긴다. 그 기회가 왔을 때 유용한 몇 가지 팁은 다음과 같다.

- 누가 먼저 연락했든 상관없이, 잘 아는 사람이라도 예외 없이 항

상 감사한 마음으로 전문적으로 대응하기

- 의사소통은 간결하게 하고, 항상 다음 단계를 제안하며 마무리하기(예: 다음에 대화 가능한 시간대를 논의하기 등).
- 될 수 있는 대로 빨리 대화를 글에서 말로 전환하기. 글로만 소통한다면 당신의 많은 부분이 전달되지 않는다.

3단계: 초기 대화

다음은 유용한 몇 가지 팁이다.

- 사전 준비homework를 철저히 한다. 만날 사람과 회사에 관해 최대한 많은 정보를 알아둔다.
- 간결하게 진행한다. 초기 통화나 만남은 더 깊은 대화를 나눌 가치가 있는지 확인하는 자리이다.
- 아무런 대가를 기대하지 않고 가치를 제공한다(예: 팀과의 작업에서 얻은 유용한 통찰을 공유).
- 스스로 의심이 들더라도 팀코치로서 역량에 자신감을 가진다.
- 상대방과 그들이 속한 팀, 그리고 이끄는 팀에 관해 질문한다.
- 이 일을 하는 당신의 동기(목적)를 전달하되, 방법에 관한 과도한 설명은 피한다.
- 더 대화할 가치가 있는지를 확인한다.
- 다음 단계에 관해 합의한다. 여기에는 누구를 더 참여시킬지(예:

팀코칭에 관한 자료를 공유하거나 더 심층적인 대화를 나눌 시간을 정하는 것)가 포함될 수 있다.

4단계: 장기전을 준비하기

간단히 말해, 사람들은 바쁘다. 인간으로서 우리는 대부분 시간을 다른 사람들이 무엇을 생각하는지 과도하게 고민하며 살아간다. 누군가가 답장을 하지 않거나 연락을 주지 않으면, 우리는 그들이 관심이 없다거나 심지어 무례하다고 판단하기 쉽다. 우리 경험에 비추어 볼 때, 다음 사항은 매우 중요하다.

- 인내심을 갖기. 클라이언트는 때로는 오랜 시간이 지난 후에, 대개 미안해하며 다시 돌아온다.
- 연민을 갖기. 우리는 사람들의 삶에서 어떤 일이 벌어지고 있는지 알 수 없다.
- 그들의 레이다radar에 남아 있기. 예를 들어, 콘퍼런스에서 인사를 건네거나 링크드인 게시물에 좋아요를 누르는 것처럼 간단한 행동으로도 충분하다.

5단계: 코칭 접근법으로 클라이언트의 니즈 탐색하기

리더로서의 니즈를 포함하여 팀의 니즈를 파악하기 위해 모든 코칭 기술을 활용한다. 다음은 질문과 표현의 예시이다.

Q. 지금까지 귀하의 팀이 걸어온 여정을 말씀해 주시겠어요?

Q. 당신 팀이 잘하는 점과 개선이 필요한 점을 말씀해 주세요.

Q. 말씀해 주신 과제들을 해결하지 않는다면 어떤 결과가 생길까요?

Q. 팀을 발전시키는 것은 당신과 팀, 그리고 팀에 의존하는 사람들에게 어떤 변화를 가져올까요?

Q. 제(저희) 업무에 관해 알고 계신 내용 기준으로, 제가 어떤 지원을 드릴 수 있을까요?

Q. 우리가 함께한다면, 본인은 어떤 방식으로 참여하시게 될 것 같나요?

Q. 제가 아직 묻지 않았지만 한 번쯤 생각해보고 싶으신 질문이 있나요?

Q. 지금까지 말씀해 주신 내용을 이렇게 요약해도 될까요?

Q. 그 밖에 더 떠오르는 생각이 있으신가요?

Q. 이 논의를 바탕으로, 관심을 가지실 만한 제안을 설계할 수 있을 것 같습니다. 어떻게 생각하시나요?

Q. 신뢰rapport가 충분히 쌓였다면, 이렇게 물을 수 있다. 예산에 관해 참고할 만한 지침이 있을까요?

Q. 제안서를 논의하기 위해 만나는 것이 이상적이지만, 저는 언제나 귀하의 의견을 따르겠습니다.

Q. 지금까지 합의한 단계들을 이렇게 정리해도 될까요?

여기서 중요한 점은, 어느 시점에서도 성급하게 해결책을 제시하지 않는다는 점이다. 클라이언트가 제안서를 기대하게 만드는 점이 목적이다.

6단계: 팀코칭 제안서 - 첫 제출

제안서 문서를 구성하는 데에는 정해진 방식이 없다. 다음에 제시하는 10단계는 단지 하나의 가이드일 뿐이다.

1. **표지** - 당신의 이야기를 전할 수 있는 이미지와, 가능하다면 당신이 세상에 제공하는 가치를 설명하는 브랜드 태그라인tagline을 담는다. 고객사의 로고가 정확하게 사용되었는지 반드시 확인한다.
2. **우리는 누구인가** - 왜, 그리고 어떻게 가치를 더하는지 당신의 스토리를 간략하게 소개하는 기회이다.
3. **지금까지 파악된 니즈** - 지금까지 파악한 클라이언트의 니즈를 요약한다. 대면이나 온라인으로 발표하는 경우, 변동 사항이 있는지 확인한다.
4. **왜 팀코칭인가** - 팀코칭이 무엇인지, 그 효과를 입증하는 근거, 어떤 과정이 포함되는지, 그리고 클라이언트의 니즈에 기반하여 어떤 이점을 제공할 수 있는지를 간단히 설명한다.
5. **왜 우리와 함께 팀코칭을 하는가** - 관련된 사례 연구와 추천사(들)를 공유할 수 있는 기회이다.

6. **팀코칭 여정 제안** – 클라이언트를 위한 팀코칭 여정이 어떻게 진행될지를 도식화하여 제시한다([그림 24.1]의 예시 참조). 이에 관한 클라이언트의 초기 피드백을 요청한다.

7. **투자 제안** – 필요한 투자 금액을 항목별로 나누어 제시하거나, 전체 패키지로 제시한다(이 두 가지 접근 방식에 관해서는 의견이 다를 수 있으며, 개인의 선호에 따른다). 다양한 패키지(예: 골드, 실버, 브론즈)를 제공하는 것도 유용하다.

8. **팀코치 소개** – 이번 작업을 수행할 팀코치들의 사진과 프로필을 소개한다.

9. **부록** – 추가로 공유하면 유익할 자료를 첨부한다. 예를 들어, 추가 사례 연구나 추천서를 포함할 수 있다.

10. **다음 단계와 감사 인사** – 클라이언트와 파트너십을 맺고 싶다는 의사를 용기 있게 표현하고, 다음 단계에 관해 합의한다.

7단계: 피드백 대화

질문한다 – "어떤 점이 마음에 드시고, 어떤 점이 아직 확신이 없으신가요?" 어떠한 저항도 유용한 정보로 환영한다. 하딩햄Hardingham (2021)은 저항에 관해 이렇게 도움이 되는 논평을 한다. "저항은 클라이언트가 현재의 자신을 지키기 위한 부분이며, 아직 변화의 위험을 감수할 준비가 되지 않은 부분이다." 그는 이어서 이렇게 말한다. "우리가 클라이언트의 저항에 맞닥뜨렸을 때 그것을 포용할 수 있다면,

고객은 깊은 차원에서 우리가 안전한 존재이며 그들에게 해를 끼치지 않으리라는 안심을 얻게 된다."(p.55)

8단계: 팀코칭 제안서 - 두 번째 또는 그 이상 제출

제안서는 클라이언트의 피드백과 추가로 파악한 니즈를 반영해 수정하는 것이 일반적이다. 버전 관리를 철저히 하는 것이 좋은 프랙티스이다. 또한 제안서는 pdf 형식으로만 공유하는 것이 바람직하다. 규모가 큰 계약일수록 여러 차례의 미팅이 이루어질 가능성이 크다.

9단계: 통상적 협상

이론적으로, 클라이언트가 제안서에 더 공감할수록 협상은 더 쉬워진다. 최고 수준의 협상이란 각 협상 변수별로 충분히 고려하는 것을 말한다. 예를 들어, 협상 변수에는 참여 기간, 설계와 실행 비용, 지불 조건, 취소 정책, 출장과 자원, 팀코치 수 등이 있다. 각 변수별로 최적 optimum, 바람직함desirable, 필수essential 기준을 정해 두면 도움이 된다. 최적은 이상적인 조건을 의미한다(예: 1년 계약). 바람직함은 만족할 수 있는 조건을 의미한다(예: 6개월 계약). 필수는 최소한의 조건, 즉 최저선이다(예: 2일 진행 후 2단계 논의를 약속).

10단계: 파트너십 합의하기

함께 일하기로 하는 합의는 공식적일 수도 있고 비공식적일 수도 있다. 참여하는 동안 각 당사자가 무엇을 하기로 했는지를 명확하게 정리하는 일이 좋은 프랙티스이다. 클라이언트가 비밀 유지 계약서(NDA$^{Non-Disclosure\ Agreement}$)를 서명을 요청하는 것은 일반적인 관행이다.

11단계: 파트너십 실행하기

파트너십을 유지하려면 지속적인 대화와 계약 갱신이 필요하다. 이는 8장에서 설명한 내용과 같다. 클라이언트와 함께 사용할 수 있는 간단한 기법으로는 WWW$^{what\ worked\ well}$(잘된 점)와 EBI$^{even\ better\ if}$(더 좋아질 수 있는 점)가 있다. 의견 차이나 어려움이 발생했을 때는 계속해서 경청하고, 소통하며, 공동의 해결책을 찾기 위해 노력하는 것이 중요하다.

12단계: 진열대 새롭게 준비하기

클라이언트의 후기를 요청하는 것은 당신의 진열대를 새롭게 하는 데 도움이 된다. 추천서를 어떻게 활용할지, 어떤 이름을 명시할지를 클라이언트와 합의하는 것이 중요하다. 또 클라이언트와의 유사한 합의를 통해 사례 연구를 작성하는 것도 유익할 수 있다. 만약 클라이언트가 후기 작성이나 사례 공유에 응하지 않거나 어려운 경우에도, 동료나 지인에게 당신을 추천하거나 참고인 역할을 해줄 수는 있다.

맺음말

팀코치가 비즈니스 개발보다 연결에 집중하고, 클라이언트의 니즈를 파악하며, 자신의 코칭 역량을 활용한다면, 최고 수준의 비즈니스 개발은 자연스럽게 따라올 것이다.

24장. 팀코칭 프로그램 설계하기

번역: 이서우

개요

팀코칭 프로그램을 설계하는 방법을 아는 것은 팀과 작업할 때 핵심 기술skill이다. 팀코칭 프로그램은 팀 요구에 따라 유연하게 조정될 수 있지만, 팀코치는 팀코칭 과정을 구조화하고 설계하는 방법을 이해해야 한다. 일반적으로 설계는 팀 리더와 팀이 함께, 다양한 진단 개입 과정을 수행한 후에 공동으로 만들어진다. 이 내용은 이 장에서 더 자세히 논의될 것이나, 팀 구성원들과의 일대일 인터뷰나 팀 360도 설문조사 등이 포함될 수 있다. 진단적 개입은 팀코치가 팀이 팀코칭 여정에서 달성하고자 하는 목표, 팀의 강점, 추가적인 개발 기회를 명확히 파악하는 데 도움을 준다.

팀코칭 프로그램을 설계하기 전에 고려할 사항은 무엇인가?

설계를 시작하기 전에 다음 사항을 고려하는 것이 중요하다.

Q. 팀이 이 프로그램을 통해 얻고자 하는 성과는 무엇인가?

Q. 성공을 어떻게 측정할 것인가?

Q. 팀은 어떤 구성원들로 이루어져 있으며, 팀의 규모는 어느 정도인가?

Q. 팀의 주요 이해관계자, 고객customers 등은 누구인가?

Q. 팀코칭 프로그램은 어느 정도 기간으로 진행될 예정인가?

Q. 팀코치는 몇 명이 참여해야 하는가?

Q. 어떤 진단 도구를 사용해야 하는가?

Q. 프로그램에는 어떤 유형의 개입을 포함할 것인가? 예를 들어, 팀코칭 워크숍 회기, 일대일 코칭, 팀 활동 관찰, 팀 개발 등이 있다.

Q. 팀코칭 회기는 대면, 가상, 또는 두 가지의 혼합 중 어떤 형태로 진행될 것인가?

Q. 개입이 이루어지는 장소는 어디이며, 이 장소가 팀코칭에 적합한가?

팀코칭 프로그램은 어떤 모습인가?

위도우슨Widdowson과 바부어Barbour(2021)는 다섯 단계의 프로세스를 제안했다([그림 24.1]).

- 1단계 – 팀코칭의 필요성, 목표, 준비도를 파악하고 계약한다.
- 2단계 – 일대일 진단 인터뷰와 팀 360도 설문지를 통해 팀의 강점 영역과 개발 기회를 탐색한다.
- 3단계 – 팀 리더, 팀, 주요 이해관계자들과 파트너십을 맺고 프로그램을 공동 설계한다.

1단계부터 3단계까지에서 얻은 통찰은 팀코치가 팀의 목표와 우선순위 영역을 파악하는 데 도움을 준다.

- 4단계 – 일련의 팀코칭 워크숍이 진행된다. 단, 워크숍은 팀의 요구에 따라 유연하게 조정될 수 있다.
- 5단계 – 팀코칭 프로그램 평가 – 1단계에서 합의된 측정 지표를 검토한다.

이것은 단지 참고용 예시일 뿐이며, 팀코칭 설계는 팀의 요구에 따라 자주 달라질 수 있다는 점에 유의해야 한다. 그러나 팀의 현재 상황과 우선순위를 파악하기 위해 어떤 형태로든 진단은 필수적이다.

계약에 관해서는 8장 2절에서 다루고 있으므로, 이 장에서는 설계에 포함된 다른 단계들을 아래에서 더 자세히 살펴볼 것이다.

[그림 24.1] Creating the Team Edge(Widdowson, 2018; Widdowson & Barbour, 2021)에서 발췌

어떤 진단을 할 수 있는가?

팀의 건강과 효과성을 진단하는 데에는 여러 가지 방법이 있다. 그 가운데는 다음과 같은 것들이 포함된다.

- 팀 구성원 및 이해관계자와의 **일대일 인터뷰**. 인터뷰는 팀코칭 여정에 팀 구성원을 적극적으로 참여시키고, 그들의 질문에 답하며, 관계를 구축하는 데 매우 유용하다. 인터뷰를 통해 팀코치는 팀에서 무엇이 잘 작동하고 있는지, 무엇을 개선할 수 있는지, 팀 구성원들이 팀코칭 프로그램을 통해 무엇을 달성하고자 하는지 이해할 수 있다.

- 팀 360도 진단을 포함한 **팀 설문조사** – 이 가운데 많은 부분은 3장 접근 방식에서 논의되었으며, 여기에는 다섯 가지 규율Five Disciplines(Hawkins, 2011), PERILL(Clutterbuck, 2019, 2020), 고성과 팀코칭 시스템High-Performance Team Coaching System(Peters & Carr, 2013b), 팀 엣지 구축Creating the Team Edge (Widdowson, 2018)이 포함된다.

- **개인 및 팀 심리 측정 도구** – 예를 들어, Lumina Spark, Lumina Team, Insights, Strengths Finder, Myers Briggs 등이 포함될 수 있다. 심리 측정 도구는 팀 내 스타일과 선호도에 대한 인식을 높이는 데 도움이 될 수 있지만, 팀 효과성과 성과에 대한 명확한 그림을 제공하지는 못한다.

팀 진단은 팀코칭 프로그램의 시작, 진행 중, 그리고 종료 시점에 팀과 팀코치에게 유용한 데이터를 제공하며, 각 시점에서 팀의 현재 상태를 파악하는 데 도움을 준다. 그러나 팀코치는 팀 리더 및 팀과 가장 적합한 진단 방법과 사용 시기를 합의해야 한다.

어떤 개입을 포함할 것인가?

팀코칭 프로그램은 수개월에 걸쳐 다양한 유형의 개입을 포함할 수 있다.

- 팀코칭 워크숍
- 일대일 코칭
- 팀 관찰
- 팀 기술 개발

팀코칭 워크숍

팀코칭 워크숍의 횟수는 고객과의 계약 내용과 예산에 따라 달라진다. 핵심은 팀이 실행하고, 이를 내재화하며, 학습을 지속할 수 있도록 워크숍 사이에 충분한 시간을 두고 연속적인 워크숍을 구성하는 것이다.

워크숍의 횟수와 기간에 정해진 패턴은 없으며, 일반적으로 다음과 같은 형태로 진행된다.

- 2일 과정 팀코칭 워크숍을 여러 차례 진행
- 반나절 또는 1일 회기를 연속으로 진행
- 1일, 2일 회기를 조합combination하여 진행
- 위 항목들을 자유롭게 혼합mix하여 진행

일대일 코칭

팀코칭과 병행하여 일대일 코칭을 제공해야 하는지에 관해서는 다양한 의견이 있다. 이러한 논쟁의 이유는 팀과 그 팀 구성원을 동시에 코칭할 경우 이해 상충이 발생할 수 있다는 관점 때문이다. 어떤 결정을 내리든 팀코치, 팀, 그리고 팀 구성원 사이에 기밀 유지 및 범위 내/외부 사항에 관한 신중한 계약이 필요하다.

회기 횟수에 대해서도 정해진 기준은 없으며, 총 6회기의 일대일 회기를 진행하는 것부터, 프로그램의 시작, 중간, 또는 종료 시점에 1회 진행하는 것까지 다양할 수 있다.

팀 관찰

팀이 '실제 업무'를 수행하는 모습을 관찰하면 유용한 통찰을 제공할 수 있다. 예를 들어, 정기 회의나 중요한 결정을 내릴 때 팀 관찰이 이

루어질 수 있다. 팀코치의 역할은 팀이 자신의 효과성을 평가^{assess}하고, 팀 역동을 검토하며, 강점과 개선점을 고려하도록 돕는 것이다. 또한 팀코치는 팀에 도움이 되는 행동과 도움이 되지 않는 행동을 조명하는 팀의 '거울' 역할을 할 수 있다.

팀코칭 프로그램의 효과는 어떻게 평가^{evaluate}되는가?

팀코칭 프로그램의 마지막 단계는 팀코칭 여정의 효과를 평가할 수 있는 중요한 기회를 제공한다. 효과 평가 방법은 다음과 같다.

- 팀 360도 진단을 다시 실행하여 변화된 부분이나 추가적인 개발이 필요한 부분을 검토한다.
- 팀 구성원 및 이해관계자와의 일대일 인터뷰를 진행하여, 그들이 인식한 변화가 무엇인지 질문한다.
- 계약 단계에서 합의한 성공 척도를 검토한다. 예를 들어, 팀의 핵심 성과 지표, 직원 참여 설문 조사, 팀 목표 등이 포함될 수 있다.

몇 명의 팀코치가 참여해야 하는가?

이상적인 시나리오에서는, 소규모 팀과 작업할 때도 동료 팀코치와 협력하는 것을 권장한다. 팀코칭은 복잡하고 다차원적인 작업이어서 코치에게 많은 요구를 하기 때문이다. 공동 팀코치와 협력하면 아래에 설명된 많은 장점을 얻을 수 있다. 비록 몇 가지 단점도 있지만, 장점이 분명히 더 큰 것으로 보인다.

공동 코치와 협력하는 장점은 무엇인가?

- 한 명은 코칭을 진행하고 다른 한 명은 팀 구성원들의 역동과 행동을 관찰할 수 있다.
- 서로 다른 접근 방식을 코칭 설계에 적용할 수 있는 기회이다.
- 팀코치들은 팀이 함께 일하는 방식을 롤모델로 보여줄 수 있다(의견이 일치할 때와 차이가 있을 때 모두).
- 서로 지원할 수 있는 능력이 있다.
- 비상 상황 계획 및 대처 방안을 마련할 수 있다.
- 서로 다른 관점을 제시하고 설계와 관련된 창의성을 높일 수 있다.
- 함께 문제를 해결할 수 있다.
- 고객/팀 구성원에게 더 집중할 수 있다(예: 소그룹 활동이나 일대일 대화 시).
- 고객/팀 구성원이 팀코치와 관계를 구축할 수 있는 더 많은 기회를 얻을 수 있다.
- 서로에게 긍정적이고 발전적인 피드백을 제공할 수 있다.
- 공간 내에서 팀의 흐름을 함께 바라볼 수 있는 또 다른 시선이 생긴다.

- 가치관을 공유하는 사람과 함께 일하는 즐거움을 누릴 수 있다.

단점은 무엇인가?

- 고객이 두 명의 팀코치에게 투자해야 하는 비용이 증가한다.
- 예를 들어 공동 코치들의 스타일이 상반되는 경우, 개입이 지나치게 복잡해질 위험이 있다.
- 코치들 사이의 철학적 견해가 일치하지 않을 경우 갈등과 긴장이 발생할 수 있다(Widdowson & Barbour, 2021).

맺음말

팀코칭 프로그램을 설계하는 데 있어 정확한 과학적 근거는 없다는 점을 인식하는 것이 중요하다. 많은 팀코치에게 프로그램 설계는, 팀이 진단 결과를 받고 그 결과를 바탕으로 프로그램의 목표를 스스로 합의하는 시점부터 구체화되기 시작한다.

25장. 팀 공동 코칭 모범사례

번역: 이서우

개요

24장에서 우리는 이상적인 시나리오에서는, 소규모 팀과 작업할 때도 동료 팀코치와 협력하는 것이 권장된다는 점을 살펴보았다. 공동 코칭 요소는 ICF 팀코칭 역량 가운데 세 개 역량, 즉 역량 3, 역량 5, 역량 6에 포함되어 있다.

공동 코칭 파트너십

성공적인 공동 코칭 파트너십의 영향은 부인할 수 없으며, 그 핵심 가운데 하나는 두 팀코치 사이의 계약에 있다.

역량 3은 파트너십이 합의에서 시작된다는 점을 명확히 하고 있다.

공동 코치는 팀코치가 파트너십을 맺고, 코칭 관계와 팀코칭 참여에 대한 명확한 합의를 함께 만들어야 하는 주요 당사자 가운데 하나이다.

역량 5는 공동 코치와의 협업이 팀코치가 회기에서 더욱 온전히 몰입할 수 있도록more present 돕는다고 설명한다. 더 구체적으로, 다음과 같은 도움을 줄 수 있다.

- 팀코칭 회기 동안 출현하는emerging 방대한 양의 정보를 한 명의 팀코치가 모두 처리해야 하는 부담을 덜어준다.
- 팀 역동, 팀과 개인의 행동 패턴을 관찰하는 데 도움이 된다.
- 대안적인 관점을 제공한다.
- 팀 행동을 모델링한다.

우리는 역량 6에서 행동 모델링에 대해 더 깊이 배울 수 있다. 두 명의 팀코치는 효과적이고 자신감 있으며 유연한 의사소통과 협업을 모델링함으로써, 팀 구성원들이 직접 참여하지 않고 관찰자 입장에 있더라도 그 방식을 경험하고 학습할 수 있게 한다. 그렇지만 24장에서 살펴보았듯이, 공동 코치와 함께 작업하는 가치는 단순히 행동을 모델링하는 것 이상의 의미가 있다. 공동 코치는 다음과 같은 추가적인 역할과 가치를 다양하게 제공할 수 있기 때문이다.

- 방 안에서 무슨 일이 일어나고 있는지 주의 깊게 살펴보는 눈
- 무엇이 말해지고 있는지, 또는 말해지지 않고 있는지를 경청하는 귀

- 방 안에서 무슨 일이 일어나고 있는지를 감지하는 지각 능력
- 관점
- 목소리
- 특히 신체적, 정신적^{mentally}, 또는 정서적으로 부담이 큰 복잡하거나 장기적인 프로그램에서의 지원
- 기술과 전문성
- 궁극적으로 고객의 이익을 위해 전체 코칭 경험을 풍부하게 하는 코칭 접근 방식과 스타일의 다양성

성공적인 공동 코칭 파트너십 구축 방법

브리튼^{Britton}(2013)은 공동 퍼실리테이션을 성공적으로 달성하기 위해 프로그램 시작, 설계 및 실행 과정, 프로그램 종료 후에도 지속해서 대화가 유지되는 구조, 즉 **공동 퍼실리테이션 아크**^{Co-facilitation Arc}를 소개한다. 카넬리두^{Kanelidou}와 로그^{Rog}(2021)는 성공적인 공동 코칭을 위해 두 명의 팀코치가 모두 다음과 같은 사전 준비와 지속적인 노력이 필요하다고 주장한다.

1. 좋은 계약과 방향성 정렬
2. 역할, 책임, 헌신, 유연성에 대한 명확성
3. 팀, 개별 구성원 또는 서로 간의 잠재적 도전에 대한 전략과 접근 방식

4. 검토, 성찰과 관찰 공유

5. 정기적인 회의와 수퍼비전

6. 두 명의 공동 코치가 한 팀으로서 갖는 역동과 그 영향에 대한 알아차림

다음 절에서는 팀코치들이 이러한 작업을 어떻게 구성하고 성공적인 공동 코칭 파트너십을 만들어 갈 수 있는지 탐구할 것이다.

1단계: 적합한 공동 코치 선정

첫 번째 단계는 적합한 공동 코치를 선정하는 것이다. 여기서 가장 흔한 실수는 좋은 케미스트리나 라포만으로 좋은 공동 코칭 파트너십을 만들수 있다고 가정하는 것이다. 특정 팀코칭 활동에 적합한 공동 코치를 선택할 때 고려해야 할 요소는 다음과 같다.

- 공동 코치의 팀코칭 훈련, 팀코칭 경험 또는 팀과 관련된 다른 역할(트레이너, 컨설턴트, 퍼실리테이터, 멘토 등)에서의 경험
- 배경. 어떤 팀코치는 자신과 비슷한 배경을 가진 공동 코치를 선호하는 반면, 다른 코치는 다양한 배경과 지식을 가진 코치를 선호한다. 또 경우에 따라 고객의 특정 산업 분야에 대한 경험이나 지식도 고려된다.
- 강점, 기술, 전문성의 차이. 이러한 차이가 서로 보완적인 역할을

하는지, 아니면 심각한 도전 요인이 되는지?

- 공동 코치가 다양한 관점을 제시하고 맹점을 보완할 수 있는 능력
- 공동 코칭 파트너십의 마음가짐mindsets, 철학, 비전과 그 일치 정도
- 다양성 요인: 성별, 문화, 인종, 성적 지향, 세대, 장애, 종교 등이 해당된다. 이는 팀 내 역동을 균형 있게 맞춰야 하거나, 코치 팀 내에 동맹이 필요하거나, 공동 코치가 팀의 다양성을 더 잘 이해 하거나 그에 맞는 언어로 말할 수 있기 때문에 고려될 수 있다.
- 물론 케미스트리는 중요한 요소이며, 두 명의 공동 코치가 팀으 로서 함께 만들어낼 수 있는 에너지 또한 중요하다.
- 이 파트너십과 팀코칭 과제assignment에 대한 개인적인 동기

공동 코치 선택은 매우 개인적인 과정이다. 공동 코치와 편안함을 느끼고, 서로를 신뢰하며, 팀 구성원들에게 모범이 될 좋은 파트너십 을 형성하는 것은 필수적이다.

적합한 공동 코치가 선정되면, 코치들이 함께 탐구해 볼 몇 가지 질 문은 다음과 같다.

Q. 우리는 서로 신뢰하는가?

Q. 우리는 열린 소통과 불편한difficult 대화들을 나눌 수 있는가?

Q. 우리의 마음가짐은 어떤 면에서 일치하는가?

Q. 우리는 함께 일하는 것이 즐거운가?

Q. 우리의 다른 사고방식이 우리와 팀에 도움이 될 것인가, 아니면

장애물이 될 것인가?

2단계: 프로세스 관리

두 번째 단계는 우리가 협업하게 될 팀코칭 과정에서 참여 전에, 참여 중에, 그리고 참여 후에 우리가 따를 수 있는 프로세스에 관한 것이다.

팀코칭 참여 전

팀코칭 프로그램 시작 전, 두 코치는 팀코칭 및 파트너십과 관련된 모든 행정적, 전문적 측면을 논의하고 명확히 해야 한다.

- 회기를 언제, 어디서 진행할지 결정
- 두 코치가 팀으로 만나 협의하는 시간과 장소
- 스폰서와 팀에게서 데이터를 수집하는 방법(평가, 회의, 기타)
- 위 데이터를 팀코칭 설계와 프로세스 조정에 어떻게 활용할지 결정
- 비용 지급 조건
- 팀코칭 프로그램의 목적
- 공동 코칭 파트너십의 개인적, 집단적 목적과 가치
- 다양한 이해관계자의 역할과 책임
- 회기 내외에서 각자의 역할과 책임 명확화

- 콘텐츠와 프로세스를 누가, 언제 담당하는지 결정
- 회기 내외에서 서로 어떻게 소통하는지 결정
- 사용된 모델, 도구, 기타 활동 검토를 통해 명확성과 이해 확보
- 서로에게 피드백을 언제 어떻게 제공하는지 결정

두 공동 코치 사이의 심리적 계약 역시 마찬가지로 중요하다. 이는 두 코치가 서로에게 필요한 것, 잠재적인 이슈, 기대, 숨겨진 의제, 희망, 욕구, 우려 사항을 솔직히 공유하고 협업의 기본 규칙을 정하는 과정이다. 예상되는 상황을 미리 대비하고 이를 다루기 위한 합의를 마련해 두어야 한다.

- 의견 불일치, 갈등, 예상치 못한 상황을 관리하는 방법
- 둘 중 한 명이 어려움에 부딪혔을 때 대응 방법
- 어려운 팀 역동이 나타날 때 그 순간을 다룰 방법
- 순간적으로 놓친 부분이 있거나 가치를 더하기 위해 개입하는 방법
- 팀과의 상호작용에서 지원을 요청하고 강점을 활용하는 방법

팀코칭 참여 중

팀코칭 프로그램이 진행되는 동안, 공동 코치들은 각 회기 전에 팀으로서 어떻게 준비하고, 각 회기 후에 어떻게 디브리핑하는지에 대한

프로세스를 마련해 두고 있다.

공동 코치들은 서로 조율하기 위해 시간을 할애하고, 각자의 역할을 검토하고, 기대와 결과를 성찰하고, 서로와 팀에 새롭게 떠오르는 가정들을 점검할 수 있다.

중요하게 고려해야 할 또 다른 요소는 공동 코치들이 개별적으로 수퍼비전을 받는지, 아니면 팀으로서 공동 수퍼비전에 참여하는지이다.

공동 코치들은 회의나 디브리핑을 통해 다음과 같은 질문들을 탐구할 수 있다.

Q. 코칭 진행에 대해 우리는 어떻게 느끼는가?

Q. 팀과 개별 구성원의 행동에서 활용할 점과 주의할 점에 대한 통찰이 있는가?

Q. 무엇이 가장 잘 작동하고 있으며, 무엇이 잘 작동하지 않는가?

Q. 서로 간의 상호작용, 협업, 행동에 대해 어떻게 느끼는가?

Q. 팀과의 상호작용에 대해 어떻게 느끼는가?

Q. 서로에 대해 무엇을 인지하고 있으며, 이것이 팀코칭 과제에 어떤 영향을 미친다고 생각하는가?

Q. 우리는 팀의 의제에 어떻게 기여하거나 방해하는가?

Q. 도구, 접근 방식, 또는 팀과의 재계약 등 무언가를 변경하거나 조정해야 하는가?

Q. 팀/팀 구성원들에게 피드백을 어떻게 요청하는가?

팀코칭 프로그램 참여 후

팀코칭 프로그램이 종료된 후, 공동 코치들은 다음 사항을 검토할 기회를 가져야 한다.

- 서로에 대한 최종 피드백
- 팀에서 받은 코치 팀에 대한 피드백이나 평가를 검토하고 성찰한다.
- 초기 목표 달성 여부
- 프로그램을 통해 달성한 기타 성과
- 팀과 본인에게 미치는 프로그램의 효과
- 팀과 개인으로서 지속적인 성장 기회
- 사용된 자원(자료, 온라인 플랫폼 등) 평가

서로에게 요청하는 피드백은 파트너십 효과를 깊이 성찰할 기회가 된다. 어떤 점을 기여했는지, 앞으로의 협업을 어떻게 강화할지 되돌아볼 수 있는 시간이다.

공동 코치들이 탐구할 질문들은 다음과 같다.

Q. 서로 상호작용할 때 잘 작동한 점은 무엇인가?
Q. 팀과의 상호작용에서 잘 작동한 점은 무엇인가?
Q. 어떤 부분이 잘되지 않았는가? 개선이 필요한 부분은 무엇인가?

Q. 어떤 목표를 달성했는가? (이러한 목표는 우리의 과제/팀 목표,
   파트너십/성과에 관한 것일 수 있다.)

Q. 코치로서 우리는 무엇을 배웠는가? 이러한 교훈을 향후 작업에
   어떻게 반영할 수 있는가?

Q. 다음에는 무엇을 다르게 할 수 있는가? 무엇을 그대로 유지해야
   하는가?

Q. 우리의 파트너십을 앞으로 어떻게 발전시켜 나갈 것인가?

공동 코치와 함께 작업할 시점

이상적인 시나리오는 항상 공동 코치를 두는 것이지만, 이는 항상 실현 가능하거나 바람직한 것은 아니다. 고객의 예산 부담이 커지거나 개입이 지나치게 복잡해질 경우, 공동 코치 없이 작업하는 것이 더 나을 수 있다.

공동 코치와의 협력 시점을 선택할 때 팀코칭 프랙티셔너들은 각기 다른 전략을 가지고 있다. 어떤 경우에는 단순히 인원 수를 기준으로 삼기도 한다. 예를 들어, 팀 구성원 수가 8명 이상이면 팀코치는 공동 코치를 영입하고 스폰서와의 계약에 이를 포함한다. 이 인원 수는 팀코치 개인의 판단에 따라 결정되며, 팀코치가 편안하게 코칭할 수 있는 팀 규모에 따라 달라질 수 있다.

다른 팀코칭 프랙티셔너들은 팀 규모 외에도 다음과 같은 다양한 요소를 고려한다.

- 회기 진행시간 – 팀코칭은 코치가 온전히 주의를 기울이고, 감각을 예민하게 유지하고, 회기가 길어질 경우 신체적 인내력까지 요구하는 매우 강도 높은 과정이다. 이러한 점을 고려할 때, (두 코치의 역할과 합의에 따라) 필요시 주도권을 맡을 수 있는 두 번째 코치의 존재는 첫 번째 코치가 필요한 정신적 휴식을 취하면서도 현장에 머물 수 있는 여지를 제공한다.
- 예산 – 스폰서가 충분한 예산을 가지고 있다면, 공동 코치를 참여시키는 것은 항상 프로세스를 더욱 풍부하게 할 수 있다.
- 팀이 작업하고자 하는 중점 분야/주제topics 또는 산업 – 팀코치가 해당 산업의 언어나 프로세스 방식. 또는 팀이 집중해야 할 주제에 익숙하지 않다면, 이러한 분야에 익숙한 공동 코치가 도움이 될 수 있다. 스폰서 및 팀 리더와의 초기 대화에서 관찰된 도전과제에 대해서도 마찬가지이다. 예를 들어, 팀 역동이 과제에서 도전이 될 것으로 예상되는데 팀코치가 이러한 역동에 대한 최고의 전문가라고 느끼지 않는다면, 해당 분야에 전문가인 공동 코치를 선택할 수 있다.
- 팀의 기능 또는 역기능 – 이미 기능적으로 잘 작동하는 성숙한 팀을 코칭하는 것은 역기능이나 독소적인 패턴이 관찰되는 팀을 코칭하는 것보다 더 원활하게 진행된다. 이러한 경우 공동 코치의 존재는 중요할 수 있다. 팀 구성원들이 코치에게 하는 투사로 인해 긴장감을 완화하거나 피할 수 있기 때문이다. 또 새로운 바람직한 행동을 모델링하는 데도 도움이 된다.

- 코치의 숙련도/경험 수준 – 초보 팀코치는 경험이 더 풍부한 팀코치와 협력하는 것을 선택한다. 이렇게 하면 팀에 더 나은 경험을 제공하고 동시에 서로에게서 배울 수 있다.
- 팀코치의 배경/다양성 – 이 부분에서 팀코치는 의도적으로 선택할 필요가 있다. 보완적인 배경을 가진 사람이 더 적절할까, 아니면 유사한 배경을 가진 사람이 더 효과적일까? 특정 팀과 작업할 때 어떤 선택이 더 의미 있을까? 여기서 중요한 점은 매우 다른 배경을 가진 공동 코치와 작업할 경우, 역할과 프로세스에 대한 정렬과 명확성을 확보하는 데 더 많은 노력을 기울여야 하며, 갈등을 피해야 한다는 것이다.
- 무엇보다도 중요한 요소는 무엇이 팀에 더 나은 도움이 되는가이다.

맺음말

이 장에서는 공동 코칭의 프랙티스와 팀코치가 공동 코치와 협업하여 팀코칭 과제를 수행하는 방식을 살펴보았다. 또 두 코치 사이의 협업적 파트너십을 강화하기 위해 코치 사이에 가장 잘 합의된 요소들에 대해서도 살펴보았다.

26장. 팀 역동의 심층 분석

번역: 김현주

개요

'7장 코칭 마인드셋을 구현한다'에서 보완 역량으로 소개된 **객관성을 유지하고 팀 역동과 패턴을 알아차리는 것**을 논의한 바 있다. 이 장에서는 팀 내에서와 팀 사이 역동 관계의 특징, 이러한 역동성이 어떻게 나타날 수 있는지에 관한 예시, 그리고 팀코치가 객관성을 가장 효과적으로 유지하는 방법에 관한 아이디어를 더 깊이 탐구할 것이다. 1장에서 논의된 바와 같이, 모든 그룹이 팀은 아니지만, 모든 팀은 그룹이다. 따라서 이 장에서는 '팀 역동'과 '그룹 역동'이라는 용어를 동일하게 interchangeably 사용한다.

그룹 역동은 '그룹 내 개인들 사이의 보이지 않는 감정적 힘과 소통으로, 개인이 단독으로 행동했을 때보다 훨씬 극단적인 방식으로 그룹이 행동하게 만드는 모든 요소'이다(Hardingham et al., 2004, p.168). 팀코치는 팀 구성원은 아니지만 그룹의 일부이며, 객관성을 유지해야 할 필요가 있지만 정서적 힘의 일부가 된다. 팀코치는 자기 내면, 팀 안, 팀들 사이에서 보통은 눈에 띄지 않는 것을 되도록 많이 주목할 수 있어야 한다.

시작점

일대일 코칭과 비교할 때, 팀코치에게는 그룹 역동 관계를 이해하는 것이 필수적이다. 그러나 주로 그룹 치료 환경에서 나온 방대한 [그룹 역동을 이해하는데 도움이 되는] 자료의 양은 압도적일 수 있다. 다행히도 해결책은 있다. 우리가 그룹 역동에 관해 충분히 이해하는 것은 필수적이지만, 전문성은 필수적이지 않다고 주장한다. 광범위한 그룹 역동 문헌을 검토한 결과, 이 책에서 설명된 팀코칭 접근 방식이 그룹 역동의 가장 해로운 측면의 많은 부분을 해소한다고 제안한다. 어쨌든, 한 장에서 이러한 광범위한 주제를 다루려는 시도는 실패할 가능성이 크다. 따라서 이 장에서는 팀코칭 교육자 역할을 하면서 학생들이 어려워했던 개념에 초점을 맞추고자 한다.

팀코치를 위한 성찰 질문

Q. 내 팀코칭이 그룹 역동에 관한 깊은 지식을 통해 어떤 이점을 얻을 수 있으며, 만약 더 깊이 탐색하면 어떤 단점이 있을 수 있는가?

맥락^{context}의 중요성

조직에 관한 이해, 팀 준비도 조사, 일대일 인터뷰, 팀 360도 진단, 관찰, 공동 설계, 계약 체결^{contracting} 등은 실제로 팀을 만나기 전부터 진행될 가능성이 크다. 이러한 영역에 집중함으로써 팀코치는 이미 그룹 역동에 관한 중요한 정보들을 확보하게 된다. 예를 들어, 팀의 과거 이력, 구성원, 다양성^{diversity}, 규모, 경험, 목적, 정체성, 행동, 관계, 포용성^{inclusiveness}, 리더십, 보상 구조, 의사결정 체계, 운영 체계^{governance}, 과업^{tasks}, 불안요소^{anxieties}, 희망 등과 같은 정보는 팀코치가 그룹 역동에 관한 초기 가설을 수립하는 데 도움을 줄 수 있다. 그러나 주의할 점이 있다! 그룹 역동은 주로 표면 아래 무의식적 수준에서 발생한다. 따라서 맥락을 이해하는 것은 필수적이지만, 그것이 실제 팀과 함께하는 경험을 대체할 수는 없다.

팀코치를 위한 성찰 질문

Q.새로운 팀과 함께 일하며 얻은 이해를 바탕으로, 이 팀의 그룹 역동에 관해 내가 세울 수 있는 초기 가설은 무엇인가?

인간 욕구^{needs}의 중요성

우리가 무익하다고 생각하는 많은 행동이 충족되지 않은 욕구의 표현일 수 있다면 어떻게 될까? 번Berne(1966)은 인간은 자극(친밀감), 인정, 구조가 필요하다고 주장했다. 이와 유사하게 데시Deci와 라이언Ryan(2004)은 인간의 내재적 동기 이론human intrinsic motivation 맥락에서 인간은 타인과의 안전한 공동체 속에서의 소속감(연결감relatedness), 자기 행동의 근원이 자신이라고 인식하는 것(자율성autonomy), 그리고 자기 잠재력을 발휘할 기회가 있다는 믿음(역량competency)을 필요로 한다고 제시했다. 이러한 깊은 욕구와 관련하여, 헤런Heron(1999)은 그룹 구성원이 수용되고자 하는 욕구, 방향성을 알고자 하는 욕구, 그리고 성과에 관한 불안performance anxiety을 느낄 수 있다고 설명한다.

팀코치를 위한 성찰 질문

Q. 내가 팀의 더 깊은 욕구에 주의를 잘 기울이는 방법은 무엇인가? 그리고 팀이 스스로 그 욕구에 주의를 잘 기울일 수 있도록 어떻게 지원할 수 있는가?

역할과 기존 그룹 소속의 중요성

역할과 기존 그룹 소속감은 팀의 시스템적 특성을 가장 명확하게 보여주는 요소 가운데 하나이다. 개인은 동시에 여러 역할과 그룹(부모, 형제자매, 파트너, 돌봄 제공자, 동료, 리더, 커뮤니티 등)에서 활동한다. 또 팀 구성원은 동시에 여러 팀에 속할 수 있으며, 이는 그들이 어떤 역할을 대표하는지에 관해 혼란을 초래할 수 있다. 역할과 밀접하게 연결된 것은 인간의 정체성이다. 즉 자신이 과거에 누구였고, 현재 어떤 존재이며, 미래에 어떤 사람이 될 것인지에 관한 자기 서사이다.

공식적인 역할 외에도 팀 구성원들은 보통 무의식적으로 팀 안에서 다른 역할을 부여받거나 스스로 떠맡게 된다. 팀의 표면 아래에 숨겨진 역할에는 통제자enforcer, 돌봄 제공자caretaker, 익살꾼clown, 몽상가dreamer, 반항자rebel, 추종자follower, 방관자bystander가 포함된다(Anand & Barsoux, 2023). 그룹 안 소통 방식에서도 다양한 역할을 맡을 수 있다. 칸터Kantor(2012)는 그룹 구성원이 보일 수 있는 네 가지 행동 입장을 설명한다. 이는 '이동move'(소통을 시작하는), '추종follow'(타인을 지원하는), '반대oppose'(이견을 제시하고 도전하는), '방관by-stand'(동의나 반대를 표명하지 않고 성찰적으로 조망하는)이다.

팀코치를 위한 성찰 질문

Q. 팀이 의식적, 무의식적 역할과 기존의 그룹 구성원 관계에 집중하는 것이 팀에 어떤 도움이 되는지, 또는 어떤 방해가 되는지를 스스로 인식하도록 어떻게 도울 수 있는가?

그룹 상호작용^{processes} 탐구

모든 팀은 그룹 상호작용이 존재하며, 그중 많은 부분은 훈련되지 않은 사람에게는 보이지 않은 채 남아 있다. 손톤^{Thornton}(2016)은 가장 중요한 아홉 가지 그룹 역동 상호작용을 정리했다. [표 26.1]은 각 그룹 상호작용과 팀코치가 성찰해 볼 수 있는 질문을 함께 설명한다.

[표 26.1] 팀코치를 위한 그룹 역동 상호작용과 그에 따른 성찰 질문

그룹 역동 상호작용	팀코치를 위한 성찰 질문
그룹 매트릭스. 팀의 전체적인 소통, 역사, 그리고 공유된 유산	나는 팀이 현재와 과거를 존중하도록 어느 정도 지원하고 있는가? (예: 과거 성과, 이전 팀 구성원, 재직 기간, 조직 문화, 맥락)
소통. 단순한 단어 뿐 아니라 의미 부여가 가능한 모든 것 예시: 메시지 자체, 표현 방식, 말투, 말하는 사람과 말하지 않는 사람, 몸짓, 시간 준수, 집중력, 에너지, 기술 활용, 그리고 출입시간	나는 팀의 효과성에 도움이 되거나 방해가 될 수 있는 소통 패턴을 호기심, 공감, 그리고 용기를 가지고 팀이 알아차릴 수 있도록 얼마나 잘 이끌고 있는가?
번역^{translation}. 의식과 무의식의 소통을 단어로 풀어내는 과정	나는 어떻게 나의 예시를 통해 팀이 표면 아래에 있는 것을 단어로 표현하는 능력을 키울 수 있도록 지원할 수 있는가?
미러링. 우리가 현재의 경험을 과거의 경험과 무의식적으로 비교하는 현상. 여기에는 투사^{projection}와 전이^{transference}가 포함되며, 이는 다음 장에서 자세히 살펴볼 것이다.	그룹 내 다양한 관점이 현재 상황을 이해하는 데 도움을 줄 수 있으며, 이는 개인이 현재의 현실을 과거에서 분리하는 데 기여할 수 있다는 전제에 따라(Thornton 2016), 나는 다양한 관점을 충분히 표현할 수 있도록 어떻게 최선을 다할 수 있는가?
교환^{exchange}. 새로운 경험을 통해 그룹이 새로운 정보를 얻는 과정	자기 주도적 피드백이 매우 유익하다는 점을 고려할 때, 나는 어떻게 개인과 팀의 자기 성찰과 피드백을 극대화 할 수 있는가?

그룹 역동 상호작용	팀코치를 위한 성찰 질문
공명resonance. 팀 구성원이 말을 할 때, 다른 구성원들이 그 말속의 의미를 공유하거나 감정적으로 울림을 느끼는 현상(예시: [개인적인] 이야기)	팀 구성원들에게 강제로 공유를 강요하지 않고(즉, 팀의 유익을 위해 용기 있는 공유를 장려하면서 선택권을 주는 방식으로), 나는 팀 구성원의 이야기가 가지는 힘을 어떻게 가장 효과적으로 활용할 수 있는가?
응축 현상condenser phenomena. 그룹 내에서 이전에 말하지 않았거나 의식하지 못했던 것이 공유될 때 발생하는 정서적 변화나 긴장이 완화되는 현상	나는 팀 구성원이 공유할 때 위험을 감수할 수 있도록 어떻게 심리적 안전감psychological safety을 구축하고 유지할 수 있는가?
위치location. 그룹 내에서 발생하는 모든 사건은, 비록 한두 사람에게만 나타나는 것처럼 보여도, 그룹 전체에 의미를 가진다는 개념을 설명. 예시: 한 사람이 아무도 맡고 싶지 않은 역할을 맡는 경우, 이는 나중에 희생양scapegoating이 되는 현상으로 이어질 수 있음.	호기심, 공감, 그리고 용기를 가지고, 한두 명의 팀 구성원에게 발생하는 일이 팀의 기능에 더 큰 의미를 지니는지 어떻게 확인할 수 있는가?
성찰 과정reflection process. 이는 팀 구성원이 이야기를 나누거나 대화를 회상할 때, 그룹이 이야기 한 사람은 미처 알아차리지 못한 역동이나 느낌을 포착하는 현상.	팀 구성원이 서로 공유한 내용에 관해 배우고 성찰할 기회를 어떻게 만들 수 있는가?

손톤Thornton(2016)의 내용을 참고하여 재구성

팀 내 무의식적 과정과 방어기제defense mechanisms

인간은 정신적 갈등mental conflict을 피하기 위해 다양한 심리적 방어기제를 작동시킨다. 리Lee(2003)는 이를 의식적(예: 부인denial, 지성화intellectualization, 합리화rationalization)인 것과 무의식적(예: 억압repression,

투사projection, 분열splitting)인 것으로 구분한다. 그는 누군가가 비생산적인 행동을 하고 있다는 것을 알아차리더라도 방어하려는 정서가 무의식적으로 남아 있다면 변화를 끌어내기 어려울 수 있다고 지적한다. 우리의 무의식적 과거, 주로 유년기와 삶의 경험에서 비롯된 것이 무의식적 현재에 영향을 미치면, 도움이 되는 행동을 선택하는 능력은 제한될 수 있다.

팀코치가 객관성을 유지하면서 자신과 팀에게 일어나고 있는 일을 인식할 기회를 얻기 위해서는 그룹의 정서적 문해력emotional literacy을 개발해야 한다. 이러한 정서적 문해력을 구축하기 위해 개인 수준과 집단collective(팀) 수준에서 존재할 수 있는 몇 가지 핵심 개념들을 설명하려고 한다. 이 목록이 모든 것을 포함하는 것은 아니지만, 더 깊이 이해하고자 한다면 이 장에서 참고한 자료를 탐색해 보도록 권장한다.

분열splitting의 정의

"개인이나 그룹을 선과 악이라는 극단적인 범주로 나누는 과정을 말한다. 어떤 특성이 한 사람이나 그룹에게만 있다고 인식되고, 그 반대 특성이 다른 개인이나 그룹에 포함되어 있다고 인식되는 것이다."(McRae & Short, 2010, p.60)

분열의 사례

팀 구성원이 다른 팀 구성원을 팀을 '위한for' 또는 팀에 '반대하는against' 사람으로 나누어 보는 경우와 자신들을 협력적이라고 생각하는 팀이 다른 팀을 방해적이라고 생각하는 경우이다. 두 경우 모두, 타인이나 상황은 반대편으로 인식되며, 그들이 공유하는 공통점에 관한 고려는 거의 이루어지지 않는다. 우리 사회의 분열(예: 우파나 좌파, 진보나 보수, 기독교나 이슬람교)에서 '그들them'과 '우리us'라는 사고방식의 유사성을 발견할 수 있다. 분열을 통해 인간은 자신의 숨겨진 감정feelings, 자신의 위치가 타인에게 미치는 영향, 다른 사람과의 잠재적 유사성 등을 탐색하는 불편함을 피할 수 있다.

투사projection의 정의

분열과 자주 함께 나타나는 투사는 "자신이 수용할 수 없는 욕망과 충동을 다른 개인이나 그룹에 전가하는 것"을 의미한다(McRae & Short, 2010, p.60).

투사의 사례

논쟁적인 팀 구성원이 자신은 논쟁의 원인이 아니라고 주장하며 동료를 적대자antagonist로 지목하는 경우. 또는 프로젝트 지연에 관해 아무런 책임을 지지 않으면서 다른 팀에게 책임을 전가하는 팀을 들 수 있다.

투사적 동일시 정의

"투사받은 대상이 투사된 감정에 반응하여 자신의 감정이 영향을 받게 되는 무의식적인 대인 관계 상호작용을 의미한다. 투사를 받은 대상은 무의식적으로 투사받은 감정에 동일시된다."(Halton, 2019, p.16)

투사적 동일시의 사례

예를 들어, 적대적이라고 지목된 팀 구성원은 자신이 실제로 그렇다고 믿게 되는 경우가 있다. 또는 프로젝트 지연의 책임을 지는 팀은 [실제로 그 책임이 없는데도] 지연에 관한 책임을 받아들인다. 두 경우 모두, 개인이나 팀은 [자신에게 투사된 감정을 무의식적으로 받아들이고] 그에 맞는 행동을 하게 될 수 있다.

전이|transference의 정의

"과거의 경험을 현재에서 무의식적으로 재현하는 것"으로, 이는 긍정적 전이일 수도 있고, 정서적 갈등을 동반한 부정적 전이일 수도 있다. 또 전이가 투사로 작용할 때는 "개인이 과거에 경험한 유사한 인물이나 맥락의 경험을 무의식적으로 현재의 인물에게 전이하고 투사하는 것"을 의미한다(Lee, 2003, p47).

긍정적 전이의 사례

팀코칭 회기 중, 팀 구성원(들)이 현재의 팀코치나 팀코칭을 과거에 경험한 것 또는 마음에 들지 않았던 팀 개발 활동과 지속해서 긍정적으로 비교하는 경우가 있다. 이 사례에서 그들은 무의식적으로 팀코치에게 승인approval을 구하고 있을 수 있다. 이는 다른 사람, 특히 팀 리더에게 받지 못하고 있는 승인에 관해 충족되지 않은 욕구일 수 있다.

부정적 전이 사례

팀코칭 회기 중 팀 구성원(들)이 현재 팀코치나 팀코칭을 자신의 과거 경험이나 선호했던 팀 개발 활동과 지속해서 부정적으로 비교하는 경우가 있다. 이 사례에서 팀 구성원(들)은 팀코칭이 필요하지 않거나 시기가 적절하지 않다는 점, 팀코치가 맞지 않는다거나, 또는 리더에 관한 불만족과 같은 충족되지 않은 더 깊은 욕구를 무의식적으로 전달하는 것일 수도 있다. 부정적 전이는 헤론Heron(1999)이 설명한 대로 적극적인 저항active resistance, 폄하denigration, 방해sabotage, 또는 경쟁rivalry과 같은 형태로 표현될 수 있으며, 이 사례에서는 팀코치, 리더, 또는 다른 사람들과의 관계에서 나타날 수 있다.

역전이countertransference의 정의

"다른 사람에 의해 한 사람에게 불러일으켜지는 감정feelings, 신체적 감각bodily sensations, 사고thoughts와 행동behaviors을 의미한다."(Lee, 2003, p.48) 앞서 설명된 투사적 동일시projective identification는 역전이의 기반이 된다.

역전이 사례

긍정적 전이 사례에서 팀코치는 팀이 전달한 내용이 자신과 무관한데도 갑자기 자신과 일work에 관한 행복감을 느낄 수 있다. 긍정적 전이에서 동일시하는 경우, 팀코치는 다른 사람에게서 받지 못하는 욕구를 충족시키고 있을 수 있다. 예를 들어, 인정받는 느낌을 받을 수 있다. 반대로 부정적 전이 사례에서, 팀코치는 팀이 전달한 내용과 전혀 관련이 없는데도 갑자기 부족함이나 슬픔을 느낄 수 있다. 이러한 갑작스러운 부족함이나 슬픔은 이전의 문제적인problematic 팀코칭 경험에서 비롯되었을 수 있으며, 현재의 작업과 무관할 수 있다.

팀코치는 이러한 무의식적 상호작용과 방어기제에 관해 무엇을 할 수 있는가?

다음은 팀코치가 자신과 팀을 지원하기 위해 취할 수 있는 네 가지 아이디어이다.

1. 충분히 알고, 조명하기illuminate

이것은 팀코치가 그룹 역동에 관해 스스로 학습하는 것을 의미한다. 이 주제는 평생 연구할 만큼 깊이 있는 영역이지만, 팀코치는 자기 알아차림을 높이고 팀을 지원할 수 있을 만큼 충분히 알고 있어야 한다. 팀 효과성effectiveness을 방해할 수 있는 핵심적인 그룹 무의식적 과정과 방어기제에 관해 팀 구성원들을 교육하는 것도 도움이 될 수 있다.

2. 호기심을 가지고 알아차리기[notice]

이 과정은 팀코치가 그룹 역동 속에서 예고 없이 발생하는 패턴이나 순간이 감정, 신체 감각, 생각하기[thinking]에 영향을 미치는 시점을 더 의식적으로 알아차리는 것을 포함한다. 이러한 순간에 자신이 무엇을 관찰하는지 알아차리고 판단 대신 호기심을 갖는 것이 핵심이다. 카르도나[Cardona]와 데이먼[Damon](2019)은 이러한 상황에서 감정을 데이터로 활용할 것을 제안한다. 또 팀코치는 팀이 개인적으로나 집단적으로 자신을 더 알아차리도록 지원하는 것이 필수적이다. 팀코치는 이를 돕기 위해 다양한 접근 방식을 활용하여 알아차림 능력을 발전시킬 수 있다. 예를 들어, 컨스텔레이션 작업[constellation work](Whittington, 2020 참조), 소시오그램 그리기 또는 유사한 방법(Anand & Barsoux, 2023 참조), 스토리 워크[story-work](Hill, 2017 참조) 등이 있다.

3. 과거와 현재의 맥락에서 자기 탐색하기

이 과정은 과거를 탐색하고 배우며, 그것이 현재에 미치는 영향을 이해하는 것이다. 성찰적 실천[practice], 친구나 사랑하는 사람, 신뢰할 수 있는 동료(동료 팀코치 포함)와의 대화, 또는 팀코칭 수퍼비전은 이러한 탐색에 도움이 될 수 있다. 마찬가지로, 팀의 과거 경험이 현재에 어떻게 나타나는지 성찰하고 이것이 미래에 어떤 의미가 있는지 고민할 수 있는 안전하고 성찰적인 공간을 만드는 것도 필수적이다.

4. 자신과 타인을 위해 연민compassion으로 행동하기

이것은 자신과 팀 내에서 관찰된 패턴에 관해 행동하거나 행동하지 않는 데 있어 직관, 지혜, 경험을 활용하는 것이다. 다음은 팀코치가 팀, 공동 팀코치, 그들의 수퍼바이저와 나눌 수 있는 대화의 예시이다.

팀과 함께

"각자 세 가지 질문에 관해 개인적으로 성찰해 보시기를 권합니다. 성찰 후, 나눌 수 있는 만큼만 편하게 팀과 공유해 주시기 바랍니다."

Q. 이번 회기 동안 자신과 동료들의 기여나 상호작용에서 무엇을 알아차리셨나요?

Q. 이러한 상호작용은 평소 팀 내 상호작용 방식과 어떻게 비슷하거나 다른가요?

Q. 함께 있을 때와 떨어져 있을 때의 자기의 모습에 관해 무엇을 배우고 있나요?

"앞서 OO가 (또는) ~을 말했을 때, 저는 ~을 느꼈고, 이것이 저나 이 팀, 또는 둘 다와 관련이 있는지 궁금합니다. 만약 괜찮으시다면 이 부분을 함께 탐색해 보는 것이 도움이 될 것 같습니다."

"팀 xx의 상호작용 방식에서 패턴을 발견했는데, 그 의미나 중요성에 관한 여러분의 의견을 듣고 싶습니다."

"제가 조금 궁금한 것이 있는데, 틀릴 수도 있지만, 혹시 OO이 아닐지 생각해 봤습니다."

"팀과 함께 검증해 보고 싶은 가설이 있는데, 허락해 주신다면 진행해 보고 싶습니다."

공동 팀코치와 함께

"팀과 OO을 주제로 논의할 때 긴장감을 느꼈습니다. 그 부분을 함께 탐색해 보면 어떨지 생각하고 있습니다."

"OO 주제에 관해 함께 수퍼바이저에게 가는 것의 장단점을 논의해 보고 싶습니다."

"OO 팀과 함께 작업하면서 OO에 관한 느낌을 받고 있어, 당신의 관점을 듣고 싶습니다."

수퍼바이저와 함께

"최근 팀코칭 회기에서 팀이 OO을 할 때 OO이 발생했습니다. 이에 따라 저는 매우 OO한 느낌을 받았습니다. 저는 그것이 팀보다는 저 자신과 더 관련이 있다고 생각했으며, 오늘 이 부분을 함께 탐색하고 싶습니다."

팀 성숙도를 향하여

그룹 내에서 무의식적 상호작용을 다루는 데 중요한 기여를 한 인물은 정신분석학자 윌프레드 비온Wilfred Bion이다. 비온(1961)에 따르면, 그룹은 두 가지 형태로 기능한다. 첫째, 각 구성원이 특정 과업에 기여하는 고도로 기능적인 작업 집단이다. 둘째, 정서적 역동이 발생하여 그룹의 기능에 방해, 전환, 또는 장애를 초래할 수 있는 기본 가정 집단 basic assumption group[1]이다(McCrea & Short, 2010).

스톡스Stokes(2019)는 기본 가정 하에서 "그룹 구성원들은 비판적 사고 능력과 개인적 능력을 상실하며, 그룹 전체는 모호하지만 열정적으로 몰입하는 어떤 사명을 지닌 것처럼 보인다."(p.31)라고 설명했다. 집단 외부에서 사소하다고 여겨지는 것들이, 집단은 심리적 생존과 관련된 불안감을 관리하는 과정에서 무의식적으로 생존과 직결된 중대한 사안으로 받아들인다. 스톡스(2019)는 비온(1961)의 연구에 기반을 두고 기본 가정들을 다음과 같이 정리한다.

기본 가정: 의존dependency

그룹은 자신의 주요 과업을 구성원의 복지welfare에 두고 있다. 리더의 역할은 실제 업무나 공동 목적에 집중하는 것이 아니라, 팀 구성원이 좋은 기분을 느끼도록 돕는 것으로 축소된다. 팀 구성원들은 자신의 불안감을 직면하기보다 리더가 대신 흡수해 주기를 원한다. 팀코칭 시 주의해야 할 행동에는 어려운 의제 항목을 다루지 않는 것, 조직 변화에 저항하는 것, 리더에 대한 과도한 의존으로 인해 팀 구성원의 성장

---

1) [역자 주] 기본 가정 집단이란 비온이 그룹 역동을 설명하기 위해 사용한 용어로 그룹이 의식적, 합리적 과제 수행보다 무의식적인 심리적 기본 가정에 의해 움직이는 것을 의미한다.

과 발전이 억제되는 것이 포함된다.

기본 가정: 투쟁fight-도피flight 반응

그룹은 불안을 다루기 위해 공격하거나 도망쳐야 할 위험이나 적에 집중한다. 헤론Heron(1999)은 또한 그룹의 복종group submission이라는 개념을 언급한다. 팀코칭 시 주의해야 할 행동에는(Heron, 1999에서 수정됨) 다음과 같은 것이 포함된다.

공격 모드Attack mode

팀코치와 팀코칭 자체에 관한 저항, 권위authority나 역량competence에 관한 도전, 그룹 내 통제권을 두고 경쟁이 발생한다. 또한 타인에 관한 희생양scapegoating 만들기가 드러날 수 있으며, 여기에는 비합리적인 비난irrational blaming, 무효화invalidating, 비판criticism, 고발accusing, 낙인찍기labeling, 고정관념화stereotyping 등이 포함된다.

도피 모드flight mode

관련 없는 이론화theorizing나 일반화generalizing, 농담jocularity, 소문gossip, 팀과 무관한 이슈에 관한 지속적인 대화, 자기 노출을 피하도록 구조, 공모적 짝짓기, 더 정확한 과업과 기존의 전통적 목표를 고집하는 태도 등이 나타날 수 있다.

복종 모드submission mode

수동적 행동이 지배적이며, 타인에 대한 의존, 무비판적 추종

mindlessly following, 허락 구하기 등이 포함된다. 또 위축withdrawal되거나 차단shutdown, 무력감, 정체성 상실 등이 나타날 수 있다.

기본 가정: 짝짓기(희망)

"그룹의 실제 문제나 욕구와 무관하게 미래의 어떤 사건이 이를 해결할 것이라는 집단적이며 무의식적인 믿음에 기반을 두고 있다"(Stokes, 2019, p.30). 이 개념은 원래 그룹이 두 명의 리더를 구원자로 삼아 행동하도록 집중하는 현상으로 설명되었지만, 스톡스(2019)는 '기본 가정 희망'이 더 정확한 설명이라고 제안했다. 팀코칭 시 주의해야 할 행동에는 현재의 도전 과제를 회피한 채 미래의 기대에만 집중하는 것, 결정을 내리지 않는 것, 그리고 미래에 무언가가 팀의 상황을 개선할 것이라고 [막연하게] 믿는 것을 포함한다.

이 책에서 설명된 팀코칭 접근법을 보완하기 위해 맥레이McRae와 쇼트Short(2010)는 기본 가정 그룹 행동을 피하거나 다루는 방법에 관해 언급하며, 성숙한 작업 그룹에서 구성원들이 다음과 같이 행동해야 한다고 제안했다.

- 공통된 과업이나 그룹 목표를 향해 공동으로 협력한다(Bion & Rickman, 1943).
- 그룹과 리더에 대한 신뢰를 구축하며, 자신의 일부를 공유하고, 위험을 감수하며, 서로에 관한 감정을 솔직하게 나눈다.

- 그룹에 속해 있다는 소속감belonging과 포용감inclusion을 느끼며, 서로의 기여를 소중히 여긴다.
- 그룹 내에서 발생하는 갈등을 [회피하지 않고] 다룬다. 때로는 존중과 활발한 토론 후에도 의견 차이를 인정하는 것을 의미할 수 있다. 에드먼슨Edmondson(2012)은 심리적으로 안전한 팀에서는 팀 구성원이 자신을 표현하는 데 더 안전함을 느끼기 때문에 갈등이 [오히려] 증가할 가능성이 있다고 제시했다.
- 학습과 성과 향상의 마음spirit으로 구체적인 행동에 관해 서로 존중하며 대면한다. 위도우슨Widdowson과 바부어Barbour(2021)는 팀 구성원이 서로 피드백을 주는 것이 도전적인데도 '이는 훌륭한 팀의 필수 요소'라고 언급했다(p.176).
- 불편한 정보를 공유하고, 새로운 방식으로 행동하며, 다른 역할을 맡는 등 위험을 감수한다.
- 서로의 차이와 유사성을 인정하고 존중하며, 다양성을 강점으로 포용한다.
- 그룹 내 자신의 역할과 상호작용에 관해 성찰하고 자기를 돌아보는 시간을 가진다.

팀코치를 위한 팀 실습exercise

- 각 문장을 질문 형태로 바꾼다. 예를 들어, "우리 팀은 xx를 얼마나 잘하고 있을까요?"

- 각 팀 구성원이 개별적으로 자신의 답변을 성찰하도록 한다.
- 각 팀 구성원이 자신의 응답을 1에서 10 사이로 평가하도록 요청한다. 1은 낮음, 10은 높음을 의미한다.
- 점수를 익명으로 수집한 후 각 질문에 관한 평균 점수를 공개한다.
- 팀에게 더 나은 모습이 어떤 것일지 대화하도록 초대한다.

맺음말

요약하면서, 이 장이 그룹 역동에 관한 더 깊은 통찰을 제공했기를 바란다. 저자로서, 이 장의 어느 한 부분만으로도 독립된 장으로 다룰 만한 가치가 있다고 생각한다. 그룹 역동에 관해 더 깊이 탐구하는 것이 여러분이 자신과 삶 속에 속해 있는 여러 그룹, 그리고 팀코치로서 작업을 성찰하는 데 도움이 되었기를 바란다.

27장. 팀코치로서 시스템적인 도전과제와 기회 탐색하기

번역: 박정화

개요

이 장의 목표는 팀코치들이 우리 시대의 주요 도전과제와 기회에 대해 자신의 알아차림 수준과 실천 현황을 돌아보도록 돕는 데 있다. 논의할 네 가지 영역은 (1) 팀 몰입engagement과 웰빙, (2) 팀 다양성diversity과 포용성inclusion, (3) 팀코칭, 기후 변화와 광범위한 생태계, (4) 팀코칭과 기술 혁명이다.

팀 몰입과 웰빙

갤럽 글로벌 직장 2023 보고서The Gallup Global Workplace 2023 Report(Gallup, 2023a)는 좋은 소식과 나쁜 소식을 전했다. 좋은 소식

은 설문조사가 시작된 이래로 2020년의 감소를 제외하고는 매년 직원 몰입도가 높아져 2009년 9%에서 2022년 23%로 증가했다는 점이다. 몰입도가 높은(또는 번영하는) 직원 23%는 "자신의 업무가 의미 있고 팀과 조직에 연결되어 있다고 느낀다."라고 밝혔다. 몰입도가 높은 23%의 직원 가운데 원격으로만 근무하는 직원이 30%로 가장 많았고, 하이브리드형(24%), 현장 근무만 하는 직원(21%)이 그 뒤를 이었다. 나쁜 소식은 77%의 직원이 몰입하지 않는다는 데 있다. 59%를 차지하는 비몰입 직원Non-engaged employees은 '고용주와 심리적으로 단절된 상태'로 묘사되며, 적극적으로 몰입하지 않는 직원은 18%를 차지하며, '조직에 직접적인 해를 입히는 행동을 하고, 조직의 목표를 방해하며, 리더를 반대하는 사람들'로 지칭된다(Gallup, 2023a, p.4).

웰빙과 관련하여, 근로자의 44%가 전날 스트레스를 많이 느꼈다고 답했으며, 21%는 분노를 많이 느꼈다고 답변했다([표 27.1] 참조). 원격 근무만 하는 근로자들은 높은 스트레스와 분노 수준을 경험하고 있으며, 현장 근무만 하는 근로자들은 가장 낮은 스트레스 수준을 보고했지만, 분노 수준은 여전히 나타나고 있다. 하이브리드형 근무 방식에서 위안을 찾으려는 사람들은 가장 높은 스트레스 수준과 높은 이직 의도를 보고한 데 실망할 수 있다(Gallup, 2023a).

그렇지만 희망은 있다! 이 보고서에 따르면 모범 사례 조직에서는 직원의 72%가 몰입하는 것으로 나타났다(Gallup, 2023a). 그렇다면 조직은 무엇을 할 수 있는가? 첫째, 근무 위치에 대한 집착을 멈추고 문화에 집중해야 한다. 갤럽의 분석에 따르면, "몰입은 근무 장소

[표 27.1] 갤럽 글로벌 직장 2023 보고서의
스트레스, 분노, 이직 의도 요약 정보

	전날 스트레스를 많이 느낌	전날 분노를 많이 느낌	이직 의도
관리자	41%	23%	51%
개인	43%	20%	51%
원격 근무	43%	27%	50%
하이브리드	45%	21%	58%
현장근무	38%	19%	42%
평균	44%	21%	51%

출처: 갤럽(2023a) 자료에서 수정됨

보다 직원 스트레스에 3.8배 더 큰 영향을 미친다."라고 한다. 사람들이 일상 업무에서 경험하는 일, 즉 몰입도와 열정이 스트레스를 줄이는 데 근무 장소보다 더 중요하다는 점이다(Gallup, 2023a, p.8). 둘째, 과학을 따르라고 말한다. 몰입도를 높이기 위해 갤럽이 제안한 집중할 분야는 이 책에 기술된 내용과 일치한다. 이 보고서는 "입증된 과학 기반 경영science-based management으로 전환하여, 조직은 경제와 세계사의 흐름을 바꿀 수 있다."(Gallup, 2023a, p.1)라고 말한다. 그렇지만, 또 다른 기회가 있다는 데 동의한다. 몰입 개발에 대한 갤럽의 접근 방식을 검토하면서, 위도우슨Widdowson과 바부어Barbour(2021)는 "우리는 이 목록의 각 요점에 동의하며, 특히 코칭과 목적에 대한 강조를 환영하지만, 개인과 팀의 맥락에서 코칭이 중요한 추가 사항이 된다고 믿는다(Widdowson & Barbour, 2021, p.168)."라고 언급했다. "갤럽의 제일 큰 발견 가운데 하나는 관리자나 팀 리더가 팀 몰입도 차이의 70%를 차지한다(Gallup, 2023b)."라는 말은, 팀코칭이 일대일 코칭과 함께 직원 몰입도와 웰빙을 변화시키는 도구 상자armory에 추가되어, 미래를 향해 나아가고 있음을 시사한다.

팀코치를 위한 성찰 질문

Q. 내가 코칭하는 팀이 몰입과 웰빙에 더 집중하도록 하려면 어떻게 해야 하는가?

Q. 내가 코칭하는 조직이 몰입과 웰빙에 더 집중하도록 하려면 어떻게 해야 하는가?

팀 다양성과 포용성

다양성과 포용성은 때때로 기업의 문제로 고려하는 경우가 많다. 이는 사실이기도 하지만, 팀코치인 우리 개인을 포함하여 팀과 개인의 문제이기도 하다. 팀코치와 팀코치 교육자로서 우리는 성별, 장애, 문화, 신경 다양성, 정신 건강, 인종, 성격 선호도, 팀코치 사이의 다양성 등과 관련된 문제를 점점 더 많이 접하고 있다.

팀코치는 무엇을 할 수 있는가?

첫째, 이 책에서 설명하였듯이 팀코칭을 신뢰하는 일이다. 포용성에 관해 논의할 때, 휘팅턴Whittington(2020, p.271)은 "심리적으로나 육체적으로 안전하다고 느끼지 못하면 배울 수도 없고, 사랑할 수도 없으며, 이끌 수도 없고, 따를 수도 없습니다. 팀코치로 일하면서, 우리는 안전한 용기를 만들고 다양성과 포용성에 관련된 자신이나 다른 사람들의 이야기를 공유하면, 팀 구성원들이 많은 사람에게 말하지 않았던 사실을 공유하기 시작한다는 점을 발견합니다. 그렇지만 한 가지 주의할 점이 있습니다. 어떤 사람들에게는 공유가 너무 충격적일 수 있습니다. 팀코치로서 우리는 용기courage와 연민compassion의 균형을 맞춰야합니다."라고 말한다.

둘째, 팀코치로서 우리는 모두 더 많은 알아차림을 갖고, 적극적으로 교육 기회를 찾으며, 우려되는 부분을 수퍼비전으로 가져와야 한다. 예를 들어, 알아차림에 대해 생각해 보면, 다양성 문제 가운데 일부는 극명하게 드러난다.

- 로슈Roche와 패스모어Passmore(2021)의 연구 결과에 따르면, "코칭 업계에는 인종에 관한 한 격차, 침묵, 사각지대가 존재한다."라고 한다.
- 난독증 환자의 73%가 고용주에게 자신의 난독증을 숨기고 있다(Made by Dyslexia, 2017).
- 자폐성 성인 가운데 16%만이 종일 유급 직장full-time paid work에 종사하고 있다(The Professional Association for Social Work and Social Workers, 2016).
- 고위 경영진의 29%가 여성이며, 포춘 500대 기업 가운데 여성 CEO가 이끄는 기업은 33개에 불과하다(Darina, 2023).

셋째, 팀 리더와 팀이 다양성과 포용성을 선도할 수 있도록 지원해야 한다. 우리는 연구를 통해, 다양한 팀을 구성하는 일만으로는 충분하지 않다는 사실을 안다. 매닉스Mannix와 닐Neale(2005)은 다양성에 관한 약 50년간의 사회과학 연구를 검토하면서, "다양한 개인이 모여 어떻게 효과적인 팀을 구성할 수 있는지 이해하지 않고는, 인력의 다양성을 높이는 정책과 프랙티스를 시행하는 일은 무책임합니다."(p.32)라고 강력하게 주장하였다. 팀코칭은 팀이 진정으로 다양하고 포용적인 직장을 구축하도록 지원할 수 있는 최고의 기회 중 하나임이 분명하다.

팀코치들이 팀 다양성과 포용성을 실천하는 데 도움이 되는 연구로 포용적 리더십inclusive leadership이 있다. 포용적 리더십 행동에 관한 107편의 논문을 시스템적으로 검토한 결과, 코크마즈Korkmaz 등(2022)은 (1) 직원의 고유성uniqueness 육성(예: 다양성 증진), (2) 팀 내 소속감 강화(예: 관계 구축), (3) 감사 표시(예: 노력과 기여 인정), (4) 조직의 노력 지원(예: 포용성에 관한 조직의 미션 홍보)의 네 가지 차원으로 구성된 다중-단계 모델을 제안한다. 팀 요소와 관련하여, 이들은 팀 내 소속감 강화를 리더와 팀 간의 관계 및 팀 구성원 간의 관계에 주목하는 것으로 요약한다. 코크마즈 등(2022)은 이를 위해 다음과 같은 네 가지 중점 영역을 제안했다.

1. **개인으로서 직원 지원**은 팀 리더가 팀 구성원들의 감정에 주의를 기울이고, 지침을 제공하며, 가용성을 보여준다.

2. **다양성 증진**은 팀 구성원들의 차이를 인정하고, 각자의 고유한

특성을 소중히 여기며, 팀 구성들의 기여를 적극적으로 돕는다.

3. **직원 역량 강화**는 팀 구성원들이 스스로 조치를 취할 수 있게 하고, 팀 의사결정을 내리며, 팀 구성원들이 각자의 역할에 대한 아이디어를 공유하도록 한다.

4. **직원의 학습 및 개발 지원**은 팀 리더가 팀 구성원의 성장에 대한 관심을 명시적으로 표현하고, 피드백을 제공하며, 실수가 있을 때 직원을 지원하고, 팀 구성원 교육에 주의를 기울인다.

이 네 가지 영역은 주로 팀 리더의 관점에서 제안되었지만, 전체 팀 차원에서 고려하면 훨씬 더 큰 잠재력을 발휘할 수 있다.

팀코치를 위한 성찰 질문

Q. 다양성과 포용성에 관한 내 학습 우위learning edge는 무엇인가요?

Q. 팀을 위한 더욱 안전한 공간을 만들기 위해 내가 할 수 있는 일은 무엇인가요?

Q. 팀 다양성과 포용성에서 용기와 연민을 가지고 행동하기는 나에게 어떤 의미인가요?

팀코칭, 기후 변화, 그리고 더 넓은 생태학

호킨스Hawkins(2021, p.255)는 "많은 코치가 어떤 이유로 모든 코칭과 팀코칭 관계에서 생태의 중요성에 관심을 기울이고 점점 더 강조하는지 제게 물어왔습니다. 코치들은 자신의 책임이 아니며 자신의 의제 agenda를 코칭실coaching room에 가져와서는 안 된다고 배웠다고 말했습니다. 그렇지만 생태 이슈는 본질에서 모든 사람의 의제이며, 생태는 이미 모든 코칭실에 존재합니다. 우리가 숨 쉬는 공기, 우리가 먹는 음식 등을 포함합니다."라고 말했다. 호킨스Hawkins와 터너Turner(2020)는 생태학이 이미 존재한다는 점을 바탕으로, 코치의 역할은 이를 발견하고, 드러내며, 탐구하는 일이라고 제안한다. 와이브로Whybrow 등(2023)은 코칭의 목적을 정의할 때, 존 휘트모어 경Sir John Whitmore의 성찰을 인용한다. 휘트모어(2009, p.225)는 "코치는 모든 사람, 모든 자연과 우리의 유일한 고향에 대한 연민이 핵심 주제가 되는 새로운 사회 질서의 탄생을 이끄는 산파midwives입니다. 이보다 더 보람찬 도전이 있을까요?"라고 말한다.

이러한 최근의 생각과 코칭 전문가 내에서 관심이 높아졌지만, 우리는 팀코치 교육자의 역할을 통해, 많은 팀코치가 여전히 자신의 의제를 회의실에 가져오기 불편해한다는 사실을 안다. 코치들의 이러한 어려움을 인식한 콕스Cox와 플린Flynn(2022)은 투명성과 명확한 계약의 중요성을 언급하며, "유료 대화에는 더 많은 허가가 필요합니다(p.82)."라고 언급했다. 호킨스(2021)는 우리 자신의 비선형적 여정non-linear journey을 수행하는 일이 중요하다고 강조하며, 생태-의식 주기eco-consciousness cycle를 제안했다. 다섯 단계는 생태-호기심eco-curious, 생태-정보eco-informed, 생태-알아차림eco-aware, 생태-참여eco-engaged, 생태-활동eco-active이다.

우리는 언제나 팀코치가 진정성과 용기를 갖도록 격려하지만, 팀 구성원들이 팀코치의 세계관을 자동으로 공유한다고 믿거나 행동하는 일은 경계한다. 우리는 모두 살아오면서 말이나 행동으로, 상대방의 마음을 잃는 순간을 경험한 적이 있을 것이다. 팀코치는 자신이 팀코치로서 어떤 사람인지, 어떤 방식으로 일하는지 고객에게 명확히 알려야 한다.

팀코치를 위한 성찰 질문

Q. 기후 변화와 더 넓은 생태계에 관한 팀코치로서 내 여정은 무엇인가요?

Q. 내 '존재 방식way of being'을 활용하여, 나만이 할 수 있는 방식으로 기후 변화와 더 넓은 생태계를 어떻게 회의실로 가져올 수 있나요?

Q. 이 영역에서 또 어떤 점을 성찰해야 하며, 수퍼비전이 이를 어떻게 지원할 수 있나요?

팀코칭과 기술 혁명

아이작슨Isaacson(2021)은 "기술의 기하급수적인 발전이 영구적인 불안정성을 만들어내고 있으며, 특히 기술, 개인의 선호도, 나이, 배경에 따라 기쁨과 불안을 가져다줍니다(p.10)."라고 언급했다. 이 인용문을 읽으면서 떠오르는 질문은 우리의 선호도, 나이, 배경과 상관없이 기술을 받아들일 수밖에 없다면 어떻게 해야 할까이다. 이에 관해 더 자세히 논의하기 전에, 코칭 방식을 변화시키는 기술이 다르다는 사실을 고려하면 도움이 된다. 아이작슨(2022)은 (소문자)**코치테크**coachtech와 (대문자)**코치테크**CoachTech라는 용어를 사용하여 설명한다. 아이작슨은 (소문자)**코치테크**coachtech는 코치가 채택하고 사용할 수 있는 기존의 모든 기술인 반면, (대문자)**코치테크**CoachTech는 코칭을 고려하여 개발된 기술이라고 주장한다.

먼저 (소문자)**코치테크**coachtech를 살펴본다. COVID-19의 영향을 잊을 수 없다. 전 세계 팀코치들은 대면 회의에서 화상 회의로 업무 방식을 전환해야 했다. 이 책의 저자 그룹 내에서도 채택 속도는 천차만별이었다. 이 책을 읽는 많은 사람처럼, 우리도 화상 회의, 화상 회의 초대, 화면 공유, 소회의실, 채팅을 통한 공유, 메시지 그룹, 클라우드에서 공동 파일 공유와 작업, 설문조사 도구, 가상 화이트보드에 대한 전문가가 되었다. 저자 그룹으로서 우리는 온라인 팀코칭도 대면 코칭만큼의 연결성과 영향력을 발휘할 수 있다는 결론을 곧바로 내렸다. 또 기술이 인간적인 일의 본질은 결코 아니지만, 훌륭한 지원 행위라는 결론을 빠르게 내렸다.

가상 팀코칭virtual team coaching 결과에 관한 연구는 아직 없지만, 일대일 코칭 맥락에서 미칼릭Michalik과 셰르뮬리Schermuly(2023)는 혼합 접근 방식에서 차이를 발견했다. 그렇지만 대면 방식과 디지털 방식 사이에 유의미한 결과 차이를 발견하지 못했다는 점에 주목할 필요가 있다. 향후 연구에서 어떤 결과가 나오든, 일부 팀코치와 많은 팀이 확신을 갖지 못하고 있는 점은 분명하다. 우리의 경험에 따르면, COVID-19 이후 거의 모든 일대일 코칭 업무는 가상으로 이루어지는 반면, 팀코칭 업무 대부분은 가상과 대면이 혼합된 형태로 이루어지고 있다. 팀코칭의 경우 비즈니스 개발, 팀 일대일 진단 통화, 360도 팀 진단 도구, 검토 회의, 팀코칭 프로그램의 일부인 일대일 코칭, 팀과의 일부 관찰 그리고 짧은 회기 등의 영역이 주로 가상으로 유지되고 있다. 이에 비해, 글로벌 팀의 경우 하루에서 일주일까지 팀과 더 긴 시간 동안 직접 대면할 가능성이 크다.

(소문자)**코치테크**coachtech의 또 다른 사례로 ChatGPT를 들 수 있다. 이 책을 위해 ChatGPT를 실험하면서 두 가지 질문을 던졌다. (1) 팀코칭 여정의 예시를 설명해 줄 수 있는가? (2) 팀코치로 일하고 있는데, 팀 구성원 두 명이 서로 말을 하지 않고 있다. 두 답변 모두 매우 인상적이었고, 약간의 수정을 가했다면, 고객 업무에 활용할 수 있었을 것이다. 일대일 진단 인터뷰를 통해 수집한 데이터를 요약하는 능력은 더욱 특별했다. 우리는 30분간 진행된 10건의 인터뷰 내용을 익명화(즉, 이름과 회사에 민감한 정보를 모두 제거)했다. 그리고 그 내용을 팀이 생각해 볼 수 있는 핵심 주제로 조합해 달라고 요청했다. 몇 가지 추가 프롬프트를 통해, ChatGPT는 보통 몇 시간이 걸렸을 요약 보고서를 몇 분 만에 작성했다.

그렇지만 AI 도구를 사용할 때는 주의를 기울이도록 권장한다. 우리는 AI 도구에서 거짓hallucinations이 흔하게 나타나며, 편향성, IP 그리고 기밀 유지 관련 더 넓은 의문점이 있다는 패스모어Passmore와 티

Tee(2023)의 연구에 주목한다. 또 모든 사용자가 결과물을 포함하기 전에 내용을 확인하고 기술과 관련된 다른 위험에 민감하게 반응하도록 권장한다.

(소문자)**코치테크**coachtech는 이제 팀코칭에 분명히 포함되어 있고, 그 사용은 점점 더 늘어날 예정이지만, 아직까지는 주로 일대일 코칭에 초점을 맞추고 있는 것으로 보인다. 아이작슨(2021)은 코칭 플랫폼coaching platforms의 부상을 세 가지 그룹으로 분류했다.

1. **코칭 행정 플랫폼**Coaching administration platforms – 코칭 참여를 관리하도록 코치들에게 도움을 준다.
2. **코칭 관리 플랫폼**Coaching management platforms – 조직이 더 많은 직원에게 코칭에 접근할 수 있도록 하며, 코칭 규모, 비용 대비 효과성, 데이터 수집, 측정과 보고, 그리고 대상자 자원 등의 이점이 주목된다.
3. **디지털 코치 중개인**Digital coach brokers – 고객이 독립 코치를 선택할 수 있는 온라인 마켓플레이스 역할을 한다.

(대문자)**코치테크**CoachTech의 또 다른 사례로는 AI 코치의 부상을 들 수 있다. 아이작슨(2021)은 자신의 경험을 반영하여, "기존의 AI 코치는 표준화되고 엔지니어링된 프로세스 흐름에서 대화형 베니어conversational veneer[1]처럼 행동한다."(p.110)라고 제안한다. 이는 코칭의 핵심인 작업 동맹working alliance(De Haan et al., 2016, 2019)과 팀코

칭의 효과(Murphy, 2023)와는 거리가 멀게 들린다.

팀코치를 위한 성찰 질문

Q. 나는 팀코칭 작업에 새로운 기술을 어떻게 혁신하고 통합할 수 있는가?

Q. 나는 (소문자)**코치테크**coachtech 또는 (대문자)**코치테크**CoachTech와 관련하여 어떤 윤리적 고려를 할 수 있으며, 어떻게 이를 탐구하고 대화에 영향을 줄 수 있는가?

Q. 내가 마음 써야 할 미래에는 어떤 것들이 있을 수 있는가? (예: VR, AR, AI 개발)

맺음말

결론적으로, 논의된 영역 가운데 일부는 과부하를 유발할 수 있지만 각각 주의가 필요하다. 우리의 경험에 따르면, 문헌과 팀코칭 교육 제공자들은 이러한 영역에 점점 더 많은 관심을 기울이고 있다. 그러나 28장에서 강조했듯이 팀코칭 수퍼비전은 팀코치가 자신의 업무에서 떠오르는 모든 것을 탐구하는 데 필수적이다.

---

1) [역자주] '겉으로만 대화하는 태도', veneer는 나무 합판 등에 얇은 무늬목을 덧대어 보기 좋게 하는 것을 의미하며, 실제로 그렇지 않으면서 겉으로는 상냥하거나 친근하게 대화하는 듯 꾸미는 모습을 비판적으로 표현할 때 사용된다. 본문에서는 진정성이 없고, 형식적인 대화나 태도를 의미한다. 출처: Cambridge Dictionary.

28장. 팀코칭 수퍼비전

번역: 정용석

개요

수퍼비전은 팀코치들이 자신의 코칭 프랙티스를 성찰하고, 행동 패턴을 인식하고, 자신이 누구인지 탐색할 수 있게 하며 개인적, 전문적 개발에 본질적인 역할을 한다. 수퍼비전은 코치들에게 중요하다고 여겨지지만, 특히 팀과 함께 일할 때 다양한 역동, 복잡성 증가, 그리고 더 넓은 시스템적 맥락을 관리해야 하는 팀코치들에게는 필수적이라고 할 수 있다. 수퍼비전의 중요성은 ICF ACTC 팀코칭 자격 취득을 위해 수퍼비전에 참여한 증거를 요구하는 데서 나타나며, 최근에는 일부 조직에서 팀코치들에게 적극적으로 수퍼비전에 참여하도록 요청하는 것을 볼 수 있다.

쇼헤트[Shohet]와 쇼헤트[Shohet](2020)가 제시한 바와 같이, 수퍼비전은 우리가 무엇을 해야 할지 확신이 서지 않을 때도 도움이 된다. '우리가 가장 막막할 때, 우리를 지지하면서도 도전과제를 주는 다른 사람과 함께 성찰할 수 있는 공간이 있다면 우리는 성장할 수 있다'(Shohet & Shohet, 2020, p.3).

이 장에서는 일대일 코칭에서의 수퍼비전에 초점을 맞춘 패스모어 Passmore와 싱클레어Sinclair(2024)의 연구에 기반을 두며, 이를 팀코칭 맥락으로 확장하여 다룬다. 수퍼비전이 무엇인지, 실제로 어떻게 작동하는지, 어떻게 적합한 수퍼바이저를 찾을 수 있는지, 그리고 어떻게 하면 수퍼비전을 가장 효과적으로 활용할 수 있는지를 살펴볼 것이다.

수퍼비전이란 무엇인가?

여러 학자(de Haan, 2012; Hawkins & Smith, 2013; Hodge, 2016; Passmore & McGoldrick, 2009)와 코칭 전문 기관들은 수퍼비전에 관해 다양하게 정의해 왔다. ICF(2019)는 수퍼비전을 '코치와 고객clients 모두의 이익을 위해 성찰적 대화를 통해 코치의 역량을 지속해서 구축하는 협력적 학습 프랙티스'라고 정의한다.

ICF에 따르면, '코칭 수퍼비전은 더 풍부하고 폭넓은 지원과 개발 기회를 제공함으로써 코치의 수용력capacity을 개발하는 데 초점을 맞춘다. 코칭 수퍼비전은 코치가 고객과 작업하면서 전문성을 갖춰 가는 becoming masterful 과정에서 겪는 성공과 실패를 나눌 수 있는 안전한 환경을 조성한다'(ICF, 2019).

수퍼비전에 관한 많은 사고의 기반은 주로 사회복지나 심리치료 같은 조력 전문직^{helping professions}에서 비롯하였다. 코칭과 마찬가지로, 수퍼바이저와 수퍼바이지 사이의 관계가 매우 중요하다. 따라서 수퍼비전은 수퍼바이지가 성찰하고 개발할 수 있게 하는 공동 창조적 학습 관계이다. 또 수퍼바이지가 '정서적, 전문적 웰빙과 성장'에 초점을 맞출 수 있도록 안전한 공간을 제공한다(Hodge, 2016, p. 89).

앞서 언급했듯이, 팀코치의 작업은 복잡하고 도전적일 수 있다. 팀코치들은 팀을 코칭할 때 자신의 수용력, 실천능력^{capabilities}과 지식을 활용하며, 자기 분야에서 대가^{masters of their craft}가 되기까지는 수년간의 프랙티스가 필요하다(Hawkins, 2021, p.326). 호킨스^{Hawkins}(2021)는 수퍼비전이 다음과 같은 측면에서 팀코치를 지원한다고 제시한다.

- 팀과 긴밀히 협력하면서도 팀의 역동과 문화로부터 독립성을 갖도록 경계를 유지한다.
- 팀 내부의 시스템적 역동과 팀 내부와 팀이 속한 더 넓은 시스템 사이의 시스템적 역동을 인식한다.
- 이러한 복잡한 시스템 역동을 감지하고 이해한다.
- 팀코치로서 성장한다.

수퍼비전은 나에게 어떻게 도움이 될 수 있을까?

고객과 함께 팀코칭 작업을 수행할 때, 팀코치들은 다양한 관계, 역동, 그리고 시스템적 측면들을 다루어야 한다. 수퍼바이저와 함께 작업하는 것은 그들이 경험할 수 있는 복잡성과 도전 과제들을 풀어나가는 데 도움을 줄 수 있다. 우리는 7장에서 팀코치가 수퍼비전에 가져올 수 있는 주제들의 몇 가지 예시를 살펴보았다. 이를 좀 더 확장하여, 팀코치는 다음과 같은 다양한 주제들에 관해 수퍼비전을 요청할 수 있다.

- 고객, 조직, 그리고 더 넓은 시스템과의 계약
- 팀 리더, 팀, 이해관계자, 조직과의 관계
- 공동 코치와의 관계
- 팀 역동과 문화로부터 독립성을 유지하는 방법
- 자신의 웰빙 관리
- 자신과 팀의 행동 유발요인과 행동 패턴 탐색
- 지원 요청
- ICF 핵심 역량, 팀코치로서 수용력, 지식과 관련된 자신의 발전을 논의
- 한계와 취약성 탐색
- 전문적 기준과 윤리가 유지되도록 보장
- 팀, 팀 리더, 조직과 협력
- 팀코치 사례들(예: 조직, 팀, 팀 회기와 관련된 경우)

- 공동 코치와의 협업

따라서 수퍼비전은 여러 가지 다양한 측면을 포함할 수 있다. 우리는 7장에서 나누었던 터너Turner와 팔머Palmer(2019)가 제시한 공통 주제들과 일치하는 수퍼비전의 세 가지 핵심 영역(Passmore & Sinclair, 2024)을 더 자세히 살펴볼 것이며, 이는 수퍼비전에 도움이 될 것이다.

지원support

핫지Hodge(2016)가 제시한 바와 같이, 수퍼비전은 팀코치의 전문적, 정서적 웰빙에 꼭 필요한 지원을 제공한다. 이것은 팀코치가 보호받고 안전하며 신뢰받고 있다고 느끼도록 도와주고, 두려움과 취약성을 탐색하도록 지원하며, 자기 작업에 대한 자신감과 프랙티스에 대한 명확성을 갖게 해준다(Hawkins & Smith, 2013; de Haan, 2008). 또 다양한 관점을 얻고, 재충전할 수 있는 공간을 제공하며, 시스템 내의 많은 관계를 탐색하는 기회를 제공한다(Turner & Palmer, 2019).

학습과 개발

수퍼비전의 핵심 요소는 팀코치가 학습하고, 성장하며, 숙련된 전문가로 나아가는 과정에서 더욱 개발할 수 있도록 돕는 것이다. ICF 팀코칭 역량은 팀코치가 자신의 강점과 더 개발시키고 싶은 영역을 포함하여 기술 분야를 탐색하는 데 유용한 참고 자료이다. 또 팀코치는 10장에서 다루었던 팀코칭의 됨^{being}, 함^{doing}, 앎^{knowing}에 관해 논의하고자 할 수 있다(Widdowson et al., 2020). 여기에는 팀 역동, 모델, 프레임워크에 관한 지식과 팀이 존재하는 시스템, 그리고 팀, 이해관계자, 공동 코치와의 공감과 관계를 구축하는 능력과 관련된 그들의 '존재 방식'을 탐구하는 것을 포함할 수 있다. 수퍼비전에 적극적으로 참여하는 것은 팀코치가 성찰적 실천과 자기 인식을 구축하고 개발하는 데 도움이 될 것이다.

안전과 기준

6장 '윤리적 실천을 보여준다'에서는 팀코치가 인식하고 유지해야 할 윤리적, 전문적 기준들을 살펴보았다. 수퍼비전 관계는 팀코치들이 전문적이고 윤리적인 실천을 탐구하고 명확성을 얻도록 돕는 이상적인 공간이다. ICF의 윤리 강령과 전문성, 협업, 인간성, 공정성의 핵심 가치들은 수퍼바이저와 수퍼바이지 사이의 대화에 기초를 제공한다.

수퍼비전 접근 방식

패스모어와 싱클레어(2024)는 다양한 수퍼비전 모델에서 발전해 온 수퍼비전의 '삼각형 접근법^{triangulated approach}'([그림 28.1])을 정리하였다.

수퍼비전에 다양한 접근 방식이 존재한다는 것은 분명하다. 이러한 접근 방식들은 [표 28.1]에 설명된 세 가지 주요 영역으로 크게 나눌 수 있다.

전문가로서 팀코치:
'규범적, 관리적, 질적 기능'
- 전문성
- 작업의 질
- 책임성
- 윤리
- 작업의 안전

관리적 기능

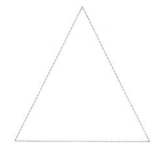

지지적 기능　　　　개발적 기능

개인으로서 팀코치:
'회복적, 지지적, 자원적 기능'
- 연결감
- 정서적 지지
- 자기 돌봄
- 양육하기
- 자기 필요 인식 및 처리

팀코치로서 팀코치:
'형성적, 교육적, 시스템적, 개발적 기능'
- 지식과 기술
- 알아차림과 이해
- 마인드셋과 태도
- 학습과 성장
- 반응과 대응

[그림 28.1] 수퍼비전의 삼각형 접근법

[표 28.1] 수퍼비전의 기능

수퍼비전의 기능			
카두신Kadusin과 하크니스Harknes (2002)	프록터Proctor (2000)	호킨스Hawkins와 스미스Smith (2013)	뉴튼Newton과 냅퍼Napper (2007)
관리적	규범적	질적	책임적
지지적	회복적	자원적	양육적
교육적	형성적	개발적	변혁적

패스모어와 싱클레어(Passmore & Sinclair, 2024, p.237)의 허락을 받아 사용함

수퍼비전은 실제로 어떻게 작동되는가?

호킨스(2021)는 팀코치를 위한 수퍼비전이 다음과 같은 여러 가지 다양한 방식으로 이루어질 수 있다고 설명한다.

1. 일대일 수퍼비전
   1) 코칭과 팀코칭에 초점을 맞춤
   2) 팀코칭만 진행
2. 그룹 수퍼비전
   1) 그룹 내에서 코칭과 팀코칭 모두에 초점을 맞춤
   2) 팀코칭만 진행
3. 공동 수퍼비전joint supervision
   1) 같은 팀을 코칭하는 두 명의 공동 코치

4. 팀코치 또는 컨설턴트로 함께 구성된 팀

    1) 같은 조직 내의 팀들을 코칭하는 모든 팀코치나 컨설턴트들의 팀

5. 팀 리더 코칭

    1) 팀 리더가 자신의 팀을 코칭하는 방법에 초점을 맞춤

가장 적합한 접근 방식은 수퍼바이지가 팀코칭을 얼마나 많이 했는가와 수퍼바이저가 팀코칭 수퍼비전 경험이 있는가에 따라 달라진다. 호킨스는 팀코칭이 팀코치의 프랙티스에서 상당 부분을 차지한다면, 팀코칭에만 초점을 맞춘 수퍼비전이 유익할 것이라고 계속 제안한다.

앞서 언급한 바와 같이, 수퍼비전 관계는 라포를 형성하고 안전하고 신뢰할 수 있는 공간을 구축하는 데 초점을 맞춘다. 수퍼바이저와 수퍼바이지는 다음 사항을 합의하게 된다.

- 어떻게 함께 일할 것인가?
- 수퍼비전이 효과적인지, 그렇지 않은지를 어떻게 공유할 것인가?
- 기밀 유지의 경계
- 논의의 범위에는 무엇이 포함되는가?
- 수퍼비전에서 수퍼바이지가 원하는 것
- 회기의 정기성regularity과 기간
- 회기 장소
- 회기 비용과 관련 조건
- 윤리적, 법적인 의무 사항

수퍼바이저는 일반적으로 양측 모두 관계의 범위를 명확하게 할 수 있도록 수퍼비전 계약서를 제공할 것이다.

어떻게 적합한 수퍼바이저를 찾을 수 있는가?

팀코치를 위한 역량과 ICF 팀코칭 자격이 개발됨에 따라, 수퍼비전은 이제 팀코치들에게 핵심 요건으로 여겨지고 있다. 그러나 여전히 팀코칭 훈련을 받은 경험 있는 수퍼바이저가 더 많이 필요하다.

수퍼바이저를 찾을 때, 팀코치들은 다음과 같은 질문들이 도움이 될 수 있다.

Q. 코칭이나 팀코칭에서 어떤 경험이 있나요?

Q. 코치를 수퍼비전한 경험이 있나요?

Q. 팀코치를 수퍼비전한 경험이 있나요?

Q. 코치로서 어떤 자격과 인증을 보유하고 있나요?

Q. 팀코치로서 어떤 자격과 인증을 보유하고 있나요?

Q. 팀코치 수퍼바이저로서 어떤 자격과 인증을 보유하고 있나요?

Q. 팀코치를 수퍼비전한 시간은 얼마나 되나요?

Q. 수퍼비전 접근 방식은 무엇인가요?

Q. 어떤 형태의 수퍼비전을 제공하나요?(예: 일대일, 그룹 수퍼비전, 공동 수퍼비전 등)

Q. 수퍼바이저로서 당신은 어떻게 수퍼비전을 받고 있나요?

Q. 팀코칭과 수퍼비전의 최신 발전 동향을 파악하기 위해 어떤 노력을 하고 있나요?

Q. ICF 팀코칭 역량에 관해 얼마나 알고 있나요?

Q. ICF 윤리 강령에 관해 얼마나 알고 있나요?

수퍼비전을 최대한 활용하기

수퍼비전에 참여하기 전에, 수퍼바이지가 최대한의 혜택을 얻기 위해 고려해야 할 사항들은 다음과 같다.

- **수퍼바이저와의 조화**chemistry: 팀코치는 자신의 성공 경험, 가장 자랑스러웠던 순간, 두려움, 취약성, 맹점blind spot, 그리고 도전 과제들을 수퍼바이저와 안전하게 공유할 수 있다고 느껴야 한다. 따라서 깊은 수준의 친밀감rapport, 유대감, 신뢰를 형성하는 것이 필수적이다.

- **그룹과의 조화**: 팀코치가 그룹 수퍼비전에 참여하는 경우, 수퍼비전을 위한 자신의 질문들을 안전하게 탐색할 수 있다고 느끼고, 다른 그룹 구성원들을 위해 관찰, 성찰, 질문을 기꺼이 제공하는 것이 중요하다.

- **수퍼바이지의 준비**: 회기 전에 수퍼바이지는 수퍼비전에서 탐색하고자 하는 질문이 무엇인지, 수퍼바이저나 그룹에 원하는 것은

무엇인지, 회기를 진행하기에 적합한 장소는 어디인지, 그리고 학습 내용을 어떻게 기록할 것인지 등을 고려해야 한다.

- **수퍼비전 빈도와 기간**: 회기의 길이와 빈도에 관해서는 여러 가지 다양한 견해가 있으며, 이는 일대일 수퍼비전과 그룹 수퍼비전에 따라 달라질 수 있다. 매달 진행하는 일대일 팀코칭 수퍼비전부터 분기별 그룹 수퍼비전까지 다양하다. 필요한 수퍼비전의 양은 자신이 참여하고 있는 팀코칭의 양에 따라 달라질 수 있다. 가장 중요한 점은 팀코치가 충분한 시간을 갖고 성찰, 탐구, 성장할 수 있도록 정기적으로 이루어지는 것이다.

- **계약**: 이 장에서 앞서 논의된 바와 같이, 당신과 수퍼바이저가 계약 내용과 함께 일하는 방식을 명확히 하는 것이 중요하다.

- **공동 창조**: 수퍼비전의 핵심은 수퍼바이지와 수퍼바이저 사이의 관계이며, 공동 창조하고, 알려진 것과 알려지지 않은 것을 함께 탐구하며, 배우고 성장하는 것이다.

- **학습에 대한 성찰**: 수퍼비전 회기가 끝나고 학습한 것을 성찰하고 검토하는 시간을 가지면 성찰적 실천을 더 개발하고, 새로운 학습을 프랙티스에 어떻게 통합할지 고려하게 되며, 앞으로의 수퍼비전 회기에서 다루고 싶은 다른 영역을 생각하는 데 도움이 된다.

맺음말

수퍼비전이 팀코치의 프랙티스, 학습, 그리고 전문가 여정을 지원하는 데 매우 중요한 역할을 한다는 것은 분명하다. 캐롤^{Carroll}(2001, p.77)은 수퍼비전이 단순한 기능 이상이며, 우리가 누구인지, 내면과 그 너머에 무엇이 있는지, 그리고 우리의 최선을 이끄는 것이 무엇인지를 탐구하는 '삶의 방식'이라고 제안한다. 캐롤은 "수퍼비전적인 태도 supervisory attitude를 갖고, 참가자들이 수퍼비전을 삶과 가치, 일과 경력, 관계와 연결에 관해 깊이 있고 솔직하게 생각할 수 있게 하는 성찰적 과정으로 바라본다면, 참가자들의 삶에 엄청난 변화 immense difference를 만들어낼 수 있다."라고 말하고 있다(Carroll, 2001, p.77).

29장. 팀코치를 위한 지속적인 전문성 개발

번역: 정용석

개요

팀코칭은 코칭 전문 분야 가운데 가장 빠르게 성장하는 분야의 하나이며, 점점 더 중요한 개입 방법이 되고 있다. 그 결과, 민간 기업, 정부 기관, 비영리 단체와 자선 단체 같은 다양한 조직들이 팀의 힘, 에너지, 지혜를 활용하고 지속 가능한 성과sustainable results와 지속적인 발전continuing development을 이루기 위해 팀코칭을 도입하고 있다. 팀코칭 수요가 증가함에 따라, 팀코치들은 효과적인 팀코칭을 위한 복합적인 기술을 갖춘 파트너로서 자신을 차별화하고 신뢰성을 입증하고자 한다.

일대일 코칭 프랙티셔너의 발전과 마찬가지로(Passmore & Sinclair, 2024), 팀코칭 프랙티셔너의 발전도 끊임없이 이루어진다. ICF 윤리 강령의 섹션 II에는 '지속적인 개인적, 전문적, 윤리적 발전을 통한 탁월성 추구'라는 16번 기준이 포함되어 있다.

이 장에서는 팀코칭 프랙티셔너에게 유용한 지속적인 전문성 개발 기회들 가운데 일부를 소개하고자 한다.

팀코칭 고급 인증 자격_{Advanced Certification in Team Coaching(ACTC)}

팀코칭 프랙티스 기준을 마련하기 위해, ICF 자격 및 기준 위원회는 5장에서 살펴본 바와 같이, ICF 팀코칭 역량 모델을 개발하였다. 동시에, 이 모델은 고급 팀코치 프랙티셔너들의 지식, 기술, 역량을 인정하도록 설계된 ICF 팀코칭 고급 인증 자격Advanced Certification in Team Coaching(ACTC)의 기반이 된다.

ICF는 2021년 12월부터 팀코칭 고급 인증 자격을 위한 시범 운영pilot 프로그램 신청을 받기 시작했고, 이 시범 운영 프로그램에 참여한 첫 번째 ACTC 취득자들은 2022년 8월에 자격증을 받았다.

2023년 1월, ACTC가 정식으로 출시되었고, ICF는 개별 팀코치들의 신청을 받기 시작했다. 동시에 ICF 코칭 교육 위원회는 2023년 1월에 팀코칭 고급 인증 과정을 시작하였다.

일반 코치들과 비교하면 인증받은 팀코치 수는 아직 적지만, 팀코칭의 전반적인 성장에 발맞추어 꾸준히 증가하고 있다.

ACTC 자격을 취득하게 되면 코치로서 신뢰도를 강화하고, 동시에 팀코칭 프랙티셔너들이 지속적인 전문성 개발을 추구할 훌륭한 기회를 제공한다.

이어서, 팀코칭 자격 요건을 소개하고자 한다. 이 책이 작성된 시점을 기준으로 적용되는 요건임을 참고하고, 향후 변경 사항이 있는 경우 ICF 웹사이트를 방문해 주기 바란다. 단, 가까운 시일 내에는 변경 사항이 없을 것으로 예상한다. https://coachingfederation.org/credentials-and-standards/team-coaching.

요구사항 개관

두 가지 경로 모두 요구사항의 범주는 유사하다([표 29.1] 참조).

- ICF 자격증
- 팀코칭 교육
- 팀코칭 경험
- 코칭 수퍼비전
- 팀코칭 자격시험

[표 29.1] 자격 요건

	옵션1	옵션2 (AATC 경로)	옵션3 (기존 학습 인정)
1. ICF 자격증	ACC, PCC, MCC	ACC, PCC, MCC	ACC, PCC, MCC
2. 팀코칭 교육	60시간 이상 완료	60시간 이상 완료	30시간 이상 완료
3. 팀코칭 경험	지난 5년 이내 최소 5회의 팀코칭 참여 경험	지난 5년 이내 최소 5회의 팀코칭 참여 경험	신청일 기준 5년 이상 이전에 참여한 팀코칭 3회를 포함하여, 총 10회의 팀코칭 참여 경험
4. 코칭 수퍼비전	최소 5시간	최소 5시간	최소 10시간
5. 자격시험	합격 점수	합격 점수	합격 점수

신청 경로

팀코치가 신청할 수 있는 세 가지 경로가 있다.

- 옵션 1: 기존 학습 인정 없이 최소 60시간의 팀코칭 교육 이수
- 옵션 2: ICF 팀코칭 고급 인증 과정Advanced Accreditation in Team Coaching(AATC) 프로그램 이수
- 옵션 3: 장기 팀코칭 프랙티셔너를 위한 기존 학습 인정

기존 학습 인정Credit for Prior Learning(CPL)

이것은 장기 팀코칭 프랙티셔너를 위한 옵션/경로 3이다.

이 신청 자격을 갖추기 위해 신청자는 다음의 모든 기준을 충족해야 한다.

- 총 10회의 팀코칭 참여, 이 가운데 최소 3회는 신청일로부터 5년 이상 이전에 참여한 것이어야 함
- 자격을 갖춘 수퍼바이저와 함께 최소 10시간의 코칭 수퍼비전
- 최소 30시간의 팀코칭 교육 이수

ICF 자격증

ACC^{Associate Certified Coach}, PCC^{Professional Certified Coach} 또는 MCC^{Master Certified Coach} 수준의 유효한 ICF 자격증을 보유해야 한다.

팀코칭 교육

신청자는 선택한 경로에 따라 30시간 또는 60시간의 팀코칭 교육을 이수해야 한다([표 29.2] 참조).

[표 29.2] 팀코칭 교육

옵션 1 신청 시:	옵션 2 신청 시: (AATC)	옵션 3 신청 시: (기존 학습 인정)
신청자는 최소 60시간의 팀코칭 교육을 이수해야 한다.	신청자는 AATC 과정을 통해 요구되는 60시간의 팀코칭 교육을 이수해야 한다.	신청자는 최소 30시간의 팀코칭 교육을 이수해야 한다.

또 팀코칭 교육은 ICF 팀코칭 역량, ICF 핵심 역량, ICF 윤리 강령과 부합해야 하고, 하나 이상의 ICF 인증 또는 비인증 교육 기관을 통해 이수해야 한다.

ICF 비인증 교육을 제출하는 신청자는 신청서와 함께 프로그램 강의 계획서^{syllabus}나 과정 개요^{course outline}를 제출해야 한다. 교육 과정 ^{educational curricula}은 ICF 기준과 부합하는지를 확인하기 위해 검토될 수 있다.

팀코칭 경험

신청자는 정해진 기간 내에 최소 5회 또는 10회의 팀코칭에 참여해야 한다([표 29.3] 참조).

[표 29.3] 팀코칭 경험

옵션 1 신청 시:	옵션 2 신청 시: (AATC)	옵션 3 신청 시: (기존 학습 인정)
지난 5년 이내에 최소 5회의 팀코칭에 참여해야 한다.	지난 5년 이내에 최소 5회의 팀코칭에 참여해야 한다.	총 10회의 팀코칭에 참여 • 5회는 신청서 작성일 기준으로 지난 5년 이내에 시작된 것이어야 한다. • 3회는 신청서 작성일 기준으로 최소 5년 이전에 완료된 것이어야 한다. • 2회는 언제 수행되었든 상관없다.

팀코칭 참여는 팀코칭 계약의 일부로 이루어진 모든 활동과 회기를 포함한다. 참여 활동은 팀 트레이닝, 팀 컨설팅, 팀 퍼실리테이션, 팀 빌딩 등 다른 팀 개발 활동이 포함될 수 있으나, 자격 요건을 충족하려면 반드시 팀코칭 회기가 포함되어야 한다.

15명이 넘는 팀을 대상으로 하는 팀코칭은 반드시 공동 코치가 포함되어야 한다.

신청자는 두 건의 팀코칭 참여 확인서를 제출해야 한다. 이 확인서는 팀 구성원, 팀 리더, 스폰서 조직의 공인된 대표자authorized representative 또는 제3의 코칭 기관이 제공할 수 있다.

확인서는 서명되어야 하고, 회사의 공식 레터헤드letterhead[1])에 작성하여 제출해야 하며(기밀 유지 계약에 따라 금지된 경우는 제외), 다음 요소들을 포함해야 한다.

- 공인된 대표자의 이름과 연락처
- 조직이나 팀 내 대표자의 역할
- ACTC 신청자의 이름
- 팀코칭에 참여한 총 시간
- 팀코칭에 참여한 시작일과 종료일
- 팀 구성원 수

코칭 수퍼비전

신청자는 선택한 경로에 따라 최소 5시간 또는 10시간의 수퍼비전을 받아야 한다([표 29.4] 참조).

[표 29.4] 코칭 수퍼비전

옵션 1 신청 시:	옵션 2 신청 시: (AATC)	옵션 3 신청 시: (기존 학습 인정)
신청자는 자격을 갖춘 수퍼바이저와 함께 최소 5시간 이상의 코칭 수퍼비전이나 안내된 guided 성찰적 실천을 완료했음을 문서로 증명해야 한다.	신청자는 AATC 프로그램을 통해 코칭 수퍼비전 요건을 이수하게 되므로, 이를 별도로 증명할 필요는 없다.	신청자는 자격을 갖춘 수퍼바이저와 함께 최소 10시간 이상의 코칭 수퍼비전 또는 안내된 성찰적 실천을 완료했음을 문서로 증명해야 한다.

1) [역자주] 레터헤드letterhead는 주로 비즈니스·기관의 공식 문서, 편지 등에 사용되는 문서의 상단 부분을 말하며, 여기에는 회사나 기관의 이름, 로고, 주소, 연락처 등 공식적인 정보가 인쇄되어 있다. 공식성을 강조하기 위해 회사의 공식 서신, 계약서, 제안서 등에 활용된다.

신청자의 코칭 수퍼바이저는 다음 기준 가운데 최소 하나를 충족해야 한다.

1. 코칭 또는 코칭 수퍼비전 전문 기관에서 발급한 유효한 코칭 수퍼비전 자격증, 인증서 또는 인증을 보유하고 있어야 한다.
2. 최소 60시간의 코칭 수퍼비전 교육 프로그램을 이수하고, 최소 120시간의 코칭 수퍼비전 경험이 있어야 한다.
3. 60시간의 코칭 수퍼비전 교육과 최소 120시간의 코칭 수퍼비전 경험이 있는 자격을 갖춘 ICF 멘토 코치여야 한다.

팀코칭 자격시험

ICF 팀코칭 자격시험에서 합격 점수를 획득해야 한다.

합격 점수는 600점 만점에 460점이다. 시험은 4개 섹션에 62개 문항으로 구성되며, 150분 내로 완료해야 한다. 섹션 1과 3은 팀코칭 역량의 기초가 되는 주제들에 관한 지식을 평가하는 객관식 문항들로 구성되어 있고, 섹션 2와 4는 실제 팀코칭 상황에서 판단력과 의사결정 능력을 평가하는 시나리오 기반 문항들로 구성되어 있다.

예시 문항

ICF는 객관식과 시나리오 기반의 두 가지 유형의 예시 문항을 제공한다. 이러한 문항들은 아래의 웹사이트에서 확인할 수 있다.

https://coachingfederation.org/credentials-and-standards/team-coaching/exam.

아래에서 이러한 문항들과 정답에 대한 간단한 설명을 제시한다.

객관식multiple-choice

문제 1.

다음 중 팀 멘토링과 팀코칭의 주요 차이점을 가장 잘 설명한 것은 무엇인가?

    A. 팀 멘토링은 주로 단일 회기로 종료되고, 팀코칭은 수년에 걸쳐 진행한다.

    B. 팀 멘토링은 개별 팀 구성원 개발에 초점을 맞추고, 팀코칭은 팀 전체를 지원한다.

    C. 팀 멘토링은 멘토가 전문가로서 자신의 지식을 팀과 공유하지만, 팀코칭은 팀이 전문가이다.

    정답: C

    설명: ICF 팀코칭 역량의 팀 개발 방식 표 참조: 전문성; 팀 멘토링

은 멘토가, 팀코칭은 팀이 주도권을 가짐(p.3). 제5장, [표 5.3] 참조.

문제 2.

다음 중 팀코칭 계약서 작성에 참여해야 하는 당사자들을 가장 잘 설명한 것은 무엇인가?

A. 팀코치와 스폰서 조직의 대표자 1인

B. 팀코치, 모든 팀 구성원, 팀 리더, 그리고 스폰서 조직

C. 팀코치, 팀 리더, 현재 모든 팀 구성원, 그리고 지난 1년 동안 팀을 떠난 모든 사람

정답: B

설명: ICF의 팀코칭 역량 중 역량 3. 보완 역량 b 참조: "팀 리더, 팀 구성원, 이해관계자, 공동 코치를 포함한 모든 관련된 당사자와 협력하여 코칭 관계, 프로세스, 계획, 개발 방식과 목표에 대해 명확한 합의를 공동으로 만들어간다."(p.9) 제8장, [박스 8.2] (b) 참조

문제 3.

팀코치가 팀 구성원들 사이의 갈등을 해결하는 데 가장 효과적인 방법은 무엇인가?

A. 갈등을 인정하고 팀 구성원들이 팀으로서 이를 어떻게 해결하고

싶은지 공유하도록 초대한다.

B. 팀코칭 회기 외부에서 팀 구성원들과 개별적으로 갈등을 다룬다.

C. 팀이 겪고 있는 갈등의 주요 원인이라고 여기는 코치의 견해를 팀과 공유한다.

정답: A

설명: ICF의 팀코칭 역량 중 역량 4. 보완 역량 g 참조: "팀의 내부 갈등을 식별하고 해결하기 위해 팀과 협력한다."(p.12) 제9장, [박스 9.2] (g) 참조

문제 4.

팀에게 질문하는 것은 팀코치가 다음의 목적을 위해 가장 효과적으로 사용하는 기법이다.

A. 팀이 도전적인 주제를 논의할 때 긴장을 해소하기 위해

B. 팀이 피해야 할 잠재적 갈등 영역을 발견하기 위해

C. 팀이 내부 대화와 성찰에 참여하도록 격려하기 위해

정답: C

설명: ICF의 팀코칭 역량 가운데 역량 7. 보완 역량 b, 배경 참조: "질문과 다른 기법들은 팀 개발을 촉진하는 데 사용되어야 하지만, 팀코칭에서 이러한 작업이 팀 내부의 대화와 처리 과정도 활성화해야 한다."(p.17) 제12장, [박스 12.2,] (b)도 참조

문제 5.

팀코치가 회기 내에서 학습과 통찰을 요약할 때 팀을 가장 효과적으로 지원하는 방법은 무엇인가?

  A. 회기 전반에 걸쳐 팀코치가 팀 구성원들에게 들은 성찰과 학습을 정리한다.

  B. 회기 마지막에 팀 구성원들이 자신의 성찰과 학습을 팀과 공유하도록 초대한다.

  C. 각 팀 구성원에게 회기에서 배운 점을 팀 리더에게 이메일로 보내도록 요청한다.

  정답: B

  설명: ICF의 팀코칭 역량 중 역량 8. 보완 역량 배경 참조: "모든 팀 구성원의 지식과 기술을 최대한 활용하기 위해서는 팀 대화와 성찰이 필수적이다."(p.19) 제13장: 회기 마무리 부분 참조

시나리오 기반 scenario-based

문제 1.

한 팀코치가 최고경영자(CEO), 최고재무책임자(CFO), 최고운영책임자(COO), 최고인사책임자(CHRO)를 포함한 기업의 고위 경영진 팀과 함께 팀코칭을 하게 되었다. 팀코칭 계약에는 향후 회사 구조조정 계획을 지원하기 위한 5회의 월 단위 코칭 회기가 포함되었다. 이 팀

코치는 같은 업계의 다른 회사에서 CHRO로 근무한 경험이 있고, 그곳에서도 구조조정을 지원한 이력이 있다. 첫 회기가 끝난 후, CEO는 팀코치에게 다음 회기에서 팀이 고려하고 논의해야 할 구조조정에 관해 제안해주기를 요청한다. 코치는 어떻게 해야 할까?

- **최선의 행동**best action: 팀코칭과 팀 컨설팅의 차이를 명확하게 설명하고, CEO에게 팀코칭 계약 내용을 다시 상기시킨다.
- **최악의 행동**worst action: CEO가 고려할 수 있는 조직 변화에 대해 제안하기 위해 CEO와 직접 만나겠다고 제안한다.
- **설명**explanation: 이는 두 가지 팀코칭 역량과 관련이 있다: 1. "윤리적 실천을 보여준다." – 보충 역량 b와 e – 그리고 2. "합의를 도출하고 유지한다." – 보충 역량 (a)와 (b) – ICF의 팀코칭 역량 (p.5, 6, 9), 6장과 8장 참조. 팀코치가 경영진 팀과 맺은 것이 팀코칭 계약이므로, CEO의 요청은 이 계약 범위를 벗어난 것이다.

문제 2.

한 팀코치가 CEO와 5개 부서의 이사들로 구성된 고위 경영진 팀과 함께 팀코칭을 하고 있다. 첫 번째 회기에서 팀코치는 CEO와 한 부서의 이사 사이에 갈등이 있다는 점을 분명히 알 수 있었다. CEO와 그 이사는 회기 내내 서로 눈을 마주치지 않고, 상대방이 말할 때마다 팔짱을 끼고 있었다. 회기가 끝날 무렵 CEO는 그 이사가 제안한 아이디어에 눈을 굴리며 반응하고, 그 이사는 CEO에게 무례한 말로 대응하였다.

다른 팀 구성원들은 불편한 기색을 보이며 조용히 지켜보거나 바닥만 내려다보고 있었다. 코치는 어떻게 해야 할까?

- **최선의 행동**: 갈등이 팀의 진전에 어떤 영향을 미치는지, 그리고 갈등이 발생했을 때 팀이 이를 어떻게 가장 효과적으로 다룰 수 있는지 성찰해 보도록 팀을 초대한다.
- **최악의 행동**: CEO와 그 이사에게 방을 나가서 다른 곳에서 대화를 계속하라고 요청한다.
- **설명**: ICF의 팀코칭 역량 4. 보완 역량 g(p.12)와 제9장 참조: "팀의 내부 갈등을 식별하고 해결하기 위해 팀과 협력한다." 팀 내 갈등은 불가피하다. 이 보완 역량의 배경은 갈등을 표면화하고, 그것이 학습과 성장을 촉진하는 방식으로 다루어지는 것의 중요성에 관한 것이다.

문제 3.

한 팀코치는 팀이 더 효과적으로 협업하는 것을 목표로 6개월 동안 팀코칭을 해왔다. 팀 구성원들은 전 세계 각지의 다양한 시간대에서 생활하며 일하고 있어서 서로 직접 소통할 기회가 거의 없었다. 첫 회기에서 팀 구성원들은 불편해 보였다. 그렇지만 시간이 지나면서 코치는 팀 구성원들 사이에 더 높은 수준의 신뢰와 친숙함familiarity이 형성되는 것을 보았다. 예정된 코칭 일정의 중간쯤 되는 회기에서, 코치가 팀에게 도전적인 과제를 제시했고 팀 구성원들은 신속하게 협력하여 과제를 완수했다. 팀이 이 활동을 마무리하면서, 코치는 6개월간의 팀코칭 과정에서 팀의 협업 능력이 상당히 향상된 것을 관찰했다. 코치는 어떻게 해야 할까?

- **최선의 행동**: 팀 구성원들에게 팀의 협업에 관한 성찰을 공유하도록 초대한다.
- **최악의 행동**: 팀이 협업 향상이라는 목표를 달성했고, 추가적인 팀코칭 세션이 필요하지 않다고 알린다.
- **설명**: ICF의 팀코칭 역량 5. 보완 역량 c와 역량 8(p.13, 19), 그리고 10장과 13장 참조: 팀코치는 팀코칭 세션에서 팀이 어떻게 상호작용하고 있는지 잠시 멈추고 성찰하도록 격려하며, 모든 팀 구성원의 통찰을 최대한 활용한다. 또 팀코칭에서 주체권 ownership[2]은 팀에게 있으며, 목표를 달성했는지 결정하는 것은 팀의 몫이다. 코치가 이를 결정하고 계약을 종료하는 것은 적절하지 않다.

문제 4.

한 팀코치가 수익성을 높이기 위한 명확한 장기 전략을 수립하는 과정에서 조직의 고위 경영진을 지원하고 있다. 팀은 새로 채용된 최고경영자(CEO), 최고운영책임자(COO), 최고재무책임자(CFO), 그리고 마

---

2) [역자주] 여기에서 주체권ownership은 '책임과 결정권을 가진 주체로서의 권한'이라는 의미이며, 팀코칭이나 조직 내에서 개인이나 조직이 자신의 역할과 책임을 주체적으로 관리한다는 의미를 반영하였다.

케팅 및 영업 부문 부사장들로 구성되어 있다. 세 번째 회기에서 팀은 조직의 매출 실적을 향상하기 위한 새로운 전략을 공동으로 정의하는 논의를 진행하였다. 팀 구성원들은 대화에 적극적으로 참여하는 것처럼 보이지만, 코치는 CEO가 자주 휴대전화를 들여다보며 이메일을 확인하는 것을 발견하였다. 코치는 다른 팀 구성원들이 점점 더 불만을 느끼고, 대화가 막히고 있음을 감지하였다. 코치는 어떻게 해야 할까?

- **최선의 행동**: 팀 구성원들에게 명확하고 통합된 전략 개발을 위해 무엇이 필요한지 공유하도록 초대한다.
- **최악의 행동**: CEO에게 휴대전화를 치우고 논의에 집중하라고 요청한다.
- **설명**: ICF의 팀코칭 역량 7. 보충 역량 b와 역량 8(p.17, 19), 그리고 10장과 13장 참조: 팀코치는 팀 내부의 대화와 처리 과정을 활성화하고, 전체 참여를 장려하기 위해 질문을 활용한다.

문제 5.

직원들에게서 부당한 대우에 대한 불만이 제기된 이후, 직장 문화를 개선하기 위해 한 코치가 경영진 팀과 함께 팀코칭을 진행하고 있다. 최근 코칭 세션에서 팀은 명확한 조직 가치를 개발하는 것을 포함하여 조직 문화를 개선하기 위한 전략을 브레인스토밍했다. 인사 담당 이사는 직원들의 의견 수렴 없이 고위 경영진이 조직의 가치를 정하는 것에 우려를 표명하였다. 이에 대해 다른 팀 구성원들은 직원들의 의견을 수렴하는 시간이 너무 오래 걸리고 팀의 진전이 지연되기 때문에 인사 담당 이사의 의견이 비현실적이라고 응답했다. 이에 실망한 인사 담당 이사는 코치에게 어떤 접근 방식이 최선인지 의견을 공유해달라고 요청한다. 코치는 어떻게 해야 할까?

- **최선의 행동**: 팀에게 조직에 가장 적합한 접근 방식을 결정하는 것이 팀의 역할임을 상기시키고, 팀이 앞으로 나아가기 위해 어떤 지원이 필요한지 물어본다.
- **최악의 행동**: 이 상황에서 코치라면 어떻게 했을지를 말하면서, 최종 결정은 팀의 몫이라고 언급한다.
- **설명**: 이는 두 가지 팀코칭 역량과 관련이 있다: 윤리적 실천에 관한 역량 1과 인식에 관한 역량 7(p.5, 17), 그리고 더 구체적으로는 팀의 주체권 촉진에 관한 것이다. 6장과 12장 참조.

팀코치를 위한 기타 지속적인 전문성 개발

쿰스Coombs와 아메드Ahmed(1974)는 세 가지 학습 유형을 제시했다.

- 정규 교육formal education
- 비정규 학습non-formal learning
- 비공식 학습informal learning

팀코치의 정규 교육은 팀 관련 주제, 팀코칭, 팀코칭 모델, 평가도구 등에 관한 교육 프로그램과 자격증 취득, 대학원 학위 과정 이수, 그리고 팀코칭에 관한 학술 연구를 통해 이루어질 수 있다.

기술 발전과 어디서나 웨비나webinars에 참여할 수 있는 접근성 덕분에 비정규 학습 기회가 증가하고 있다. 팀코칭 프랙티셔너를 위한 세미나, 워크숍, 실습labs, 팀코칭 관련 또는 특정 주제에 관한 콘퍼런스 등이 제공된다. ICF 팀 및 그룹 코칭 커뮤니티와 지역 지부의 팀코칭 커뮤니티는 팀코치가 웨비나, 패널 토론, 발표, 워크숍에 참여하고 지리적 위치, 배경, 전문성, 경험이 다양한 다른 팀코치들과 네트워크를 형성할 수 있는 자원의 한 예이다.

팀코치를 위한 비공식 평생 학습은 다양한 기회와 출처를 통해 이루어질 수 있다.

성찰적 실천/수퍼비전

앞서 7장과 28장에서 살펴본 바와 같이, 코칭 수퍼비전은 팀코치의 발전을 위한 자원 가운데 하나이다. 코칭 훈련의 간극을 메우는 것covering gaps(Hawkins & Smith, 2013)에서 다양한 관점을 얻고 재충전할 수 있는 공간을 가지는 것(Turner & Palmer, 2019)까지, 이는 우리의 기술을 유지하고 확장하며 팀코치 수퍼비전을 정교하게 다듬는 가장 가치 있는 방법의 하나다(Walter, 2023).

동료 지원

멘토링, 동료 네트워크, 동료 그룹의 형태로 이루어진다. 동료 간 대화의 이점은 과소 평가되어서는 안 된다. 상호 책임감을 주는 파트너 accountability partners에서 수퍼비전 외에 다른 성찰적 실천 구조를 가지는 것까지, 팀코치들은 자원과 아이디어를 공유하고, 무엇이 잘 작동했는지, 무엇이 잘 작동하지 않았는지, 무엇이 부족했는지 등을 성찰할 수 있다.

자기 학습

도서, 논문, 팟캐스트podcasts, 교육용 동영상.

의도적이고 비판적인 방식으로 자기 학습을 구성한다. 예를 들어, 팀코치는 책을 읽으면서 다음과 같은 질문을 통해 성찰할 수 있다.

Q. 공유된 지식에서 내가 인식한 것은 무엇인가?

Q. 내가 적용할 수 있는 것은 무엇인가?

Q. 그것을 어떻게 적용할 수 있을까?

Q. 'no'라고 말하거나, 말해야만 하는 것은 무엇인가?

Q. 동료들과 더 깊이 탐구하거나 논의하고 싶은 것은 무엇인가?

기타

학습이나 자기 개발을 목적으로 하는 그룹 활동 참여, 새로운 취미, 자원봉사, 팀 스포츠, 지역사회 활동, 기타 지속적인 그룹 경험들은 가치관, 태도, 행동, 기술을 형성하고, 팀에 대한 통찰력을 확장하는 기회를 보여주는 몇 가지 예이다.

프랙티스practice

여기에는 팀코칭 프랙티스뿐만 아니라 팀코칭에 관한 강의, 논문 작성, 연구 수행, 전문가 인터뷰, 그리고 기술을 연마하고 지식을 풍부하게 하며 시야를 넓히고 마인드셋을 개선하는 모든 기회가 포함된다.

용기

손톤Thornton(2019)은 팀코치의 발전을 위해 겸손humility이라는 속성을 언급했다. 한 걸음 더 나아가보면, 우리는 겸손하고 자신의 한계를 아는 용기, 새로운 것을 시도하고 도전하는 용기, 배운 것을 내려놓고 다시 배우는 용기, 자신의 편견을 마주하는 용기, 지원을 요청하는 용기, 그리고 팀코칭에서 흔히 마주하게 되는 불편함에 기꺼이 다가서는 용기에 대해서도 말할 수 있다.

맺음말

이번 장에서는 팀코치로서 여정을 지속하기 위한 다양한 대안들을 살펴보았다. ICF에서 자신의 코칭 프랙티스에 대한 공식 자격을 취득하는 것에서 시작하여, 지속적인 전문성 개발^{CPD}과 코칭 수퍼비전을 통해 프랙티스를 강화하고 유지하는 것까지 살펴보았다.

참고 문헌

Allworth, E., & Passmore, J. (2008). Using psychometrics and psychological tools in coaching. In *Psychometrics in coaching: Using psychological and psychometric tools for development* (pp. 7–24). Kogan Page.

Anand, N., & Barsoux, J.-L. (2023). *Fixing a self-sabotaging team. How to spot and counter dysfunctional group behavior*. [online] Retrieved November 3, 2023, from https://hbr.org/2023/03/fixing-a-self-sabotaging-team

Anderson, M., Anderson, D., & Mayo, W. (2008). Team coaching helps a leadership team drive cultural change at Caterpillar. *Global Business and Organizational Excellence*, 27(4), 40–50. https://doi.org/10.1002/joe.20212

Athanasopoulou, A., & Dopson, S. (2018). A systematic review of executive coaching outcomes: Is it the journey or the destination that matters the most? *The Leadership Quarterly*, 29(1), 70–88. https://doi.org/10.1016/j.leaqua.2017.11.004

Bachkirova, T. (2021). Understanding yourself as a coach. In J. Passmore (Ed.), *The coaches' handbook: The complete practitioner guide for professional coaches* (pp. 39–47). Routledge.

Berne, E. (1966). *Principles of group treatment*. Grove Press.

Berne, E. (2016). *Games people play: The psychology of human relationships*. Penguin.

Bion, W. R. (1961). *Experiences in groups and other papers*. Routledge.

Bion, W. R., & Rickman, J. (1943). Intra-group tensions in therapy; their study as the task of the group. *The Lancet*, 242(6274), 678–682.

Blake, A. (2018). *Your body is your brain: Leverage your somatic intelligence to find purpose, build resilience, deepen relationships and lead more powerfully.* Tokay Press.

Britton, J. J. (2013). Co-facilitation, partnering and collaboration: Who has your back. In *From one to many: Best practices for team and group coaching.* Wiley.

Burt, D., & Talati, Z. (2017). The unsolved value of executive coaching: A meta-analysis of outcomes using randomised control trial studies. *International Journal of Evidence Based Coaching and Mentoring,* 15(2), 17–24. https://doi.org/10.24384/000248

Cannon-Bowers, J. A., Bowers, C. A., Carlson, C. F., Doherty, S. L., Evans, J., & Hall, J. (2023). *Workplace coaching: A meta-analysis and recommendations for advancing the science of coaching.* Frontiers of Psychology. https://doi.org/10.3389/fpsyg.2023.1204166

Carboni, I., Cross, R., & Edmondson, A. C. (2021). No team is an island: How leaders shape networked ecosystems for team success. *California Management Review,* 64(1), 5–28.

Cardona, F., & Damon, S. (2019). Family patterns at work. How casting light on the shadows of the past can enhance leadership in the present. In A. Obholzer & V. Z. Roberts (Eds.), *The unconscious at work: A Tavistock approach to making sense of organisational life* (pp. 11–18). Routledge.

Carr, C., & Peters, J. (2012). *The experience and impact of team coaching: A dual case study* (Doctoral dissertation). Middlesex University, UK.

Carr, C., & Peters, J. (2013). The experience of team coaching: A dual case study. *International Coaching Psychology Review,* 8(1), 80–98.

Carroll, M. (2001). The spirituality of supervision. In *Integrative approaches to supervision.* Jessica Kingsley.

Clark, T. (2020). *The 4 stages of psychological safety: Defining the path to inclusion and innovation.* Berrett-Koehler Publishers.

Clutterbuck, D. (2007). *Coaching the team at work.* Nicholas Brealey.

Clutterbuck, D. (2014). Team coaching. In E. Cox, T. Bachkirova, & D. Clutterbuck (Eds.), *The complete handbook of coaching* (pp. 271–284). Sage.

Clutterbuck, D. (2019). Towards a pragmatic model of team function and dysfunction. In D. Clutterbuck, J. Gannon, S. Hayes, I. Iordanou, K. Lowe, & D. MacKie (Eds.), *The practitioner's handbook of team coaching* (pp. 150–160). Routledge.

Clutterbuck, D. (2020). *Coaching the team at work: The definitive guide to team coaching* (2nd ed.). Nicholas Brealey.

Clutterbuck, D., Gannon, J., Hayes, S., Iordanou, I., Lowe, K., & MacKie, D. (2019). Introduction. In D. Clutterbuck, J. Gannon, S. Hayes, I. Iordanou, K. Lowe, & D. MacKie (Eds.), *The practitioner's handbook of team coaching* (pp. 1–8).

Routledge.

Clutterbuck, D., & Megginson, D. (2011). *Coach maturity: An emerging concept.* [online] Accessed December 27, 2019, from https://www.davidclutterbuckpartnership.com/wp-content/uploads/Coach-maturity.pdf

Clutterbuck, D., Turner, T., & Murphy, C. (2022). *The team coaching casebook.* McGraw-Hill.

Coombs, P. H., & Ahmed, M. (1974). *Attacking rural poverty: How non-formal education can help.* Johns Hopkins University Press.

Covey, S. (2004). *The 7 habits of highly effective people.* Free Press.

Cox, C., & Flynn, S. (2022). *Climate change coaching: The power of connection to create climate action.* Open University Press.

Darina, L. (2023). *Shocking male vs female CEO statistics 2023.* [online] Retrieved August 31, 2023, from https://leftronic.com/blog/ceo-statistics/

de Bono, E. (1985). *Six thinking hats: An essential approach to business management.* Little Brown.

De Haan, E. (2008). *Relational coaching: Journeys towards mastering one-to-one learning.* John Wiley & Sons.

de Haan, E. (2012). *Supervision in action: A relational approach to coaching and consulting supervision.* Open University Press.

De Haan, E., Grant, A. M., Burger, Y., & Eriksson, P. O. (2016). A large-scale study of executive and workplace coaching: The relative contributions of relationship, personality match, and self-efficacy. *Consulting Psychology Journal: Practice and Research,* 68(3), 189–207.

De Haan, E., Gray, D. E., & Bonneywell, S. (2019). Executive coaching outcome research in a field setting: A near-randomized controlled trial study in a global healthcare corporation. *Academy of Management Learning & Education,* 18(4), 581–605.

de Haan, E., Molyn, J., & Nilsson, V. O. (2020). New findings on the effectiveness of the coaching relationship: Time to think differently about active ingredients? *Consulting Psychology Journal: Practice and Research,* 72(3), 155–167. https://doi.org/10.1037/cpb0000175

de Haan, E., & Nilsson, V. O. (2023). What can we know about the effectiveness of coaching? A meta-analysis based only on randomized controlled trials. *Academy of Management Learning & Education.* https://doi.org/10.5465/amle.2022.0107

De Meuse, K. P., Dai, G., & Lee, R. J. (2009). Evaluating the effectiveness of executive coaching: Beyond ROI? *Coaching: An International Journal of Theory, Research and Practice,* 2(2), 117–134. https://doi.org/10.1080/17521880902882413

Deci, E. L., & Ryan, R. M. (Eds.). (2004). *Handbook of self-determination research.*

University of Rochester Press.

Dilts, R. (1995). *Strategies of genius*. Meta Publications.

Douglas, T. (1995). *Survival in groups. The basics of group membership*. Open University Press.

Drayton, B. (2013). A team of teams world. Although this organizational model still dominates, it is failing. *Stanford Social Innovation Review*, 11(2), 57.

Druskat, V. U., & Wolff, S. B. (2001). Building the emotional intelligence of groups. *Harvard Business Review*, 79(3), 80–91.

Duijts, S. F., Kant, I., van den Brandt, P. A., & Swaen, G. M. (2008). Effectiveness of a preventive coaching intervention for employees at risk for sickness absence due to psychosocial health complaints: Results of a randomized controlled trial. *Journal of Occupational Environmental Medicine*, 50(7), 765–776. https://doi.org/10.1097/JOM.0b013e3181651584

Edmondson, A. C. (1999). Psychological safety and learning behavior in work teams. *Administrative Science Quarterly*, 44(2), 350–383.

Edmondson, A. C. (2012). *Teaming: How organizations learn, innovate and compete in the knowledge economy*. Jossey-Boss.

Edmondson, A. C., & Lei, Z. (2014). Psychological safety: The history, renaissance, and future of an interpersonal construct. *Annual Review of Organizational Psychology & Organizational Behavior*, 1(1), 23–43.

Edmonson, A. (2020). *Creating psychological safety at work*, podcast. Retrieved November 5, 2023, from https://www.youtube.com/watch?v=SkFohYhIaSQ

EMCC. (2020). *Team Coaching definition*. Retrieved March 9, 2023, from https://www.emccglobal.org/accreditation/tcqa/

Fontes, A., & Dello Russo, S. (2021). An experimental field study on the effects of coaching: The mediating role of psychological capital. *Applied Psychology: An International Review*, 70(2), 459–488. https://doi.org/10.1111/apps.12260

Forsyth, D. R. (2014). *Group dynamics* (6th ed.). Wadsworth Cengage Learning.

Foy, K. (2021). Contracting in coaching. In J. Passmore (Ed.), *The coaches handbook: The complete practitioners guide for professional coaches* (pp. 344–354). Routledge.

Fussell, C., & Goodyear, C. W. (2017). *One mission: How leaders build a team of teams*. Macmillan.

Gallup. (2023a). *The Gallup Global Workplace 2023 Report* [online]. Retrieved August 31, 2023, from https://www.gallup.com/home.aspx

Gallup. (2023b). *What Is Employee Engagement and How Do You Improve It?* [online]. Retrieved August 31, 2023, from https://www.gallup.com/workplace/285674/improve-employee-engagement-workplace.aspx

Gersick, C. J. (1988). Time and transition in work teams: Toward a new model of group development. *Academy of Management Journal*, 31(1), 9–41.

Gersick, C. J. (1989). Marking time: Predictable transitions in task groups. *Academy of Management Journal*, 32(2), 274–309.

Gordy, C. (1937). Everyone gets a share of the profits. *Factory Management & Maintenance* 95, 82–83.

Grant, A. M. (2009). *Workplace, executive and life coaching: An annotated bibliography from the behavioural science and business literature*. Coaching Psychology Unit, University of Sydney.

Grant, A. M., Passmore, J., Cavanagh, M. J., & Parker, H. M. (2010a). The state of play in coaching today: A comprehensive review of the field. In G. P. Hodgkinson & J. K. Ford (Eds.), *International review of industrial and organizational psychology 2010* (pp. 125–167). Wiley Blackwell. https://doi.org/10.1002/9780470661628.ch4

Grant, A. M., Passmore, J., Cavanagh, M., & Parker, H. (2010b). The state of play in coaching. *International Review of Industrial & Organizational Psychology*, 25, 125–168.

Graßmann, C., Schölmerich, F., & Schermuly, C. C. (2020). The relationship between working alliance and client outcomes in coaching: A meta-analysis. *Human Relations*, 73(1), 35–58. https://doi.org/10.1177/0018726718819725

Griffiths, C. R. (1926). *Psychology of coaching: A study of coaching methods from the point of view of psychology*. Charles Scribner.

Hackman, J. R. (1987). The design of work teams. In J. Lorsch (Ed.), *Handbook of organizational behavior* (pp. 315–342). Prentice-Hall.

Hackman, J. R. (2002). *Leading teams: Setting the stage for great performances*. Harvard Business School Press.

Hackman, J. R. (2011a). *Collaborative intelligence: Using teams to solve hard problems*. Berrett-Koehler Publishers.

Hackman, J. R. (2011b). Walking on three legs. In S. A. Mohrman & E. E. Lawler III (Eds.), *Useful research: Advancing theory and practice* (pp. 103–110). Berrett-Koehler.

Hackman, J. R., & Wageman, R. (2005a). A theory of team coaching. *The Academy of Management Review*, 30(2), 269–287. https://doi.org/10.2307/20159119

Hackman, J. R., & Wageman, R. (2005b). The theory of team coaching. *Academy of Management*, 30(2). https://doi.org/10.5465/AMR.2005.16387885

Halton, H. (2019). Some unconscious aspects of organizational life. Contributions from psychoanalysis. In A. Obholzer & V. Z. Roberts (Eds.), *The unconscious at work: A Tavistock approach to making sense of organisational life* (pp. 187–195). Routledge.

Hardingham, A. (2021). Understanding your clients. In J. Passmore (Ed.), *The* coaches' handbook: The complete practitioner guide for professional coaches (pp. 48–57). Routledge.

Hardingham, A., Brearley, M., Moorhouse, A., & Venter, B. (2004). *Coach's coach: Personal development for personal developers.* Chartered Institute of Personnel and Development.

Hastings, R., & Pennington, W. (2019). Team coaching: A thematic analysis of methods used by external coaches in a work domain. *International Journal of Evidence Based Coaching and Mentoring*, 17(2), 174–188. https://doi.org/10.24384/akra-6r08

Hauser, L. L. (2014). Shape-shifting: A behavioral team coaching model for coach education, research, and practice. *Journal of Psychological Issues in Organizational Culture*, 5(2), 48–71.

Hauser, L. L. (2018). Team Coaching Operating System (TCOS): The intersection of evidence-based research and Gestalt principles. *Gestalt Review*, 22(2), 208–225.

Hawkins, P. (2011). *Leadership team coaching: Developing collective transformational leadership.* Kogan Page.

Hawkins, P (2014) *Leadership team coaching: Developing collective transformational leadership* (2nd ed.). Kogan Page.

Hawkins, P. (2017). *Leadership team coaching: Developing collective transformational leadership* (3rd ed.). Kogan Page.

Hawkins, P. (2021). *Leadership team coaching: Developing collective transformational leadership* (4th ed.). Kogan Page Publishers.

Hawkins, P. (2022). Foreword: Maps, models, and muddles! In D. Clutterbuck, T. Turner, & C. Murphy (Eds.), *The team coaching casebook* (pp. 65–68). Open University Press.

Hawkins, P. (Ed.). (2022b). *Leadership team coaching in practice: Case studies on creating highly effective teams* (3rd ed.). Kogan Page.

Hawkins, P., & Smith, N. (2006). *Coaching, mentoring and organizational consultancy, supervision and development* (1st ed.). Open University Press.

Hawkins, P., & Smith, N. (2013). *Coaching, mentoring and organizational consultancy: Supervision, skills and development.* OUP.

Hawkins, P., & Turner, E. (Eds.). (2020). *Systemic coaching: Delivering value beyond the individual.* Routledge.

Heimbecker, D. (2006). *The effects of expert coaching on team productivity at the South Coast Educational Collaborative.* Boston University.

Hellinger, B. (2003). *Farewell: Family constellations with descendants of victims and perpetrators.* (C. Beaumont, Trans.). Carl-Auer-Systeme Verlag.

Heron, J. (1999). *The complete facilitator's handbook.* Kogan Page.

Hicks, B. (2010). *Team coaching: A literature review.* IES.

Hill, S. (2017). *Where did you learn to behave like that? A coaching guide for working with leaders.* CreateSpace Independent Publishing Platform.

Hirsch Pontes, E. (2024) *Supervision. In Foundations of Team Coaching training guide,* Team Coaching Global Alliance.

Hodge, A. (2016). The value of coaching supervision as a development process: Contribution to continued professional and personal wellbeing for executive coaches. *International Journal of Evidence Based Coaching and Mentoring,* 14(2), 87–106.

Hubble, M. A., Duncan, B. L., Miller, S. D., & Wampold, B. E. (2010). Introduction. In B. L. Duncan, S. D. Miller, B. E. Wampold, & M. A. Hubble (Eds.), *The heart and soul of change: Delivering what works in therapy* (2nd ed., pp. 23–46). American Psychological Association.

Hullinger, A., & DiGirolamo, J. (2020). *The state of coaching supervision research. International Coaching Federation.* Retrieved November 5, 2023, from https://researchportal.coachingfederation.org 〉 Document 〉 Pdf 〉 3537.pdf

Huston, R. E. (1924). Debate coaching in high schools. *Quarterly Journal of Speech Education,* 10, 127–143. https://doi.org/10.1080/00335632409379481

ICF. (2019). *Definition of Supervision.* Accessed November 25, 2023, from https://coachingfederation.org/credentials-and-standards/coaching-supervision

ICF. (2020a). *Team coaching competencies.* Retrieved January 29, 2024, from https://coachingfederation.org/app/uploads/2021/01/Team-Coaching-Competencies-4.pdf

ICF. (2020b). *ICF code of ethics.* Retrieved November 5, 2023, from https://coachingfederation.org/app/uploads/2020/01/ICF-Code-of-Ethics_final_Nov12.pdf

ICF. (2023a). *Definition of coaching.* Retrieved 12, 2023, from https://coachingfederation.org/about

ICF. (2023b). *Definition of team coaching.* Retrieved January 12, 2023, from https://coachingfederation.org/credentials-and-standards/team-coaching

Innegraeve, M. (2023). Dancefloor to the balcony. In J. Passmore, M. Grieve, J. Flower, C. Day, & J. Moon (Eds.), *Coaching tools* (Vol. 3). Libri Publishing.

Isaacson, S. (2021). *How to thrive as a coach in a digital world: Coaching with technology.* Open University Press.

Isaacson, S. (2022). *Superhuman coaching: Ten technologies that expand coaching beyond what's humanly possible.* Hanwell Publishing.

James, J. M., & S. & Corlett, S. (2020). A framework of modes of awareness for team coaching practice. *International Journal of Evidence Based Coaching and Mentoring,* 18(2), 4–18.

Jones, R., Napiersky, U., & Lyubovnikova, J. (2019). Conceptualizing the distinctiveness of team coaching. *Journal of Managerial Psychology*, 34(2), 62–78. https://doi.org/10.1108/JMP-07-2018-0326

Jones, R. J., Woods, S. A., & Guillaume, Y. R. (2015). The effectiveness of workplace coaching: A meta-analysis of learning and performance outcomes. *Journal of Occupational and Organizational Psychology*, 89(2), 249–277. https://doi.org/10.1111/joop.12119

Kadusin, A., & Harkness, D. (2002). *Supervision in social work* (4th ed.). Columbia University Press.

Kanelidou, K. (2023). *Embodying a coaching mindset in team coaching* in *Foundations of team coaching training guide*, Team Coaching Global Alliance.

Kanelidou, K., & Rog, E. (2021). *Co-coaching a team: When and how?* WBECS Social Impact Coaching Community of Practice.

Kantor, D. (2012). *Reading the room: Group dynamics for coaches and leaders* (Vol. 5). Wiley.

Katzenbach, J., & Smith, D. (1993). *The wisdom of teams*. Harvard Business Press.

Kirkpatrick, D. L. (1959). Techniques for evaluation training programs. *Journal of the American Society of Training Directors*, 13, 21–26.

Kline, N. (1999). *Time to think: Listening to ignite the human mind*. Hachette.

Korkmaz, A. V., Van Engen, M. L., Knappert, L., & Schalk, R. (2022). About and beyond leading uniqueness and belongingness: A systematic review of inclusive leadership research. *Human Resource Management Review*, 32(4), 1–20.

Kozlowski, S. W., & Ilgen, D. R. (2006). Enhancing the effectiveness of work groups and teams. *Psychological Science in the Public Interest*, 7(3), 77–124.

Kriek, H. S., & Venter, P. (2009). The perceived success of team building interventions in South African organisations. *Southern African Business Review*, 13(1), 112–128

Kroll, C., & Shea, C. (2018). The Agile evolution, it's more than process. *Workforce Solutions Review*, 9(2), 22–25.

Laloux, F. (2014). *Reinventing organizations*. Nelson Parker.

Lanz, K. (2016). Team coaching. In J. Passmore (Ed.), *Excellence in coaching: The industry guide* (pp. 313–326). Kogan Page Publishers.

Lawrence, P. (2021a). *Coaching systemically: Five ways of thinking about systems*. Routledge.

Lawrence, P. (2021b). Team coaching: Systemic perspectives and their limitations. *Philosophy of Coaching: An International Journal*, 6(1), 52–82.

Lawrence, P., & Whyte, A. (2017). What do experienced team coaches do?: Current practice in Australia and New Zealand. *International Journal of Evidence Based Coaching and Mentoring*, 15(1), 94–113.

Leary-Joyce, J., & Lines, H. (2018). *Systemic team coaching*. AoEC Press.

Lee, G. (2003). *Leadership coaching: From personal insight to organisational performance*. Kogan Page.

Made by Dyslexia. (2017). *Connecting the dots*. [online] Retrieved August 31, 2023, from http://madebydyslexia.org/assets/downloads/connecting_the_dots_2019.pdf

Mannix, E., & Neale, M. A. (2005). What differences make a difference? The promise and reality of diverse teams in organizations. *Psychological Science in the Public Interest*, 6(2), 31–55.

Maseko, B. M., Van Wyk, R., & Odendaal, A. (2019). Team coaching in the workplace: Critical success factors for implementation. *SA Journal of Human Resource Management*, 17, a1125. https://doi.org/10.4102/sajhrm.v17i0.1125

McCann, D. (2021). *Emotional intelligence and psychological safety for teams*. ICF Team & Group Coaching Community of Practice.

McChrystal, G. S., Collins, T., Silverman, D., & Fussell, C. (2015). *Team of teams: New rules of engagement for a complex world*. Penguin Business.

McLeod, A. (2000). *Similarity and difference, in me, myself, my team*. Crown House.

McRae, M. B., & Short, E. L. (2010). *Racial and cultural dynamics in group and organizational life: Crossing boundaries*. Sage.

Michalik, N., & Schermuly, C. (2023). Online, offline, or both? The importance of coaching format for side effects in business coaching. *Journal of Managerial Psychology*. https://doi.org/10.1108/JMP-01-2023-0068

Moon, H. (2023). Dialogic orientation quadrant. In J. Passmore, M. Grieve, J. Flower, & J. Moon (Eds.), *Coaching tools* (Vol. 3). Libri.

Moral, M., & Angel, P. (2009). *Coaching: outils et pratiques*. Armand Colin.

Murphy, C. (2023). *How does team coaching contribute to team effectiveness?: An action research study* (Doctoral thesis). University of Portsmouth. Retrieved January 1, 2024, from https://researchportal.port.ac.uk/en/studentTheses/how-does-team-coaching-contribute-to-team-effectiveness

Murphy, C., & Sayer, M. (2019). Standing on the shoulders of the science of team effectiveness: Building rigour into your team coaching design. In D. Clutterbuck, J. Gannon, S. Hayes, I. Iordanou, K. Lowe, & D. MacKie (Eds.), *The practitioner's handbook of team coaching* (pp. 75–88). Routledge.

Newton, T., & Napper, R. (2007). The bigger picture: Supervision as an educational framework for all fields. *Transactional Analysis Journal*, 37(2), 150–158. https://doi.org/10.1177/036215370703700208

Norcross, J. C. (2010). The therapeutic relationship. In B. L. Duncan, S. D. Miller, B. E. Wampold, & M. A. Hubble (Eds.), *The heart and soul of change: Delivering what works in therapy* (2nd ed., pp. 133–141). American Psychological

Association.

O'Connor, S., & Cavanagh, M. (2016). Group and team coaching. In T. Bachkirova, G. Spence, & D. Drake (Eds.), *The Sage handbook of coaching* (pp. 485–504). Sage.

Passmore, J. (2021). Developing an integrated approach. In J. Passmore (Ed.), *The coaches handbook* (pp. 322–330). Routledge.

Passmore, J., Day, C., Flower, J., Grieve, M., & Moon, J. J. (2021). *Coaching tools* (Vol. 1). Libri Publishing.

Passmore, J., Day, C., Flower, J., Grieve, M., & Moon, J. J. (2022). *Coaching tools* (Vol. 2). Libri Publishing.

Passmore, J., Day, C., Flower, J., Grieve, M., & Moon, J. J. (2023). *Coaching tools* (Vol. 3). Libri Publishing.

Passmore, J., & Evans-Krimme, R. (2021). The future of coaching: A conceptual framework for the coaching sector from personal craft to scientific process and the implications for practice and research. *Frontiers in Psychology*, 12, 5189. https://doi.org/10.3389/fpsyg.2021.715228

Passmore, J., & Fillery-Travis, A. (2011). A critical review of executive coaching research: A decade of progress and what's to come. *Coaching: An International Journal of Theory, Research and Practice*, 4(2), pp. 70–88.

Passmore, J., & Lai, Y. (2019). Coaching psychology: Exploring definitions and contribution to coaching research and practice? *International Coaching Psychology Review.*, 14(2), 69–83.

Passmore, J., & McGoldrick, S. (2009). Super-vision, extra-vision or blind faith? A grounded theory study of the efficacy of coaching supervision. *International Coaching Psychology Review*, 4(2), 143–159.

Passmore, J., & Rehman, H. (2012). Coaching as a learning methodology – a mixed methods study in driver development using a randomised controlled trial and thematic analysis. *International Coaching Psychology Review*, 7(2), 166–184. https://doi.org/10.53841/bpsicpr.2012.7.2.166

Passmore, J., & Sinclair, T. (2021). *Becoming a coach: The Essential ICF Guide* (1st ed.). Cham: Springer.

Passmore, J., & Sinclair, T. (2024). *Becoming a coach: The essential ICF guide* (2nd ed.). Springer.

Passmore, J., & Tee, D. (2023). The library of Babel: Assessing the powers of artificial intelligence in knowledge synthesis, learning and development and coaching. *Journal of Work - Applied Management*. https://doi.org/10.1108/JWAM-06-2023-0057

Passmore, J., Tee, D., & Gold, R. (2024). Team coaching using LSP: An RCT study measuring team cohesion and psychological safety. *Journal of Work - Applied*

Management. https://doi.org/10.1108/JWAM-12-2023-0137

Passmore, J., & Velez, M. J. (2012). Coaching fleet drivers – a randomized controlled trial (RCT) of 'short coaching' interventions to improve driver safety in fleet drivers. *The Coaching Psychologist*, 8(1), 20–26. https://doi.org/10.53841/bpstcp.2012.8.1.20

Personnel Today. (2006). *Team coaching: Team work.* September. Retrieved March 25, 2023, from https://www.personneltoday.com/hr/team-coaching-team-work/

Peters, J. (2015a). *High performance relationship and team assessment.* Inneractive Leadership Associates Inc. [online] Retrieved August 31, 2023, from https://app.assessmentgenerator.com/assessment/1913

Peters, J. (2015b). *High performance relationships: The heart and science behind success at work and home.* BookBaby.

Peters, J. (2019). High performance team coaching: An evidence-based system to enable team effectiveness. In D. Clutterbuck, J. Gannon, S. Hayes, I. Iordanou, K. Lowe, & D. MacKie (Eds.), *The practitioner's handbook of team coaching* (pp. 180–191). Routledge.

Peters, J. (2022). Team coaching for culture change. In D. Clutterbuck, T. Turner, & C. Murphy (Eds.), *The team coaching casebook* (pp. 122–130). McGraw-Hill.

Peters, J., & Carr, C. (2013a). Team effectiveness and team coaching literature review. *Coaching: An International Journal of Theory, Research and Practice*, 6(2), 116–136. https://doi.org/10.1080/17521882.2013.798669

Peters, J., & Carr, C. (2013b). *High performance team coaching.* FriesenPress.

Peters, J., & Carr, C. (2013c). *50 Tips for terrific teams! Proven strategies for building high performance teams.* FriesenPress.

Peters, J., & Carr, C. (2019). What does 'good' look like? An overview of the research on the effectiveness of team coaching. In D. Clutterbuck, J. Gannon, S. Hayes, et al. (Eds.), *The practitioner's handbook of team coaching* (pp. 89–120). Routledge.

Price, C., & Toye, S. (2017). *Accelerating performance: How organizations can mobilize, execute, and transform with agility.* Wiley.

Proctor, B. (2000). *Group supervision: A guide to creative practice.* Sage.

Professional Association for Social Work and Social Workers. (2016). *The autism employment gap.* [online] Retrieved August 31, 2023, from https://www.basw.co.uk/resources/autism-employment-gap-too-much-information-workplace

Rafferty, R., Fairbrother, G., & Cashin, A. (2023). Maximising leadership coaching training outcomes: A randomised controlled trial. *International Journal of Evidence Based Coaching and Mentoring*, 21(2), 146–161. https://doi.org/10.24384/cwrs-bv43

Reitz, J. (2019). Question asking quadrant series. In *303 Questioning, in the ACC Pathway course*. ©FLUXIFY Limited.

Revans, R. W. (1971). *Developing effective managers*. Praeger.

Robinson, T., & Yanagi, D. (2019). Coaching for consciousness: Team coaching to support system, relational, and internal awareness. In D. Clutterbuck, J. Gannon, S. Hayes, I. Iordanou, & D. MacKie (Eds.), *The practitioner's handbook of team coaching* (pp. 163–179). Routledge.

Roche, C., & Passmore, J. (2021). *Racial justice, equity and belonging in coaching*. Henley Business School.

Rogers, C. R. (1975). Empathic: An unappreciated way of being. *The Counselling Psychologist*, 5(2), 2–10.

Rowland, H. (2010). Team coaching: Case study from NHS South East Coast. In *Harnessing the potential of coaching*. IES Research Network Conference, Royal Institute of British Architects, London, 27 April.

Sandahl, P., & Philips, A. (2019). *Teams unleashed: How to release the power and human potential of work teams*. Nicholas Brealey Publishing.

Sauer, J. R. (1999). CEO succession planning in a petroleum exploration company: A case study. *Consulting Psychology Journal: Practice and Research*, 51(4), 266–272. https://doi.org/10.1037/1061-4087.51.4.266

Scotton, N. (2020). *Neil's Wheel*. Retrieved February 5, 2024, from https://neilswheel.org

Sherman, S., & Freas, A. (2004). *The Wild West of coaching*. Harvard Business Review, November. Retrieved January 10, 2023, from https://hbr.org/2004/11/the-wild-west-of-executive-coaching

Shohet, R., & Shohet, J. (2020). *In love with supervision*. PCCS Books.

Solomon, R., & Flores, F. (2001). *Building trust in business, politics, relationships, and life*. Oxford University Press.

Sonesh, S. C., Coultas, C. W., Lacerenza, C. N., Marlow, S. L., Benishek, L. E., & Salas, E. (2015). The power of coaching: A meta-analytic investigation. *Coaching: An International Journal of Theory, Research and Practice*, 8(2), 73–95. https://doi.org/10.1080/17521882.2015.1071418

Stokes, J. (2019). The unconscious at work in groups and team: Contribution from the work of Wilfred Bion. In A. Obholzer & V. Z. Roberts (Eds.), *The unconscious at work: A Tavistock approach to making sense of organisational life* (pp. 28–36). Routledge.

The Agile Manifesto. (2001). *Twelve principles of Agile Software*. [online] Retrieved August 31, 2023, from https://agilemanifesto.org/

Theeboom, T., Beersma, B., & van Vianen, A. E. M. (2014). Does coaching work? A meta-analysis on the effects of coaching on individual level outcomes in an organizational context. *The Journal of Positive Psychology*, 9(1), 1–18. https://doi.org/10.1080/17439760.2013.837499

Thornton, C. (2010). *Group & team coaching*. Routledge.

Thornton, C. (2016). *Group and team coaching: The secret life of groups* (2nd ed.). Routledge.

Thornton, C. (2019). The making of a team coach. In D. Clutterbuck, J. Gannon, S. Hayes, I. Iordanou, K. Lowe, & D. MacKie (Eds.), *The practitioner's handbook of team coaching*. Routledge.

Tobias, L. L. (1996). Coaching executives. *Consulting Psychology Journal: Practice and Research*, 48(2), 87–95. https://doi.org/10.1037/1061-4087.48.2.87

Tomoiagă, C., & David, O. (2023). Cognitive-behavioral coaching an empirically supported approach to coaching? a meta-analysis to investigate its outcomes and moderators. *Journal of Rational-Emotive & Cognitive-Behavior Therapy*, 41, 489–510. https://doi.org/10.1007/s10942-023-00498-y

Trom, P., & Burke, J. (2022). Positive psychology intervention (PPI) coaching: An experimental application of coaching to improve the effectiveness of a gratitude intervention. *Coaching: An International Journal of Theory, Research and Practice*, 15(1), 131–142. https://doi.org/10.1080/17521882.2021.1936585

Tuckman, B. W. (1965). Development sequence in small groups. *Psychological Bulletin*, 63(6), 384–399.

Turner, E., & Palmer, S. (2019). *The heart of coaching supervision, working with reflection and self-care*. Routledge.

Van Hoey, K. (2023). *Ethical practice case studies. In foundations of team coaching training guide*, Team Coaching Global Alliance.

Wageman, R. (2001). How leaders foster self-managing team effectiveness: Design choices versus hands-on coaching. *Organization Science*, 12(5), 559–577.

Wageman, R., Fisher, C. M., & Hackman, J. R. (2009). Leading teams when the time is right: Finding the best moments to act. *Organizational Dynamics*, 38(3), 192–203.

Wageman, R., Hackman, J. R., & Lehman, E. (2005). Team diagnostic survey: Development of an instrument. *The Journal of Applied Behavioral Science*, 41(4), 373–398.

Wageman, R., & Lowe, K. (2019). Designing, launching, and coaching teams. In D. Clutterbuck, J. Gannon, S. Hayes, I. Iordanou, K. Lowe, & D. MacKie (Eds.), *The practitioner's handbook of team coaching* (pp. 121–137). Routledge.

Wageman, R., Nunes, D. A., Burruss, J. A., & Hackman, J. R. (2008). *Senior leadership teams. What it takes to make them great*. Harvard Business School Press.

Walter, G. (2023). *Team coaching tip of the month*. Team Coaching Global

Alliance.

Wang, Q., Lai, Y.-L., Xu, X., & McDowall, A. (2022). The effectiveness of workplace coaching: A meta-analysis of contemporary psychologically informed coaching approaches. *Journal of Work - Applied Management*, 14(1), 77–101. https://doi.org/10.1108/JWAM-04-2021-0030

Whitmore, J. (2009). Coaching for performance: GROWing human potential and purpose. *The principles and practice of coaching and leadership* (4th ed.). Nicholas Brealey Publishing.

Whittington, J. (2012). *Systemic coaching & constellations: An introduction to the principles, practices and applications* (1st ed.). Kogan Page.

Whittington, J. (2016). *Systemic coaching & constellations: An introduction to the principles, practices and applications* (2nd ed.). Kogan Page.

Whittington, J. (2020). *Systemic coaching & constellations: An introduction to the principles, practices and applications* (3rd ed.). Kogan Page.

Whybrow, A., Turner, E., McLean, J., & Hawkins, P. (Eds.). (2023). *Ecological and climate-conscious coaching: A companion guide to evolving coaching practice*. Routledge.

Widdowson, L. J. (2018). Understanding team leaders' and team coaches' perceptions of the effectiveness of the 'Creating the Team Edge' framework (Unpublished MSc Dissertation). Henley Business School, Henley, UK.

Widdowson, L. J., & Barbour, P. J. (2021). *Building top performing teams: A practical guide to team coaching to improve collaboration and drive organizational Success*. Kogan Page.

Widdowson, L. J., & Barbour, P. J. (2021b). Systemic team coaching. In J. Passmore (Ed.), *The coaches' handbook: The complete practitioner guide for professional coaches* (pp. 267–279). Routledge.

Widdowson, L., Rochester, L., Barbour, P. J., & Hullinger, A. M. (2020). Bridging the team coaching competency gap: A review of the literature. *International Journal of Evidence Based Coaching and Mentoring*, 18(2), 35–50. https://doi.org/10.24384/z9zb-hj74

William, J., & Lowman, R. (2018). The efficacy of executive coaching: An empirical investigation of two approaches using random assignment and a switching-replications design. *Consulting Psychology Journal*, 70(3). https://doi.org/10.1037/cpd0000115

Wilson, C. (2011). *Best practice in performance coaching*. Kogan Page.

Wilson, P. (2018). *Blob Tree*. Retrieved April 21, 2023, from https://www.pipwilson.com/p/blob-tree.html

Winum, P. C. (2005). Effectiveness of a High-Potential African American Executive: The Anatomy of a Coaching Engagement. *Consulting Psychology*

Journal: Practice and Research, 57(1), 71–89. https://doi.org/10.1037/1065-9293.57.1.71

Woods, D. (2022). *The triumphant team: 40 dynamic practices to transform any team*. Teamgenie Books.

Woolley, A. W., Chabris, C. F., Pentland, A., Hashmi, N., & Malone, T. W. (2010). Evidence for a collective intelligence factor in the performance of human groups. *Science*, 330(6004), 686–688. https://doi.org/10.1126/science.1193147

Woudstra, G. (2021). *Mastering the art of team coaching: A comprehensive guide to unleashing the power, purpose and potential in any team*. SRA Books.

색인

저자 및 역자 소개

저자 소개

조나단 패스모어 Jonathan Passmore

헨리 비즈니스스쿨Henley Business School의 코칭과 행동 변화behavioral change 교수이며 디지털 코칭 업계의 선도적인 리더다. 그는 공인 심리학자로서 5개의 학위와 ICF 및 EMCC가 인증한 두 가지 코칭 자격을 보유하고 있다. 지금까지 40권이 넘는 책과 250편의 학술 논문을 출판했으며, 주요 저서로는 『코치 핸드북The Coaches' Handbook』(Routledge, 2021), 『제3세대 인지행동 코칭Third Wave Cognitive Behavioural Coaching』(Pavilion, 2022) 그리고 이 제목의 자매서인 『글로벌 코치되기: ICF 필수 가이드Becoming a Coach: The Essential ICF Guide』(2판) (Springer 2024), 3권의 『코칭 도구Coaching Tools』(Libri, 2021, 2022, 2023) 시리즈, 『디지털 코칭과 AIThe Digital & AI Coaches Handbook』(Routledge, 2024) 등이 있다. 영국심리학회 코칭심리학 분과British

Psychological Society Division of Coaching Psychology 초대 의장을 역임했다. 40년 동안 PricewaterHouseCoopers, IBM, OPM, CoachHub, Adecco Group에서 근무했다. 조나단은 개인 클리닉을 통해 코치와 리더들을 지속적으로 코칭하고 수퍼비전하고 있다.

폴 J. 바부어Paul J. Barbour

인증 전문코치(PCC), 인증 팀코치(ACTC), 공인 비즈니스 심리학자(CBT)로서, ICF ACTC 팀코칭 자격증을 취득한 전세계 최초의 팀코치 가운데 한 명이다. 폴의 주요 연구 관심 분야는 인간 협업, 갈등 해결, 팀코칭이다. 그는 『최고의 성과를 내는 팀 만들기Building Top-Performing Teams』(Kogan Page, 2021)의 공동 저자이다. 또한 팀코칭과 갈등 해결에 관한 동료 심사 논문을 발표했으며, 자신의 관심 분야에서 인기 있는 연사로 활동하고 있다.

　석사학위와 박사학위 모두 수상 경력이 있는 폴은 제14회 격년 유럽 개인 구성심리학회European Personal Construct Association 콘퍼런스(2018)에서 개인구성심리학 부문 '최우수 신인상'을 수상하기도 했다. 팀 심리학에 대한 폴의 관심은 케리 그룹Kerry Group PLC에서 20년간 수석 리더로 성공적인 경력을 쌓으면서 시작되었다. 폴은 헨리 팀 및 시스테믹 코칭 전문 자격증Henley Professional Certificate in Team and Systemic Coaching 과정의 수석 강사이며, 영국 ICF 팀코칭 실무단UK ICF Team Coaching Working Party에도 참여하고 있다.

루시 위도우슨Lucy Widdowson

마스터 인증코치(MCC), 인증 팀코치(ACTC), 코치 수퍼바이저, 헨리 비즈니스스쿨의 팀코칭 수석 강사이자 코칭 및 팀코칭 컨설팅회사인 퍼포먼스 에지Performance Edge의 이사다. 그녀의 열정은 개인, 팀, 조직이 지속 가능한 변화를 이루기 위해 더 나은 협업을 할 수 있도록 돕는 것이다. 루시의 기업 경력은 소매업과 항공업계에서 HR 이사로 근무하며 수상 경력이 있는 팀들을 이끈 것이다. 그녀는 CIPD 정회원이며, 코칭과 행동 변화Coaching and Behavioral Change 석사학위를 취득했고, 새로운 ICF ACTC 팀코칭 자격증을 취득한 전세계 최초의 팀코치 가운데 한 명이다. 2023년에는 팀코칭에 기여한 공로를 인정받아 ICF 글로벌 서클 오브 디스팅션 어워드ICF Global Circle of Distinction Award의 최종 후보에 선정되기도 했다.

루시는 ICF 글로벌을 대표하여 팀코칭 역량에 대한 심층 연구를 공동 주도했으며, 이는 2020년에 발표된 학술지 논문으로 요약되었다. 또한 글로벌 ICF 팀코치 역량 개발 분야의 전문가로서 영국 ICF를 대표했으며, 팀코칭 전문 분야 지정 개발에 기여했다. 이러한 작업과 함께 루시는 폴 J. 바부어와 함께 팀코칭에 관한 책 『최고의 성과를 내는 팀 만들기: 협업을 개선하고 조직의 성공을 이끄는 팀코칭에 관한 실용가이드Building Top Performing Teams: A practical guide to team coaching to improve collaboration and drive organizational success』(Kogan Page 2021)를 공저했다.

카테리나 카넬리두Katerina Kanelidou

마스터 인증코치(MCC), 공인 트레이너, 교육자, 멘토로서 코칭, 리더십, 시민 의식에 열정을 가지고 있다. 그녀의 사명은 한 번에 한 팀씩 인류에게 힘을 실어주는 것이다. 그녀는 ICF 팀코칭 역량 개발에 참여한 주제 전문가 가운데 한 명이며, ICF 팀 및 그룹 코칭 실천 커뮤니티 ICF's Team & Group Coaching Community of Practice의 공동 리더를 역임했다. 현재 자신의 코칭 사업을 운영하고 있으며, 팀코칭 글로벌 얼라이언스 Team Coaching Global Alliance의 공동 창립자이자 트레이너이기도 하다. 더 나아가 그녀는 코칭에 관한 국제 콘퍼런스 및 행사에 자주 초청 연사로 참여하고 있으며, 코칭에 대한 그녀의 설문조사는 ICF 연구 포털에 게재되고 있고, 여러 전문 출판물(온라인 및 인쇄물)에 논문을 기고했다. 또한 ICF의 팀코칭 고급 자격증Advanced Certification in Team Coaching을 보유하고 있으며, 바르셀로나 대학교University of Barcelona에서 드라마 테라피 및 사이코 드라마Dramatherapy and Psychodrama 석사학위를 취득했다.

역자 소개

고윤주

개인과 조직이 지닌 고유한 잠재력과 창조성을 발휘할 수 있도록 촉진하는 퍼실리테이터이자 팀코치이다. 한국코치협회 인증코치이고, 한국퍼실리테이터협회/㈜글로벌퍼실리테이션협회 인증 전문퍼실리테이터(CPF)이며, 버크만 베이직/시그니처 디브리퍼, 팀 심리적 안정감 프랙티셔너로 활동하고 있다.

2000년부터 HR 분야에서 상담, 교육, 멘토링, 코칭, 퍼실리테이션을 아우르며 1,000여 개 프로젝트를 수행했고, 1만 명 이상의 구성원과 성장의 여정을 함께해 왔다. 정부와 공공기관, 기업, 학교, 지역 공동체 등 다양한 조직에서 리더십 개발, 성과 향상, 갈등 관리 등을 주제로 500회 이상의 퍼실리테이션과 팀코칭을 진행해 왔다. 이러한 현장 경험은 개인과 조직의 변화가 단순한 역량 개발을 넘어 심리적 안정감과 신뢰, 그리고 집단적 학습의 과정과 긴밀히 맞닿아 있음을 깊이 깨닫게 했다. 또한 라디오 생방송 「브라보 마이 라이프」 코너를 8개월간 진행하며, 삶의 이야기를 나누고 청취자들과 호흡한 경험은 라이프 코칭의 새로운 가능성을 확인하는 계기가 되었다.

'Art in Heart'라는 신념으로, 인간의 내면에 잠재된 예술성과 창조성을 발굴하고 이를 바탕으로 개인과 조직이 자신만의 고유한 방식으로 성장할 수 있도록 돕는 '아트 팀코칭', '아트 퍼실리테이션'을 지향하고 있다. 더불어 10여 년 동안 가족과 함께 자원봉사 활동을 통해 사회적 가치 실현에 기여해 왔으며, 현재는 교육대학원에서 평생학습과 코칭을 전공하며 연구와 실천을 병행하고 있다.

이메일 : trend365@naver.com

김채식

엎드림(Up-Dream) 코칭 대표, 팀코칭아카데미(TCA) 트레이너, 한국 열린사이버대학교 국방상담드론융합학과 교수/부사관발전연구소장, 역량 강화 워크숍 및 리더십/안보 전문 강사로 활동 중이다. 36년의 군 복무를 통해 체화된 팀 생활의 경험을 팀코칭 학습에 연계하여 진행하며, 특히 대한민국 8만 5천여 명의 육군 부사관을 대표하는 13대 육군 주임원사로 복무하기까지 체험한 다양한 팀 경험은 소부대로부터 최상위 제대까지 팀의 특성, 관계, 역동, 소통, 효과성 등을 설명하는 데 독특함이 있다. 현재 부대별로 진행하는 '역량 강화 워크숍' 전문 강사로 워크숍 설계부터 촉진, 피드백까지 특화되어 있고, 그 영역을 개인은 물론 학교, 기업, 관공서 등으로 확산하고 있다.

팀코치로서 전문성 계발을 위해 ㈔한국코치협회 인증 전문코치(KPC), ㈔글로벌퍼실리테이션협회 인증 퍼실리테이터(CF)로 활동하면서 팀코칭아카데미(TCA) 128시간, 수퍼리더십개발코치 과정 132시간, CRR Global ORS@work 팀코칭 자격 과정 20시간, CCMI Team Coaching Foundation 24시간, 멘탈력 진단 전문가 과정 MTQ Product Family 20시간, 벨빈 진단 베이직 과정, NLP 프랙티셔너 과정, ㈔한국코치협회 ACPK 기초/심화/역량 과정 100시간 이수, 한국퍼실리테이터협회 인증 기초/심화과정 72시간 이수(ORP합의 기법 24시간/회의 기법 24시간, ㈜쿠퍼실리테이션 이니셔티브 48시간), 한국코칭수퍼비전아카데미 30시간 등의 학습을 기반으로 코치, 팀코치, 퍼실리테이터, 조직개발 컨설턴트 등으로 활동 중이다.

저서로 『조직개발 중심 팀코칭』(2025, 공역)과 현재 『팀코칭 ICF 역량』, 『조직웰빙』을 번역 중이다. 캘리그라피 작가로 활동하며 주요 관심은 군 복무 중인 전우들과 소외된 존재의 성장과 변화를 돕는 일이다.

이메일 문의: kcs9950@naver.com

김현주

김현주코칭센터 대표, 코어리더십센터㈜ 마스터코치, ㈔한국코치협회 인증 수퍼바이저코치(KSC), 한국팀코칭학회(KATC) 상임 이사, 팀코칭아카데미(TCA) 전문가과정 트레이너로 활동 중이다. 코치로서 '개인과 조직의 잠재력을 발견하고 내면의 지혜를 찾아가는 여정을 함께하는 일'을 하고 있다. 성장과 변화를 모색하는 중소기업의 대표와 임원들, 기업의 중간관리자를 대상으로 일대일 코칭, 그룹 코칭을 통해 변화하는 경영환경 속에서 요구되는 리더십을 효과적으로 갖출 수 있도록 지원하고 있다. 또한 정서적 소진을 겪는 기관의 직원들을 대상으로 1년간 전담 코치로 활동하며 그들이 회복하고 성장할 수 있도록 돕는 조력 활동을 한 경험도 있다.

코칭이 조직 문화가 되려면 많은 조직원이 코칭을 경험하는 것이 중요하다는 생각으로 팀코칭에 관심을 가지고 활동하고 있다. 조직의 운영 단위인 팀이 한 방향으로 목표를 향해 항해할 수 있도록 시스템적 접근을 적용한 팀코칭을 하고 있다. 코칭 현장에서 일과 삶의 균형을 소망하며, 행복한 직장 생활을 꿈꾸는 많은 고객을 만나면서, 직장에서도 '나답게' 일할 수 있도록 함께 고민하는 과정에서 개인 주도적 맞춤 직무설계에 관심을 두게 되었고 이에 관한 이론과 실전을 연구하고 있다. 대기업에서 20년간 근무하며 팀 문화가 구성원에게 미치는 영향, 팀 리더와 구성원의 관계, 그리고 팀원들 간의 관계가 조직에 미치는 영향에 관한 이해를 바탕으로 조직 문화와 팀의 역동에 깊은 관심을 두고 있다.

또 조직 안에서 활동하는 사내 코치를 양성하고 훈련하는 과정에서 사내 코치 활동과 조직 문화에 관심이 있으며, 코칭이 조직 문화가 되기 위해서는 사내 코치들의 역할이 중요하다는 인식을 하고 있다. 사내 코치는 외부 코치와는 다른 다양한 조직 시스템과 관계적 요인에 영향을 받는 만큼 윤리적 이슈를 포함한 다각적인 접근이 필요하다는 점에서 지속적인 사내 코치 윤리와 수퍼비전의 중요성을 강조하고 있다. 사내 코치 교육과 훈련을 하며 지속해서 수퍼비전을 받으며 활동하는 과정에서 수퍼바이저가 되었다. 일대일 코칭, 그룹 코칭, 팀코칭, 일대일 수퍼비전, 팀코칭수퍼비전을 하면서 스스로도 꾸준히 수퍼비전을 받으며 성장하고 있다. 지속적인 성찰과 학습을 통해 얻은 경험을 살려 코칭 교육 프로그램을 개발하고 전문 코치 역량 중심 훈련 과정을 운영하며, 현장에서 활발하게 코치 활동을 하고 있다. 긍정심리학, 해결 중심, 시스템적 접근 수퍼비전에 관심을 두고 이론과 적용에 관해 꾸준히 학습하고 있다.

교육학 박사과정을 수료하였고, 전문 코치로 활동하면서 삶의 현장에서 부딪히고 넘어지며 배우고 성장하는 '코치 됨'의 여정을 지속하고 있다. 코칭을 통해 만나는 사람들에게 잔잔한 울림을 주며, 고운 발걸음을 내딛는 마음으로 코치의 길을 가고 있다. 멀리 돌아 천천히 흐르는 강처럼 나 자신과 관계 맺기를 시작으로 풍요롭고 평안한 관계맺음이 선한 영향력으로 이어지길 소망하고 있다. 소소한 취미로 질문공장을 운영하고 있다.

저서로는 『세상의 모든 질문』(2018), 『코치 100% 활용하는 법』(2021, 공저), 역서로는 『코칭 윤리 사례 연구』(2024, 공역), 『관계 중심 팀코칭』(2024, 공역), 『코칭 수퍼비전의 이론과 모색』(2024, 공역), 『해결 중심 팀코칭』(2024, 공역), 『101가지 코칭 수퍼비전 기법: 접근 방식과 실천탐구』(2025, 공역), 『동료 코칭수퍼비전』(2025, 공역). 『사내 코치 활동의 11가지 핵심 원칙』(2025)이 있다.

이메일 문의: together3344@naver.com

질문공장 www.questionfactory.co.kr

박정화

조직웰빙디자인연구소(OWDI) 대표, 팀코칭아카데미(TCA) 대표 트레이너, 한국팀코칭학회(KATC) 사무국장 및 이사로 활동하고 있다. '사람과 조직의 생명력 넘치는 미적 숭고함, 위대한 가치 창조와 행복을 돕는 일'을 하고 있다. 현재 ㈔한국코치협회 윤리심의단 위원, 숙명여자대학교 인적자원개발대학원 커리어개발학과에서 '코칭과 퍼실리테이션', 동 대학교 원격대학원 교육공학과에서 '인지와 학습의 뇌과학' 과목을 강의하면서 이론과 실천의 영역을 확장하고 있다. 국제뇌

교육종합대학원대학교(UBE) 통합헬스케어학과 겸임교수, ICF Korea Charter Chapter 교육위원회 위원을 역임했다. 이화여자대학교에서 인문학사, 국방대학교에서 국방관리 석사, 이화여자대학교 경영대학원에서 경영학 석사 수료, 국제뇌교육종합대학원대학교에서 뇌교육학 박사학위를 취득했으며, 최근 이화여자대학교 일반대학원 경영학과 경영정보시스템(MIS) 박사과정을 수료하고, 현재 동 대학교 경영예술연구센터에서 경영예술과 미학경영, 마스터피스 전략을 공부하면서 조직 미학, 미적 리더십 분야에 대한 박사논문을 즐겁게 준비하고 있다. 정예서함께성장인문학연구원에서 동서양 고전을 읽고 글을 쓰는 연구원으로 1년 6개월간 3천여 명에게 주 1회 칼럼을 발송하기도 했던 인문학 칼럼니스트이다.

㈔한국코치협회 인증 수퍼바이저코치(KSC), 국제코칭연맹ICF 인증 전문코치(PCC) 및 인증팀코치(ACTC), 한국퍼실리테이터협회/㈔글로벌퍼실리테이션협회 인증 전문퍼실리테이터(CPF)의 자격을 갖추고 있으며, 한국코칭수퍼비전아카데미 파트너코치이자 코칭 스타트업 기초(20시간), 심화(40시간) FT로 활동하고 있다. 대한민국 육군 중령으로 전역했으며, 20년간 인사전문인력으로 복무한 경험과 더불어, 개인과 조직을 대상으로 1,500여 시간의 일대일 코칭, 1,600여 시간의 팀/그룹 코칭, 워크숍, 조직개발, 120여 시간의 코칭수퍼비전 등 총 3,220여 시간의 실무 경험을 갖추고 있다. 특히, 임원단, 팀장급 대상 리더십 팀코칭, 전사 차원에서의 팀 단위 팀코칭, 군 간부 리더십 팀코칭 등 50여 개 팀을 대상으로 진행했으며, 팀코치로서의 경험과

사례 중심으로 (사)한국코치협회 2024년 제21회 대한민국 코칭컨페스티벌에서 '팀코치의 윤리와 사례를 통해 본 조직의 행복' 세션을 발표한 바 있다. 2025년 제22회 대한민국 코칭컨페스티벌에서는 "AX 시대, 마스터피스 전략과 미학 코칭: Beauty & Creativity가 답이다!" 세션을 발표한다. 2025년 7월에는 (사)한국코치협회 자격유지성장지원 프로그램에서는 '일대일/그룹/팀코칭에서 동료 코칭수퍼비전 이해와 적용'을 김현주 코치(KSC)와 공동으로 진행하였다. 2025년 8월에는 (사)한국코치협회 캐나다지부에서 '조직역할분석(ORA) 기반 팀코칭'이라는 주제로 특강을 진행하면서, 팀코칭 확산에 활발히 기여 중이다.

㈜쿠퍼실리테이션그룹에서 조직개발 전문가과정(18개월) 1기를 이수했으며, ICF ACTP 2개 과정 283시간, AoEC Systemic Team Coaching Certificate 24시간, CRR Global ORS@work 팀코칭 자격 과정 20시간, CCMI Team Coaching Foundation 24시간, CCMI Team Coaching Practitioner 20시간, 멘탈력 진단 전문가 과정 MTQ Product Family 20시간, Generative Trnace & Creative Mind(GTCM) 24시간, (사)한국코치협회 ACPK 기초, 심화, 역량 과정 528시간 이수, 한국퍼실리테이터협회 인증 기초, 심화, 전문 교육 과정 183시간, 수퍼리더십개발코치 과정 132시간, 코칭슈퍼비전스쿨 150시간, 한국코칭수퍼비전아카데미 ICF Capability, 실전 코칭, 내러티브 코칭, 정신역동 코칭, 10가지 코칭 쟁점, 수퍼비전 이론, 집단 수퍼비전, 수퍼비전의 수퍼비전 과정 등 320여 시간, 팀코칭아카데미 (TCA) 128시간 등 총 1,664여 시간을 학습하면서, 코치, 퍼실리테이

터, 조직개발 컨설턴트, 시스테믹 팀코치, 코칭 및 팀코칭 수퍼바이저로서 전문 역량 향상을 위해 계속 노력하고 있다. 특히, 동료 코칭수퍼비전 분야를 접목한 코칭 및 팀코칭 프랙티셔너 양성에 관심을 갖고 있다.

저서로 『마스터피스 전략: 경영을 예술하라』(2022, 공저), 『리더십 팀코칭: 변혁적 팀 리더십 개발을 넘어』(2022, 공역), 『팀코칭 이론과 실천: 팀을 넘어 위대함으로』(2022, 공역), 『리더십 팀코칭 프랙티스: 매우 효과적인 팀을 만드는 사례 연구』(2023, 공역), 『팀코칭 사례 연구』(2024, 공역), 『탁월한 팀을 만드는 55가지 기법과 도구』(2024, 공역), 『관계 중심 팀코칭』(2024, 공역), 『해결 중심 팀코칭』(2024, 공역), 『조직개발 중심 팀코칭』(2025, 공역), 『동료 코칭수퍼비전』(2025, 공역)이 있다. 그 외 현재 리더십, 수퍼비전, 윤리, 조직역할분석(ORA) 기반 코칭, 조직웰빙, 건강과 웰빙 코치, 웰빙 코칭 등 다수의 책을 번역하고 있다. 해외 학술 및 코칭 산업 동향에 대한 연구논문과 저술을 학습하고 번역하면서, 이를 국내 현장에 맞게 적용하고 전파하는 일에 큰 보람과 소명을 느끼고 있다. 더불어 현장에서 이론과 실천의 균형 잡힌 프랙티셔너로서의 성장을 꿈꾼다.

팀/조직 창의성, 팀/조직개발과 혁신, 조직 구성원들의 웰빙, 사람과 조직이 행복한 조직문화, AI 지식경영과 혁신, 셀프리더십을 촉진하는 수퍼리더십, 경영예술과 미학경영으로 열어가는 새로운 경영 패러다임의 마스터피스 전략, 미학 리더십, 미학 코칭에 관심을 두고 있으며, 현장에서 개인과 조직의 변혁적 성장을 돕는 조직웰빙 디자이너이다. 시스테믹 팀코칭, 그룹 코칭, 조직개발 코칭, 조직웰빙 코칭, 코칭 수퍼비전, 일대일 개인 코칭, 강의(개인/조직 창의성, 조직문화 혁신, 조직 미학, 마스터피스 전략, 미학 리더십과 뇌 기반 코칭, 코칭과 퍼실리테이션), 고객 맞춤형 워크숍 기획/진행 전문가이다.

이메일 문의: owdi_designer@naver.com

육현주

'생명 가진 존재들의 생장을 함께 한다'를 모토로 개인과 조직의 성장과 변화의 여정을 함께 하는 사람으로 살아간다. 진성존재코칭센터 대표이자 ㈔한국조직경영개발학회 FT, 도서관, 군부대 등의 인문학 독서 코치 겸 강사로도 활동한다. 영남대학교 중어중문학과에서 학사 학위, 숭실대학교 경영대학원 의료관광경영학 석사를 취득했다.

㈔한국코치협회 인증 수퍼바이저코치(KSC), 국제코칭연맹ICF 인증 전문코치(PCC) 자격을 갖추고 있으며, 한국코치협회 ACPK 프로그램 'Authentic-AOL 1, 삶의 연기자' 과정 심사 중이다. 1,500여 시간의 일대일 코칭, 1,000여 시간의 그룹/팀코칭, ㈔한국조직경영개발학회 진성아카데미의 FT로 청소년, 대학생 진성리더십 강의, 전국 도서관, 문화재단, 군부대의 독서 그룹 코칭, 인문학 강의, 워크숍, 퍼실리테이션 등 실무 경험을 쌓았다. 2021년 3월부터 12월까지 ㈔한국코치협회 역량강화위원으로 활동했으며, 2021년 11월에는 ㈔한국코치협회 자격유지성장지원 프로그램에서는 '타이탄의 도구들 - 그림을 활용하는 반구조화 & 그룹 코칭'을 진행했다.

ICF ACTP 2개 과정 Co-Active 코칭 1단계~5단계 122.5시간, PMA PCC 트랙 125시간 총 247.5시간, ㈔한국코치협회 ACPK 기초, 심화, 역량 과정 368시간 이수, 퍼실리테이터협회 인증 기초, 심화 교육 과정 40시간, 팀코칭아카데미(TCA) 팀코칭 128시간, 코칭MBA 90시간, 코칭MBA 팀코칭 26시간, NLP프랙티셔너 80시간, 성과향상 그룹/팀코칭 24시간, 한국코치협회 비즈니스 인싸과정 80시간, 코칭수퍼비전 86시간, 해결 중심 단기 코칭 워크숍 24시간, 한국코칭수퍼비전아카데미의 코칭 윤리와 내러티브 코칭, 101가지 수퍼비전 등 100시간, 진성리더십 60시간, 리더십 패스파인더 60시간, 갈등협상 중재 20시간, 버츄 워크숍 20시간, 하브루타 독서코치지도사 60시간, 중국어관광전문가과정 210시간, 사회적 기업 양성과정 210시간, 서울시 인권강사 양성과정 160시간 등 약 2,000시간에 이르는 대표 학습을 이어왔다. 학습한 이론을 실전에 적용하며 인간 이해를 위한 전문성을 키우고 있다.

인간의 생애주기에 따른 생장에 관심을 두고, 교육과 코칭으로 '인간 이해'를 위한 학습과 일에 매진했다. 중국어 학원을 10년 경영하면서 성인 학습자들에 대한 이해도를 높이고, 학습지 교사와 가치관 논술 교육으로 아동과 청소년, 부모 세대를 아우르는 상담력을 키웠다. 부단한 역량 개발로 중등교사, 논술지도사, 사회복지사, 직업 상담사, 요양보호사, 관광통역사 등의 자격을 갖추며 인간의 성장을 돕는 조력자로서의 전문성을 갖추고자 했다. 서울시 공무원 대상 인권교육 강사, 전국 도서관 '길 위의 인문학' 강사, 더함플러스협동조합 교육이사로 사회 공공선을 고민하는 다양한 시도를 해왔다.

공동체주거 문화 운동을 위해 '공동체주거 코디네이터 양성과정'을 연구개발 운영했으며, 전국도서관 '길 위의 인문학' 프로그램을 통해 실용 인문학으로서 생애 전환 라이프 그룹 코칭을 기획, 운영하기도 했다. 군부대 독서 코칭을 지도하며 우수 강사로 선발되고, 시니어 독서클럽장으로 그룹 코칭을 하기도 했다. 인천연수문화재단의 생애 전환프로그램 '신중년 프로젝트'를 기획연구개발 운영하여 신중년의 재정의와 방향성을 제시하는 그룹 코칭을 운영하기도 했다. 지역 연계 살롱 문화를 꿈꾸며, 크고 작은 음악회와 북콘서트, 인문학 소통 콘서트를 기획 운영한다.

저서로 『사랑해, 엄마』(2016, 공저), 『모두의 집』(2018, 공저), 『나도 된다, 브런치스토리작가』(2023), 그 외 11월 발간 예정인 라이프 코칭 관련 저서와 현재 팀코칭(9월 발간 예정), 조직웰빙, 건강과 웰빙 코칭 등 책을 번역하고 있다.

AI 시대에 인간의 고유성을 잃지 않으면서, 영적 성숙을 향해서 가기를 소망한다. 좀 더 지혜롭고 좀 더 자유롭게 살아가는 라이프 스타일, '삶을 예술로, 예술을 삶으로' 살아가는 창조형 인간관에 관심을 둔다. 통합관점으로서의 실존주의를 근간으로 자기 인식을 바탕한 자기 성장 셀프코칭, 영적 성숙을 위한 알아차림과 마음챙김, 무의식의 능력을 강화하는 NLP, 통합적 소매틱 코칭, 시스템 코칭, 관계 중심 코칭, 진성 리더십 근간의 코칭 리더십, 코칭수퍼비전 등으로 개인 생애 전반의 일과 라이프 스타일, 팀/조직의 웰빙, 팀/조직의 창의성,

팀/조직문화에 힘쓴다.

이메일 문의: mhjyook@gmail.com

이서우

이서우 상담코칭센터 대표, ㈔한국코칭협회 인증 전문코치(KPC), 한국코칭수퍼비전아카데미 파트너 코치, 한국코칭학회 상임이사, 한국코칭협회 코치인증 심사위원, 한국코칭협회 윤리심사단 위원, 팀코칭아카데미 트레이너, 심리학 박사이며 대전대학교 심리학과 겸임교수이다. 코칭을 통해 구성원이 행복해지고 성과가 향상되어 조직이 행복해지는, 나아가 우리나라가 더 행복해지는 데 기여하고자 하는 사명감을 가지고 있다. 코칭 역량 훈련, 실전 코칭 경험 및 수퍼비전 경험에 기반을 둔 한국코칭협회 인증 프로그램을 개발하여 운영하며 코치들과 호흡하고 코치로서의 성장을 돕고 있다.

라이프 코칭 분야에서는 다년간 장애인 복지센터에서 발달장애아를 둔 부모님들을 고객별로 1년 이상씩 코칭하면서 꾸준히 수퍼비전을 받았고, 이를 계기로 코치의 수용력과 고객 역동, 인간에 대한 이해가 깊어졌다. 발달장애아를 둔 부모 코칭을 지속해서 하면서 엄마들의 모임을 만들고 그들의 코칭 문화를 만들고 싶은 소망도 있다. 비즈니스 코칭 분야에서는 기업에서 리더 대상으로 일대일 코칭, 그룹 코칭을 주로 하고 있으며, 고객을 코치형 리더로 성장하도록 돕고 있다. 리더를 코칭하면서 리더만 코칭한다고 조직에 변화가 생기는 것은 아니라는 것을 체험하면서 자연스럽게 팀코칭으로 관심이 옮겨졌다. 관련

공부와 현장 경험을 쌓으며 현재는 팀코칭으로 영역을 넓히고 있다. 특히, 시스템/복잡계 기반 컨스텔레이션 팀/그룹 코칭 분야에 관심이 있다. 그룹/팀코칭 프로그램 개발 용역을 수행하면서 기업에 꼭 필요한 맞춤형 그룹/팀코칭이 행복한 조직을 만드는 데 기여할 것이라는 확신을 갖게 되었다. 팀코칭에 꼭 필요한 코칭 수퍼비전과 윤리에도 꾸준히 관심을 두고 공부하며 관련 프로그램을 준비하고 있다.

우리나라 팀코칭의 안정적인 정착과 확산에 도움이 되고자 (사)한국코치협회 2024년 제21회 대한민국 코칭컨페스티벌에서 '팀 코치의 윤리와 사례를 통해 본 조직의 행복' 세션을 발표했다. 2025년 제22회 대한민국 코칭컨페스티벌에서는 '디지털 코칭에서의 윤리'를 발표한다. 이런 발걸음들이 우리나라 코칭계에 팀코칭이 단단히, 아름답게 정착되는 데 작은 씨앗이 되길 소망해본다.

저서로는 『코치 100% 활용하는 법』(2021, 공저), 『코칭 윤리 사례 연구』(2024, 공역), 『관계 중심 팀코칭』(2024, 공역), 『해결 중심 팀코칭』(2024, 공역), 『코칭수퍼비전의 이론과 모색』(2024, 공역), 『101 코칭수퍼비전 기법』(2025, 공역), 『동료 코칭수퍼비전』(2025, 공역)이 있다.

이메일 문의: seowoo7058@naver.com

이숙경

바닷가에서 태어나 생물과 해양을 전공하며 자연을 경외하는 삶을 살았다. 한국전력공사와 한국수력원자력㈜에서 34년간 원자력, 신재생에너지 및 환경 분야 연구를 수행하며 수석연구원으로 커리어를 마무리하였다.

재직 중 만난 코칭의 세계에서 ㈔한국코치협회 인증 전문코치(KPC)이자 팀코칭아카데미(TCA) 파트너 팀코치로 성장하였다. 현재는 사람들이 자신의 미션과 비전을 발견하고 실행하도록 돕는 과정에 큰 보람을 느끼고 있다. 오랜 조직 생활 경험을 바탕으로 비즈니스, 학습, 팀코칭에 특히 강점이 있다.

여성 후배들이 더 나은 워라밸을 이루길 바라는 마음으로 ㈔한국여성원자력전문인협회 소속 회원들에게 리더십 코칭과 팀코칭을 제공하는 일에도 힘을 쏟고 있다.

여성 근로자로서의 어려움을 묻는 질문에 '왼손잡이로 사는 게 더 힘들었다'라고 답하곤 한다. 이처럼 사람마다 다른 고유한 경험과 마음을 온전히 느끼고 이해하는 섬세한 코치로서, 많은 이와 진심으로 소통하며 살아가고 싶다.

이메일 문의: shujing7@gmail.com

정용석

세종사이버대학교 국방융합학과 겸임교수, 한국코칭학회와 아시아상담코칭학회 상임이사, 정서중심코칭심리학회 학술위원장, 한국 코칭 슈퍼비전 소사이어티(KSCS) 역량강화위원으로 활동하고 있다. 현역 육군 대령으로 약 34년간 육군에서 복무하였다. 연대장, 대대장 등 다양한 제대의 지휘관을 역임하며 많은 부하 장병을 성장시켜 왔고, 인사 분야의 참모 직위에서 병영 문화를 혁신하는 데 헌신해 왔으며, 곧 명예로운 전역을 앞두고 있다. 군 생활 중 육군 리더십센터에서 리더십코칭팀장으로 근무하면서 코칭에 입문하여, 국방 영역의 많은 지휘관과 간부들이 리더십 역량을 잘 발휘할 수 있도록 이끌어주는 일을 사명으로 생각하며 복무해 왔다. 군에서 리더를 성장시키는 사명은 코칭 분야에서도 그대로 이어졌다. 코치들의 성장을 돕는 코칭 수퍼비전에 관심을 두고 코칭 수퍼바이저 양성 과정을 이수하였고 전문 수퍼바이저로 활동하고 있다.

육군사관학교 토목공학과를 졸업하였고, 경희대학교 경영대학원에서 경영학 석사학위를 취득했으며, 동국대학교 대학원 상담코칭학과에서 '코칭 수퍼비전 역량 척도 개발 및 타당화 연구'로 심리학 박사학위를 취득하였다. 주된 연구 관심 분야는 코칭 수퍼비전이고 이에 관한 학술 연구와 실무를 병행하며 꾸준히 활동하고 있다.

현재 세종사이버대학교 국방융합학과에서 '코칭리더십' 과목을 강의하고 있고, 국방 영역뿐 아니라 다양한 조직에서 코칭리더십에 관한 특강을 진행하고 있다. 또한 코칭 수퍼비전 분야의 전문성을 바탕으로 다양한 코치 커뮤니티에서 코칭 수퍼비전에 관한 스터디와 특강을 진행하고 있다. 최근에는 팀코칭아카데미(TCA)를 통해 팀코칭 전문가 과정을 이수하고, 팀코치이자 팀코칭 수퍼바이저로서 역량을 키우고 실무에 적용하는 데 힘쓰고 있다.

지금까지의 삶의 여정은 리더십, 코칭, 그리고 수퍼비전으로 연결되고, 성장과 행복이라는 북극성을 향하고 있다. 한때 시련을 주었던 림프종을 이겨내고, 진정성을 가지고 자신뿐 아니라 더불어 살아가는 사람들의 행복한 삶을 위해 작은 보탬이 되는 호사를 누리며 살고 있다.

이메일 문의: yuiop157@naver.com

정혜선

지난 20년간 3,000시간 이상의 비즈니스 코칭 경력을 가지고 코칭 회사의 파트너 코치로서 활동하고 있다. TLC^{Transformational Leadership Coaching} 크리스천 코치 트레이너, SuccessFinder 진단 Expert Level 디브리퍼로 활동하며, CMW^{Create your Meaningful Work}(천직창조)의 리더, NLP 프랙티셔너, 버크만 진단 프랙티셔너의 자격이 있다.

현재 개인 코칭과 그룹 코칭, 그룹 디브리핑과 퍼실리테이션 등 다양한 기업의 현장에서 조직문화와 리더십을 돕는 역할을 하고 있으며, 다양한 공동체와 해외 선교사를 통해 크리스천코칭을 진행한다.

주로 기업의 임원 리더십코칭을 진행하며, 가업 승계 CEO 리더십 코칭과 여성 리더십, SF 디브리핑 및 조직문화 워크숍을 통하여 개인과 조직의 성장을 돕는 역할을 즐겨 한다. 또한 공익 코칭을 통한 비영

리단체 구성원, 청년들과 도움이 필요한 학부모 및 청소년 코칭 등에도 참여하고 있다.

교육공학을 전공하고 강의 기법에 관한 강의와 퍼실리테이터의 역할을 하는 과정에서, 교육을 통한 참가자들의 현장 적용과 변화 및 성과를 궁금해하던 중, 다회기 성과 점검이 가능한 코칭을 만나 제자리를 찾은 경험을 하였다. 2005년 코칭에 입문한 이후, 팀장 코칭을 비롯하여 팀 시너지 창출 그룹 코칭, 팀장 리더십 개발 그룹 코칭, 핵심 인재 양성을 위한 일대일 코칭, 임원 개인 코칭 등 다양한 코칭 프로그램을 통해 개인과 조직의 성과 창출에 기여해왔다.

일리노이 대학교(어바나-샴페인)에서 유아 및 아동교육 석사와 교육공학 박사 학위를 취득한 바 있으며, 10여 년간 HRD 컨설팅 회사 경영 경험과 전문성을 바탕으로 'One Team Spirit'을 위한 조직 문화를 만들어가는 조직을 돕는 일에 기쁨을 느낀다. 최근에는 Family Business: 가업 승계 코칭에 관심을 두고, 성공적인 리더십 승계를 위한 연구와 현장 활동에 힘쓰고 있으며 이 과정에서 함께 하는 코치들과의 코칭수퍼비전에 역점을 두고 있다.

저서로는 『최고가 되는 여성 리더십 5단계』(공저, 2020), 『그룹 시너지 창출 퍼실리테이션』(역저, 2012), 『강사, 퍼실리테이터로 거듭나라!』(2005), 『컴퓨터 통신망의 교육적 활용』(공저, 2000), 『해결 중심 팀코칭』(공역, 2024), 『코칭수퍼비전의 이론과 모색』(공역, 2024), 『101 코칭수퍼비전 기법』(공역, 2025), 『동료 코칭수퍼비전(공역, 2025)』등이 있다.

이메일 문의: nowhrd@naver.com

허영숙

커리어 코치로 활동하면서 동시에 Success Finder Expert Debriefer 와 버크만 진단 등의 자격과정 훈련을 받았다. 그 과정에서 개인의 타고난 성향이 살아가는 과정에서 어떻게 행동 패턴과 연결되는지 학습하게 되어 기뻤다. 오래전 학습했던 기억과 새로 배운 성향 다루기, 행동 패턴 등을 AI에 접목하여 디지털 트윈을 생성하는 작업에 몰두하고 있다. 자기 이해라는 창구를 통해 자신을 객관화하고, 그 과정에서 나타나는 행동 패턴들과 성장점들을 고객과 나눌 때 행복하다.

수학 전공에서 시작해서 경제학 박사 논문을 노후 빈곤 진입 시점으로 쓰게 되면서 개인의 일생을 미분하고 적분하는 관점에 집착한다. 우리는 늘 변화하기를 원하면서 안정을 기대한다. 특히 기업의 임원들을 코칭할 때는 그들이 이미 쌓아놓은 적분값을 자원화하는 데 집중한다. 오랜 기간 안정적으로 자신을 성장시킨 자원들이 각자의 내부에 차곡차곡 쌓여 있으므로 기억하고 꺼내어 사용하기 위해 재정비하는 작업을 진행한다. 또 다른 축은 청년층이다. 자신의 직업을 새로운 사회와 날로 발전하는 기술에 맞춰 만들어 나가는 작업을 지원한다. 그들의 힘은 미분값에서 나온다. 어떻게 하면 양의 기울기를 가지고 오늘을 살아갈 것인가. 만약 음의 기울기를 느낀다면 어떻게 그 방향을 틀어갈 것인가. 그런 얘기를 나누면서 커리어를 만드는 과정을 함께한다.

경험과 전문성, 그리고 노하우가 중요했던 시기를 살아왔지만 미래는 경험보다는 예측과 적응이라는 생각을 하기 시작한다. 사실, 미래를 언급하기는 어렵다. AI 환경을 보면서, 신체의 일부를 사용하지 못하는 상상을 하게 된다. 내가 하는 일의 절반을 AI가 대신하는 사회를 가늠하는 것은 불편하다. 현장에서 뛰는 젊은 세대들은 어떨까. 조력 서비스직에 종사하는 코치로서, 직면하는 압박과 유혹 - 시간 단축, 도구 의존, 성과 입증 요구 - 속에서 업의 본질을 지켜내는 안전장치로 작동하고 싶다.

팀코칭은 우리의 일상을 만들어 주는 고객들이 새로운 수준의 학습과 성장을 경험하도록 돕는 변혁적 과정이다. 심리적 안전감을 지켜주면서 성장을 지원하는 코치로서 살아가는 것이 행복하므로, 그들과의 변혁적 과정을 위해 공부한다. 이 책은 그런 내게 도움이 된다. 번역하는 기간 내내 나를 자극하고 정신 차리게 한다. 동료들이 함께해서 든든했던 기간이었음을 고백한다.

이메일 문의: yshuh5@gmail.com

발간사

호모코치쿠스 64
『글로벌 팀코치 되기: ICF 팀코칭 역량 해설과 실천』

전문가에게 '역량competency'은 실천 대상, 작업 현장과 만나는 손길이자 호흡의 '마디'이다. 전문가를 맞이한 활용자는 그의 손길에서 역량을 즉시 눈치챈다. '현장現場', 현재現의 장소場에서 마주함encounter이 주는 진정성과 진실, 냉정함을 감당하는 것도 전문가의 역량이다. 역량이 감당할 만큼 소화하고 좌절도 알아챈다. 실천 대상과 작업 현장에서 마주치는 벅차오름, 깊은 겸손과 존중, 절실함, 한계와 솔직함이 주는 긴장의 첫 호흡도 역시 '역량'이다. 이 호흡이 진솔할수록 역량은 실천능력capability의 양과 질을 이루고 몸내림한다.

이 책은 이런 팀코칭 '역량'을 정면으로 다룬다. 비록 그 역량의 소개 범주가 국제코칭연맹의 역량에 한정했지만, 이 책을 손에 든 전문코치라면 자신에게 필요한 역량의 전체-상을 충분히 가늠할 수 있을 것이다.

짧은 경험과 아이디어 결합으로 훈련 프로그램을 만들고, 인증의 권위로 공급해 온 코칭 과 프로그램 수입은 실제 현실과 현장을 감당하기에 한 웅큼이 부족하다. 쉬워야 한다는 명분으로 요약된 설명은 실천적, 이론적 상상력이 빈곤으로 기운다. 이제 우리는 이를 벗어날 때가 되었다. 실천의 고투 속에서 탄생한 다양한 접근, 기법, 도구 등 연구가 먼저 충분히 소개되고 현장 활동가들에게 읽혀야 한다. 실천 경험을 다룬 '사례 연구'는 실천가에게 지도를 제공한다. 해외 사례 대부분은 이미 소개되었다. 이제 우리 현실과 씨름하기 위해서는 집약된 이론의 세례 역시 두려워 말아야 한다. 이론이 없는 실천은 단명한다.

이 책은 이런 사례 소개와 이론 소개가 무르익은 상황에서 팀코칭 '역량'에 집중한다. 그렇다고 해서 낱말 풀이식 역량 해설이 아니다. 역량이라는 한 점. '구멍'을 통해 전체를 볼 수 있게 안내하는 책이다. 구멍은 직접 눈을 대고 들여다보지 않으면 새로운 광경을 엿보기 어렵다. 또 누구든 구멍은 가벼이 여기고 지나치기 십상이다. 사실 역량을 소개한 내용도 살펴보면 단순한 해설, 사고 치지 말고 얌전하게 할 것을 안내하는 교과서를 읽는 느낌을 주는 경우가 많다. 해서 교육이나 훈련 과정에 한번 보고난 후 다시 들춰보는 일은 쉽지 않다. 뒤따라오는 전문가에게 힘주거나 편하게 설명하는 용도로 들춰보게 된다. 그러나 이 책은 그렇게 살피기에는 아깝게 구성되어 있다.

팀코칭 연구 현황이 요약되었고, 역량마다 이를 활용할 수 있는 기법 가운데서 유력하다 싶은 것을 안내한다. 대부분은 동료 검토가 끝난 내용들이다. 팀코칭 비즈니스, 프로그램 개발, 팀코치의 자기 훈련 등 팀코칭 전반을 포괄한다. 무엇보다 각 내용이 압축되어 있다는 점이 중요하다. 이 책의 비밀은 이런 '압축'에 있다. 이 책을 손 가까이에 두고, 늘 재독하길 권한다. 실천 대상과 작업 현장을 방문하기 전, 또는 돌아오는 길에 자신의 몸에서 올라오는 기대의 흥분과 여진이 사라지기 전에 꼭 숙독하길 권한다.

역량은 어떻게 실천의 장에서 구현되는가. '실천능력'은 코치의 기량으로 드러난다. 팀과 함께 항해하며 수시로 변하는 상황, 출현하는 예측 범위를 넘는 일렁임을 능숙하게 다루는 코치의 실천능력은 역량이 경험 안에서 담금질되며 걸러진다. 이 책은 주저되는 '경험'의 문턱을 넘게 한다.

역량에서 출발한 실천능력은 팀을 평정함으로 이끈다. 팀이 팀코치를 신뢰할 때, 팀이 팀코치와 평정심을 되찾을 때 팀의 지혜는 넘쳐날 것이다. 팀은 팀코치의 실천역량을 만나야 팀이 가진 팀 지혜를 조려낼 수 있다. 지혜로운 팀만이 팀 목표와 팀원의 웰빙을 가능하게 한다. 그것도 아주 부드럽게⋯. 또 지속 가능하게 한다. 팀코치는 팀 지혜를 기다리고 신뢰하고 조련한다. 이 수준이 눈에 들어오지 않는다면, 팀코치가 이 수준을 원한다면 이 책의 압축을 풀고 파헤쳐 보길 기대한다.

얕은 지식과 피상적 이해로 전문가의 길을 가긴 어렵다. 전문가의 인식 지평은 눈에 보이거나 자신이 알고 있는 것만 보는 것으로는 확대되기 어렵다. 이론 지평이 확대되어야 새롭게 발견할 수 있고 넓게 볼 수 있다. 들은 것, 보인 것으로 자족할 수는 있으나 타인에게 영향을 끼치는 활동은 삼가야 할 일이다. 실제 걸어가며 파헤쳐 봐야 한다. 이론 지평으로 확대된 눈이 새로운 전경을 볼 수 있고, 보이는 길을 실제 걸어갈 수 있게 한다. 새로운 이론이 안내하는 길을 서슴없이 가야 한다. 이것이 실천 지평을 확대하는 길이다. 이 책의 한쪽은 팀코칭 이론과 다른 한쪽은 팀코칭 실천과 연결되어 있다. 양쪽을 '역량'으로 잇고 있다. 우리가 팀코칭 역량을 다룬 이 책을 권하는 이유다.

코칭의 실천과 이론은 마치 아보카도 나무와 같다. 각각 뿌리를 내리나 함께 있어야 성장할 수 있고 큰 그늘을 이뤄 사람을 불러올 수 있다. 알고 있듯이 아보카도 나무는 자웅이숙雌雄異熟으로 열매를 맺기 위해서는 최소 두 그루가 같은 구역에서 공존해야 한다. 아침에 암꽃이 열린 후 그날 오후에 수꽃이 열리는 개화 시기가 다르다. 열매를 맺기 위해서는 두 그루가 가까이 있어야 한다. 이론과 실천이 이 같은 모습이 아닐까.

호모코치쿠스는 팀코칭의 실천 경험에 근거한 다양한 연구서로 팀코칭이 갈 길을 넓혀왔다. 이것으로 팀코칭 이론과 사례 연구의 소개가 열 번째다. 열 번째 책을 열 명의 팀코칭 실천 활동가들이 작업했다. 모두에게 의미 있는 새출발이 되길 기대한다. 나누고 공감하고, 이어달리기를 하며 오래 함께 가길 소망한다. 천천히 가면 오래 같이 가지 않을까. 함께 하지 못한 동료들과 격의 없이 나누며 가면 더 오래가지 않겠는가.

모두 수고 많았습니다.

2025년 9월 15일
런던 켄싱턴 숲에서
코치 김상복

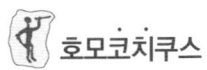 호모코치쿠스

코칭 튠업 21
: ICF 11가지 핵심 역량과 MCC 역량

김상복 지음

뇌를 춤추게 하라
: 두뇌 기반 코칭 이론과 실제
Neuroscience for Coaching

에이미 브랜 지음
최병현, 이혜진 옮김

마음챙김 코칭
: 지금-여기-순간-존재-하기
Mindful Coaching

리즈 홀 지음
최병현, 이혜진, 김성익, 박진수 옮김

코칭 윤리와 법
: 코칭입문자를 위한 안내
Law & Ethics in Coaching

패트릭 윌리암스, 샤론 앤더슨 지음
김상복, 우진희 옮김

조직을 변화시키는 코칭 문화
How to create a coaching culture

질리안 존스, 로 고렐 지음
최병현, 이혜진 외 옮김

내러티브 상호협력 코칭
: 3세대 코칭 방법론
A Guide to Third Generation Coaching:
Narrative-Collaborative Theory and Practice

라인하드 스텔터 지음
최병현, 이혜진 옮김

임원코칭의 블랙박스
Tricky Coaching

맨프레드 F. R. 케츠 드 브리스 외 편집
한숙기 옮김

마스터 코치의
10가지 중심 이론
Mastery in Coaching

조나단 패스모어 편집
김선숙, 김윤하 외 옮김

코칭·컨설팅
수퍼비전의 관계적 접근
Supervision in Action

에릭 드 한 지음
김상복, 조선경, 최병현 옮김

정신역동과 임원코칭
: 현대 정신분석 코칭의 기초1
Executive Coaching:
A Psychodynamic Approach

캐서린 샌들러 지음
김상복 옮김

수퍼비전
: 조력 전문가를 위한 일곱 눈 모델
Supervision in the Helping Professions

피터 호킨스, 로빈 쇼헤트 지음
이신애, 김상복 옮김

코칭 프레즌스
: 코칭 개입에서 의식과 자각의 형성
Coaching Presence: Building Consciousness
and Awareness in Coaching Interventions

마리아 일리프 우드 지음
김혜연 옮김

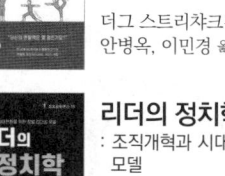

멘탈력
정신적 강인함에 대한 최초의 이론적 접근
Developing Mental Toughness:
Coaching strategies to improve
performance, resilience and wellbeing

더그 스트리챠크직, 피터 클러프 지음
안병옥, 이민경 옮김

코치 앤 카우치
Coach and Couch

맨프레드 F.R. 케츠 드 브리스 외 지음
조선경, 이희상, 김상복 옮김

리더의 정치학
: 조직개혁과 시대전환을 위한 창발 리더십
모델
Leading Change: How Successful Leaders
Approach Change Management

폴 로렌스 지음
최병현, 윤상진, 이종학, 김태훈, 권영미 옮김

고용 가능성
고용+가능성 업그레이드 전략
Developing Employability and Enterprise:
Coaching Strategies for Success in the Workplace

더그 스트리챠크직, 샬롯 보즈워스 지음
조현수, 최현수 옮김

게슈탈트 코칭
바로 지금 여기
Gestalt Coaching: Right here, right now

피터 브루커트 지음
임기용, 이종광, 고나영 옮김

강점 기반 리더십 코칭
: 조직 내 긍정적 리더십 개발을 위한 가이드
Strength_based leadership Coaching
in Organization An Evidence based guide
to positive leadership development

덕 매키 지음
김소정 옮김

영화, 심리학과
라이프 코칭의 거울
The Cinematic Mirror for Psychology and
Life Coaching

메리 뱅크스 그레거슨 편저
앤디 황, 이신애 옮김

영웅의 여정
자기 발견을 위한 NLP 코칭
The Hero's Journey: A voyage of self-discovery

스테판 길리건, 로버트 딜츠 지음
나성재 옮김

VUCA 시대의
조직 문화와 피어코칭
Peer Coaching at Work

폴리 파커, 팀 홀, 캐시 크램,
일레인 와서먼 지음
최동하, 윤경희, 이현정 옮김

정신역동 마음챙김 리더십
: 내면으로의 여정과 코칭
Mindful Leadership Coaching
: Journeys into the interior

맨프레드 F.R. 케츠 드 브리스 지음
김상복, 최병현, 이혜진 옮김

실존주의 코칭 입문
: 알아차림·용기·주도적 삶을 위한
철학적 접근
An Introduction to Existential Coaching

야닉 제이콥 지음
박신후 옮김

공감으로 완성하는 코칭
: 평범함에서 탁월함으로
Coaching with Empathy,

앤 브록뱅크, 이안 맥길 지음
김소영 옮김

내러티브 코칭
: 새 스토리의 삶을 위한 확실한 가이드
Narrative Coaching: The Definitive Guide to
Bringing New Stories to Lif

데이비드 드레이크 지음
김상복, 김혜연, 서정미 옮김

ADHD 코칭
: 정신건강 전문가를 위한 가이드
ADHD Coaching: A Guide for Mental Health
Professionals

프란시스 프레벳, 아비가일 레브리니 지음
문은영, 박한나, 가요한 옮김

시스템 코칭
: 개인을 넘어 가치로
Systemic Coaching: Delivering Value Beyond
the Individual

피터 호킨스, 이브 터너 지음
최은주 옮김

글로벌 코치 되기
: 코칭 역량과 ICF 필수 가이드
Becoming a Coach

조나단 페스모어, 트레이시 싱클레어 지음
김상학 옮김

시스템 코칭과 컨스텔레이션
개인, 팀 및 집단에 대한 원칙, 실천 및 적용
Systemic Coaching & Consitellations

존 휘팅턴 지음
가향순, 문현숙, 임정희, 홍삼렬, 홍승지 옮김

10가지 코칭 주제와 사례 연구
: 20개 사례, 40개 논평, 720개 주석,
19개 실습 사례
Complex Situations in Coaching

디마 루이스, 폴린 파티엔 디오숑 지음
김상복 옮김

유연한 조직이 살아남는다
포스트 코로나 시대
뉴노멀이 된 유연근무제
Flexible Workingロ

젬마 데일 지음
최병현, 윤재훈 옮김

인지행동 코칭
: 30가지 고유한 특징
Cognitive Behavioural Coaching: Distinctive
Features

마이클 니난 지음
엘리 홍 옮김

쿼바디스
: 팬데믹 시대, 죽음과 리더의 실존적 도전
QUO VADIS?: The Existential Challenges of
Leaders

맨프레드 F. R. 케츠 드 브리스 지음
고태현 옮김

코칭과 트라우마
: 생존 자기를 넘어 나아가기
Coacjing and Trauma

줄리아 본 스미스 지음
이명진, 이세민 옮김

단일 회기 코칭과
비연속 일회성 코칭
: 30가지 고유한 특징
Single-Session Coaching and One-At-A-
Time Coaching: Distinctive Features

윈디 드라이덴 지음
남기웅, 안재은 옮김

리더십 팀코칭
: 변혁적 팀 리더십 개발을 넘어
Leadership Team Coaching

피터 호킨스 지음
강하룡, 박정화, 박준혁, 윤선동 옮김

코칭과 정신 건강 가이드
: 코칭에서 심리적 과제 다루기
A Guide to Coaching and Mental Health:
The Recognition and Management of Psychological
Issues

앤드류 버클리, 캐롤 버클리 지음
김상복 옮김

팀코칭 이론과 실천
팀을 넘어 위대함으로
The Practitioner's handbook of TEAM
COACHING

데이비드 클러터벅, 주디 개넌 편집
강하룡, 박순천, 박정화, 박준혁,
우성희, 윤선동, 최미숙 옮김

리더의 속살
: 추악함, 사악함, 기괴함에 관한 글
Leadership Unhinged: Essays on the Ugly, the
Bad, and the Weird

맨프레드 F. R. 케츠 드 브리스 지음
강준호 옮김

생의 마지막 여정을 돕는
웰다잉 코칭
Coaching at End of Life

돈 아이젠하워, J. 발 헤이스팅 지음
정익구 옮김

정신역동 코칭
: 30가지 고유한 특징
– 현대 정신분석 코칭의 기초2
Psychodynamic Coaching: Distinctive
Features

클라우디아 나겔 지음
김상복 옮김

리더의 일상적 위협
: 모래 늪에서 허우적거릴 때 살아남는 방법
The Daily Perils of Executive Life: How to
Survive When Dancing on Quicksand

맨프레드 F. R. 케츠 드 브리스 지음
고태현 옮김

경영자의 마음
: 리더십, 인생, 변화에 대한 명상록
The CEO Whisperer: Meditations on
Leadership, Life, and Change

맨프레드 F. R. 케츠 드 브리스 지음
강준호 옮김

리더십 팀코칭 프랙티스(3판)
: 매우 효과적인 팀을 만드는 사례 연구
Leadership Team Coaching in Practice:
Case studies on creating highly effective teams

피터 호킨스 편저
강하룡, 박정화, 윤선동, 최미숙 옮김

코칭심리학(2판)
실천연구자를 위한 안내서
Handbook of Coaching Psychology

스티븐 팔머, 앨리스 와이브로우 편저
강준호, 김태리, 김현화, 신혜인 옮김

팀코칭 사례 연구
The Team Coaching Casebook

데이비드 클러터벅, 타미 터너 외 지음
박순천, 박정화, 우성희, 윤선동 옮김

팀코치 되기
: 팀코칭 가이드
Coaching the Team at Work: The definitive
guide to team coaching

데이비드 클러터벅 지음
동국대학교 동국상담코칭연구소 옮김

수퍼바이지와 수퍼비전
: 수퍼비전을 위한 가이드
Being Supervised A Guide for Supervision

에릭 드 한, 윌레민 레구인 지음
김상복, 박미영, 한경미 옮김

지혜 방정식
: 불확실한 시대, 지혜로 이끄는 법
Leading Wisely: Becoming a Reflective
Leader in Turbulent Times

맨프레드 F. R. 케츠 드 브리스 지음
조경훈 옮김

현대 코칭의 이론과 실천
The SAGE Handbook of Coaching

타티아나 바흐키로바, 고든 스펜스,
데이비드 드레이크 편저
김상복, 윤순옥, 한민아, 한선희 옮김

관계 중심 팀코칭
Relational Team Coaching

에릭 드 한, 도로시 스토펠스 편저
김현주, 박정화, 윤선동, 이서우 옮김

해결 중심 팀코칭
Solution Focused Team Coaching

커스틴 디어롤프, 크리스티나 뮐, 카를
로 페르페토, 라팔 스자니아프스키 편저
김현주, 박정화, 이서우, 정혜선,
허영숙 옮김

101가지 코칭수퍼비전 기법
: 접근 방식과 실천 탐구
101 Coaching Supervision Techniques,
Approaches, Enquiries and Experiments

미셸 루카스 편저
김상복, 김현주, 이서우, 정혜선,
허영숙 옮김

동료 코칭수퍼비전
: 성찰적 실천을 위한 다양한 지침
Peer Supervision in Coaching and Mentoring:
A Versatile Guide for Reflective Practice

태미 터너, 캐롤 휘태커, 미셸 루카스 편저
김현주, 박정화, 이서우, 정혜선,
허영숙 옮김

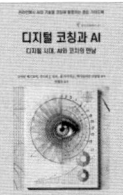

디지털 코칭과 AI
: 디지털 시대, AI와 코치의 만남
The Digital and AI Coaches' Handbook

조나단 패스모어, 산드라 J. 딜러,
샘 아이작슨, 막시밀리언 브랜틀 편저
허영숙 옮김

코칭 윤리 사례 연구
Ethical Case Studies for Coach
Development and Practice

웬디-앤 스미스, 에바 허쉬 폰테스, 두미
사니 마가드렐라, 데이비드 클러터벅 편저
김상복, 김현주, 이서우 옮김

탁월한 팀을 만드는
55가지 도구와 기법
: 팀코칭 툴킷
The Team Coaching Toolkit: 55 Tools and
Techniques for Building Brilliant Teams

토니 르웰린 지음
박순천, 박정화, 윤선동 옮김

코칭수퍼비전의 이론과 모색
Coaching and Mentoring Supervision
: Theory and Practice

타티아나 바흐키로바, 피터 잭슨,
데이비드 클러터벅 편저
김상복, 김현주, 이서우, 정혜선, 허영숙 옮김

정부 조직에서의 코칭
: 전문 코치를 위한 사례와 팁
Coaching in Government
Stories and Tips for Coaching Professionals

테오도라 J. 피츠시몬스, 메리케이트 비한
도허티, 앨런 리 마이어스 지음
김진경, 박은희, 이인화 옮김

조직개발 중심 팀코칭
: 팀, 리더, 조직, 코치, 수퍼비전 접근
Team Coaching for Organisational
Development: Team, Leader, Organisation,
Coach and Supervision Perspectives

헬렌 징크 지음
김채식, 박정화, 우성희, 윤선동 옮김

사내 코치 활동의
11가지 핵심 원칙
Coaching from the Inside
: The Guiding Principles of Internal Coaching

J. 발 헤스팅스 지음
김현주 옮김

잡 크래프팅
: 자율적 직무 재창조를 위한 이론적·실천적 접근
ジョブ・クラフティング: 仕事の自律的再
創造に向けた理論的・実践的アプローチ

타카오 요시아키, 모리나가 유타 편저
이정숙, 김현주 옮김

코칭수퍼비전 실천과 해설
: 수퍼비전-주체의 실천 가이드
Coaching Supervision: A
practical guide for supervisees

데이비드 클러터벅, 캐롤 휘태커,
미셸 루카스 편저
김상복 옮김

글로벌 팀코치 되기
ICF 팀코칭 역량 해설과 실천
Becoming a Team Coach: The Essential ICF Guide

조나단 패스모어, 폴 J. 바부어,
루시 위도우슨, 카테리나 카넬리도우 편저
고윤주, 김채식, 김현주, 박정화, 육현주,
이서우, 이숙경, 정용석, 정혜선, 허영숙 옮김

········ **(출간 예정)**

코칭 윤리 연구와 실천 핸드북
: 윤리적 성숙성과 실천을 위한 가이드
The Ethical Coaches' Handbook

웬디-앤 스미스, 조나단 패스모어, 이브 터
너, 이-링 라이, 데이비드 클러터벅 편저
김상복 옮김

집단 코칭수퍼비전
: 자원 중심 실천
Coaching Supervision Groups

조 버치 지음
김현주, 박정화, 이서우, 정혜선, 허영숙 옮김

잡 크래프팅
Persnalization at Work

롭 베이커 지음
김현주 옮김

생태계와 기후 코칭
Ecological and Climate-Conscious Coaching

앨리슨 와이브로우우, 이브 터너,
조시 맥클린, 피터 호킨스 편저
김수진 옮김, 김상복 감수

코칭수퍼비전의 핵심
: 성찰과 자기돌봄 다루기
The Heart of Coaching Supervision:
Working with Reflection and Self-Care

이브 터너, 스테픈 팔머 지음
정용석 옮김

조직 역할 분석(ORA) 기반 코칭
Coaching in Depth: The Organizational
Role Analysis Approach

존 뉴턴, 수잔 롱, 버카드 시버스 지음
박정화 옮김

해결 중심 코칭수퍼비전
Solution Focused Coaching Supervision:
An Essential Guide for Individual, Group,
Peer and Team Coaching Supervision

커스틴 디에롤프, 스베아 반 데르 호른,
데비 호건, 제인 투오몰라 편저
김현주, 박정화, 이서우. 정혜선, 허영숙 옮김

멘토 코칭
Mentor Coaching Is For Life Individualis

클레어 노먼 지음
김현주 옮김

발달 코칭
: 자기(self)와 함께 작업하기(개정판)
Developmental Coaching: Working with the Self

타티아나 바흐키로바 지음
이서우 옮김

스토리텔링
: 인생을 바꾸는 이야기의 힘
Storytelling for Leaders: Tales of Sorrow and Love

맨프레드 F.R. 케츠 드 브리스 지음
조경훈 옮김

 호모스피릿쿠스

나르시시스트와
직장생활하기
Narcissism at Work: Personality
Disorders of Corporate Leaders

마리 린느 제르맹 지음
문은영, 가요미 옮김

정신분석 심리치료의
기본과 실천
: 정신분석·지지적 심리치료와의 차이

아가쯔마 소우 지음
최영은, 김상복 옮김

조력 전문가를 위한
공감적 경청
共感的傾聽術
:精神分析的に"聽く"力を高める

고미야 노보루 지음
이주윤 옮김

코로나 시대의 정신분석적 임상
'만남'의 상실과 회복
コロナと精神分析的臨床

오기모토 카이, 키타야마 오사무 편집
최영은, 김태리 옮김

트라우마와
정신분석적 '접근'
핵심 이론과 일곱 가지 사례
トラウマの精神分析的アプローチ

마쓰기 구니히로 편집
김상복 옮김

라캉 정신분석 치료
이론과 실천의 교차점
ラカン派精神分析の治療論

아가사가 가즈야 지음
김상복 옮김

코칭 하이브리드

영화처럼 리더처럼
: 크고 작은 시민리더 이야기

최병현, 김태훈, 이종학,
윤상진, 권영미 지음

마음챙김 코칭
: WHO에서 실행까지
Mindfulness Coaching: Have
Transformational Coaching Conversations
and Cultivate Coaching Skills Mastery

사티암 베로니카 찰머스 지음
김종성, 남관희, 오효성 옮김

사랑하는 사람의 상실로
슬픈 나를 위한 셀프 코칭
슬픈 나를 위한 코칭

돈 아이젠하워 지음
안병욱, 이민경 옮김

고통의 틈 속에서
아름다움 찾아내기
: 슬픔과 미망인의 여정에 대한 회고

펠리시아 G Y 램 지음
강준호 옮김

코칭 A to Z

누구나 할 수 있는 코칭 대화 모델
: GROW_candy 모델 이해와 활용

김상복 지음

세상의 모든 질문
: 아하에서 이크까지, 질문적 사고와 질문 공장

김현주 지음

첫 고객·첫 세션 어떻게 할 것인가
(1) 윤리적 가이드라인과 전문가 기준에 의한 고객 만남
(2) 코칭 계약과 코칭 동의 수립하기

김상복 지음

코칭방법론
: 조직 운영과 성과 리더십 향상을 돕는 효과성 코칭의 틀

이석재 지음

코치 100% 활용하는 법
: 코칭을 만난 당신에게

김현주, 박종석, 박현진, 변익상, 이서우, 정익구, 한성지 지음

AI-트윈 코칭 모델

허영숙 지음

코쿱북스

코칭의 역사
Sourcebook Coaching History

비키 브록 지음
김경화, 김상복 외 15명 옮김

101가지 코칭의 전략과 기술
: 젊은 코치의 필수 핸드북
101 Coaching Strategies and Technique

글래디나 맥마흔, 앤 아처 지음
김민영, 한성지 옮김

리더십을 위한 코칭
Coaching for Leadership

마샬 골드 스미스,
로렌스 라이언스 외 지음
고태현 옮김

 호모코치쿠스 64

글로벌 팀코치 되기
ICF 팀코칭 역량 해설과 실천

초판 1쇄 발행　　　2025년 9월 25일

펴낸이　　|　김상복
지은이　　|　조나단 패스모어, 폴 J. 바부어, 루시 위도우슨, 카테리나 카넬리도우
옮긴이　　|　고윤주, 김채식, 김현주, 박정화, 육현주, 이서우, 이숙경,
　　　　　　　정용석, 정혜선, 허영숙
편　집　　|　정익구
디자인　　|　이상진
제작처　　|　비전팩토리
펴낸곳　　|　한국코칭수퍼비전아카데미
출판등록　|　2017년 3월 28일 제2018-000274호
주　소　　|　서울시 마포구 포은로 8길 8. 1005호
문의전화 (영업/도서 주문)
　　　　　전화　|　050-7791-2333
　　　　　메일　|　jyg9921@naver.com
　　　　　편집　|　hellojisan@gmail.com
www.coachingbooks.co.kr
www.facebook.com/coachingbookshop

ISBN 979-11-89736-69-9 (93320)
책값은 뒤표지에 있습니다.

코칭북스는 한국코칭수퍼비전아카데미의 코칭 전문 브랜드입니다.